At the
Paris Peace
Conference

巴黎和会
亲历记

[美] 詹姆斯·肖特维尔 —— 著

侯 波 —— 译

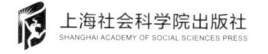

上海社会科学院出版社

图书在版编目(CIP)数据

巴黎和会亲历记 /(美)詹姆斯·肖特维尔著；侯波译.— 上海：上海社会科学院出版社，2021
 ISBN 978-7-5520-3417-2

Ⅰ.①巴… Ⅱ.①詹…②侯… Ⅲ.①巴黎和会(1919)—史料 Ⅳ.①D819

中国版本图书馆 CIP 数据核字(2021)第 074951 号

巴黎和会亲历记

著　　者：[美]詹姆斯·肖特维尔
译　　者：侯　波
责任编辑：霍　覃
封面设计：夏艺堂艺术设计＋夏商 xytang@vip.sina.com
出版发行：上海社会科学院出版社
　　　　　上海顺昌路 622 号　邮编 200025
　　　　　电话总机 021-63315947　销售热线 021-53063735
　　　　　http://www.sassp.cn　E-mail:sassp@sassp.cn
照　　排：南京理工出版信息技术有限公司
印　　刷：上海天地海设计印刷有限公司
开　　本：890 毫米×1240 毫米　1/32
印　　张：10.875
字　　数：251 千字
版　　次：2021 年 6 月第 1 版　2021 年 6 月第 1 次印刷

ISBN 978-7-5520-3417-2/D·619　　　　　　　　定价：58.00 元

版权所有　　翻印必究

目 录

译者序——肖特维尔与巴黎和会 …………………………… 1

第一章 "乔治·华盛顿"号 …………………………………… 1
第二章 初到巴黎之印象 ……………………………………… 25
第三章 劳工问题的提出 ……………………………………… 49
第四章 预备会议的召开 ……………………………………… 61
第五章 专家成为谈判者 ……………………………………… 99
第六章 劳工条款的磋商 ……………………………………… 148
第七章 埃纳河战场之行 ……………………………………… 187
第八章 加拿大前线之行 ……………………………………… 208
第九章 劳工组织的发起 ……………………………………… 232
第十章 伦敦与牛津掠影 ……………………………………… 248
第十一章 和谈之外的生活 …………………………………… 255
第十二章 凡尔登与阿尔贡 …………………………………… 269
第十三章 强加于人的和约 …………………………………… 285
第十四章 乌尔克战场之行 …………………………………… 303
第十五章 不签约则再出兵 …………………………………… 314
第十六章 对德和约的签署 …………………………………… 330

译者序
——肖特维尔与巴黎和会

1918年12月4日,美国总统伍德罗·威尔逊带着一支由113名同行成员组成的和谈代表团从纽约港登上了"乔治·华盛顿"号远洋邮轮,启程前往法国布雷斯特港,参加即将召开的巴黎和会。在美国代表团中,有23名主要来自美国人文和社会科学界的大学教授和专业学者,他们曾是第一次世界大战期间威尔逊总统委托其私人助理——爱德华·豪斯上校成立的研究咨询机构——"调查团"(the Inquiry)的成员,将在和会召开期间继续为美国代表团提供专家咨询和技术支持。本书作者詹姆斯·汤姆森·肖特维尔(1874—1965)(又译肖特韦尔、绍特韦尔[①]),便是美国代表团中的专家顾问之一。

肖特维尔出身于加拿大东部安大略省斯特拉斯罗伊市(Strathroy)的一个贵格教徒家庭,青年时代赴美国哥伦比亚大学留学,师从美国"新史学"之一代宗师詹姆斯·哈维·鲁滨逊,后获得博士学位。1903年留校担任讲师后,肖特维尔长期执教于哥伦比亚大学,其学术兴趣

[①] 参见绍特维尔著、何炳松译:《西洋史学史》,上海古籍出版社,2012年。

早先集中于中世纪史,后转向国际关系史,曾担任《大英百科全书》第11卷的执行主编,并于1917年出任卡内基国际和平基金会研究部主任。1917年5月,豪斯上校奉威尔逊总统之命,在纽约成立"调查团",以纽约城市学院(今纽约城市大学)院长、哲学家西德尼·梅泽斯为主席,以美国地理学会会长以赛亚·鲍曼为秘书长,力邀肖特维尔加入。按照肖特维尔本人的说法,调查团的任务是研究"可能在和平条约中遇到的政治、经济、法律和历史问题",为"战后迟早要召开的和平会议"做好准备,是这一时期威尔逊外交背后的"影子幕僚"。其成员多为来自纽约及其周边地区大学、学术团体的教授、学者,在当时有"豪斯上校的教授班底"之称。至1918年年底第一次世界大战(简称"一战")结束,共有100多名大学教授和专业学者加入"调查团"。他们被分为若干小组,围绕某一具体领域或专题进行调查,撰写研究报告和对策建议。作为外交史组组长,肖特维尔是"调查团"中的一名骨干,于1918年12月初被选入"美国媾和委员会"(即美国代表团的官方正式名称),随总统赴法,于当月13日抵达法国布雷斯特港,14日入住美国代表团在巴黎的总部驻地——位于香榭丽舍大道上的克里翁酒店(Crillon Hotel)。

在此后的半年多时间里,除了短暂的伦敦之旅和三次前线战场之行,肖特维尔几乎一直待在巴黎,且有写日记的习惯。他的巴黎和会日记包括了从12月3日离家启程到次年7月9日返回纽约的完整记录。在此期间,肖特维尔的主要职责有二:一方面,作为历史学家,他担任美国代表团总部的资料室主管之职,与包括威尔逊总统在内的其他成员多有交集,同昔日"调查团"的"前同事"——戴维·亨特·米勒、乔治·路易斯·比尔、阿林·杨格、斯坦利·亨培克、查尔斯·哈斯金斯、威廉·韦斯特曼等学人往来最为密切。①他们常常就国际形势、和会进展和个人研究进行交流讨论,或是在共进午餐或晚餐之时,或是在外出散步途中。克里翁酒店附近的香榭丽舍大道、协和广场和杜伊勒里花园是肖特维尔和他的朋友们边走边聊的最佳去处。另一方面,作为美国代表团中的劳工问题专家,肖特维尔后来被任命为巴黎和会"劳工事务委员会"的美方代表,故得以有机会多次出入巴黎和会的会议现场,并在公开会议或私人聚会等场合与各国政要、代表团成员有所交往。譬如,作为一位近距离的观察者,他目睹了巴黎和会第一次全体会议上法国总理克里孟梭与外交部部长毕盛之间的窃窃私语,也见证了凡尔赛条约签字仪式上德国代表的极度紧张;作为外国代表团的座上宾,他曾与英国、加拿大、澳大利亚、印度、意大利、希腊、波兰、南斯拉夫、中国和阿拉伯的代表们在宴席上谈笑风生,同巴黎和会上的众多风云人物有所交往,其中最易引起中国读者共鸣之处莫过于"阿拉伯的劳伦斯"向他讲述自己穿越沙漠的传奇故事,以及昔日的学生顾维钧与他共叙母校之情、师生之谊。此外,肖特维尔还数次前往西线的凡尔登、马恩河、伊普尔等战场实地考察,亲身感受被称为"绞肉机"的堑壕战所造成的人间恐怖与满目疮痍。凡此种种,肖特维尔在日记中均做了生动而有趣的记录。

肖特维尔影响了巴黎和会。他不仅是巴黎和会的见证者和记录

---

① 戴维·亨特·米勒为代表团法务顾问,《国际联盟盟约》起草者;乔治·路易斯·比尔为哥伦比亚大学历史学家,殖民地问题专家,国际联盟成立时被任命为托管事务部部长;阿林·杨格为康奈尔大学经济学与金融学教授,第一次世界大战后出任美国国务院经济司司长;斯坦利·亨培克为威斯康星大学政治学教授、中国问题专家,第一次世界大战后先后担任美国国务院远东司顾问、司长;查尔斯·哈斯金斯为哈佛大学研究院院长、中世纪学者;威廉·韦斯特曼为威斯康星大学古典学与历史学教授。

者,更是第一次世界大战后和平缔造进程中的重要参与者。正是由于他的努力,巴黎和会将旨在保障工人阶级利益的"劳工条款"写入了《凡尔赛条约》及其他条约,①并在国际联盟下成立了世界上第一个专门解决劳工问题的官方机构——"国际劳工组织"。尽管国际联盟早已消失在第二次世界大战的硝烟炮火之中,肖特维尔极力促成的国际劳工组织却延续至今,影响深远。仅此一点,足以令他留名青史。与此同时,巴黎和会也改变了肖特维尔。20世纪20年代,肖特维尔"与其说是一名大学教授,不如说是一名社会活动家",他反复奔走于大西洋两岸,为消弭战争、维护和平而不懈努力。他是1919年国际劳工大会第一次全体会议——华盛顿大会的组织者,是1925年《日内瓦议定书》的设计师、1925年《洛迦诺公约》的幕后功臣,还是1928年《白里安—凯洛格公约》(又称《巴黎非战公约》)的主要推动者。②

1930年,肖特维尔彻底回归哥伦比亚大学,担任詹姆斯·布莱斯国际关系史讲席教授。1937年,他对自己在巴黎和会期间所写的日记进行了校对与补注,并在此基础上追加了5篇回顾性的短文,③汇编成《巴黎和会亲历记》(*At the Paris Peace Conference*)一书,交付麦克米兰出版公司出版。由于肖特维尔追加的短文和补注多为个人点评、事后反

---

① 参见对德国的《凡尔赛条约》第 387—427 条;对奥地利的《圣日耳曼条约》第 332—372 条;对保加利亚的《讷伊条约》第 249—289 条;对匈牙利的《特里亚农条约》第 315—355 条;对土耳其的《色佛尔条约》第 374—414 条。

② Cornelia Navari, "James T. Shotwell and the Orgnization of Peace", Molly Cochran, etc., ed. *Progressivism and US Foreign Policy between the World Wars*. Palgrave Macmillan, 2019. pp.167—192.

③ 这5篇短文的标题分别为《调查团》《威尔逊的方案》《巴黎和会的组织安排》《和平条约》《社会公正》。其中,《社会公正》(*Social Justice*)是肖特维尔因"劳工问题"的委婉表述。

思以及与美国代表团其他成员(如乔治·比尔)日记或回忆录的比对,故笔者在翻译时从简处理,删除了5篇短文,也简化了作者补注,如此既能保留肖特维尔日记的原汁原味,也不至于影响其内容的可读性和行文的流畅性。所以,读者所见《巴黎和会亲历记》之中文译本,实际上是作为原书主体的日记部分。特此说明,请读者知晓并理解。

《巴黎和会亲历记》全书30多万字。除第三章"劳工问题的提出"、第九章"劳工组织的发起"(约1.6万字)由朱婷婷翻译外,其他章节均为本人所译。平心而论,《巴黎和会亲历记》之翻译难度不小,主要原因有三:第一,此书原为私人日记,作者在行文时过于简练,以至于读起来有"不达"之感。每遇作者省略字词、简化语句之处,译者须结合上下文自行补齐,再理解其意。第二,作为美国代表团中的随同专家,作者虽亲历了巴黎和会的若干重大场合,也目睹了其间的诸多内幕隐情,但深谙"为尊者讳"和"外交保密"的道理,尤其在涉及大国之间复杂博弈时,作者在日记中的表述便会变得委婉、隐晦。若非了解人物性格和事情因果,人们很难拿捏作者的言外之意。第三,此书涉及大量欧洲(主要是法国)地名和各国政要人名,令译者在翻译过程中不得不仔细查阅第一次世界大战史著作与欧洲地图。唯有在了解相关历史与地理的基础上,译者才能比较准确地处理遍及全书的专有名词,避免制出"常凯申""门修斯"之类的"神翻译"而贻笑大方。

本书的翻译工作历时一年半有余。译者时而因作者的有趣见闻而欣喜,时而因作者的言辞晦涩而狂躁,个中艰辛,冷暖自知。所幸,在前辈、同人和亲朋的鼓励与帮助下,此书最终译成,得以付梓出版。在此,一一表示感谢:郑州大学副校长张倩红教授和历史学院陈天社教授对作为后学的译者多有提携,常常予以鼓励;我的同事、郑州大学历史学院孔妍博士与王萌博士在书中阿拉伯人名与日本人名的翻译方面施以援手;武汉大学历史学院世界史专业硕士生朱婷婷、郑州大学历史学院世界史专业硕士生郭晶同学在本书的翻译与校对过程中予以了较大协助;我的妻子董莹莹在繁忙的工作与家庭生活之余,对译文进行了再次校对;上海社会科学院出版社的霍覃编辑更是秉持一贯的专业态度,与译者密切沟通,确保本书的翻译与出版无虞。

第一次世界大战是帝国主义国家为争夺殖民地及原料、市场而发动的战争,巴黎和会乃战胜一方(协约国)重新划分势力范围。本书为读者全面了解第一次世界大战及巴黎和会提供了一个不可多得的窗口。鉴于译者的学识、能力与精力有限,本书的翻译难免存在瑕疵或纰漏,请广大读者指正。我衷心希望,每一位读者能在本书中发现自己感兴趣的内容,也能不吝指出译文所存在的问题。对此,我将表示最诚挚的感谢。

侯 波
于郑州,2020 年 3 月

第一章 "乔治·华盛顿"号

1918年12月3日,星期二

从今晚9点开始,我正式成为美国赴巴黎和会代表团中的一名随同官员。我走出霍博肯市①(Hoboken)的地铁站,拖着随身行李,沿着大河街(River Street)一路前行。这时,一名士兵拦住了我的去路。我放眼望过去,发现前面的整个路段都被军队封锁得严严实实的。2号码头离这条街很远,几乎要将整条街走完,况且我还带着好些死沉沉的行李箱。我的护照还在前面等着我。大约20分钟后,一名军官走了过来,将我们一小群人护送过去。当然了,船正停在码头的另一头。我们只好学着周围的普通老百姓,用大腿顶着行李,拖着沉重的脚步疲惫不堪地走着。靠泊码头变成了一个个接待处,上面拉起了横幅,插着旗帜,走道的墙上也贴着小彩旗。在登船的跳板上,一名军官检查了我们的护

---

① 美国新泽西州城市,临哈得孙河,位于纽约市对岸,属于纽约大都市圈的一部分。——译者注

照,核验了我们的名字。随后,我们登上甲板,又遭到了一队年轻的海军军官的阻挡和盘查。我们再次出示了自己的护照,他们将我们的身份登记在案。接着,一名海军上尉将我们带到副舰长处,他让我们去找他的副官,后者再次核查了我们的护照,并告诉了我们舱房的所在位置。每条过道上都有一名卫兵上下走动巡逻,每个楼道拐角处都有一名海军陆战队员站岗。这样一来,军官和普通乘客总是低头不见抬头见。船上的军事氛围很浓,尽管让人略有不解,但总的来说还是很让人安心的。

我们乘坐的这艘船原本属于德国人,他们给它取名为"乔治·华盛顿"号,希望以此来取悦和吸引美国乘客。令德国人没有想到的是,在美、德两国即将结束交战的这一天,"乔治·华盛顿"号居然成了美国海军麾下的一艘旗舰。除了名字有点独特外,这艘船并无其他的与众不同之处。船上住得很舒服,十分宽敞,但并不属于最好的远洋邮轮。不过,它相当适合我们的此次旅程。这艘即将横渡大西洋的现代版"五月花"号拥有可以举办正式派对的宽敞大厅,还有可容纳数百人的大量舱房和床铺。为了让它适合此次旅程,无须做太多的改造工作,也就是在

"乔治·华盛顿"号宣传图

图书资料室里放了一面大黑板,在墙上贴了些地图,将其变成一个可供军事情报部门使用的工作室而已。国务院承担了布置房间的任务,虽然我们中间的一些地理学家不太满意,但情况很快就会好转吧。

1918年12月4日,星期三上午

一大早,威尔逊总统在战争部部长牛顿·贝克的陪同下登上了甲板。贝克是一位谦逊有礼、文质彬彬的绅士。他和我们而不是总统一行人等共进早餐,并在"乔治·华盛顿"号拔锚起航之前早早地下了船。

我们的船从码头驶出,向南航行,主桅杆上升起了总统旗。哈得孙河中停泊着5艘正在等待护航的驱逐舰,它们鸣放了21响礼炮来欢送总统。我们也回以欢呼,场面非常热闹。这还不是全部。水面上尽是船只。港口码头里所有的拖船似乎都在向我们这边驶来,船头迎着浪花,船尾留下长长的水影。每一艘船都尽可能长时间地高声鸣笛。我们远远望去,只见岸边人头攒动,熙熙攘攘。尤其是巴特里公园(Battery Park)那边,岸边的护栏后面可谓人山人海,有万人之众。随后,我们缓缓地驶离了人潮涌动的上码头,经过了自由女神像,其间有两架军用飞机在我们周边盘旋。当我们行驶到纽约湾海峡(the Narrows)的时候,古老的"莫尼特"(Monitor)号战列舰向我们鸣炮致敬。这艘战列舰停靠在一张用来阻挡潜艇对航道发动水下袭击的战略网的开口处。①在

---

① 作为纽约港战时防御的一部分,一张铁网被固定在纽约湾海峡的狭长岸边,古老的"莫尼特"号战列舰停在一旁,紧靠海防要塞,以便在需要之时将这张铁网拉过海峡,阻止德军潜艇从水下突袭。

穿过这扇用来抵御潜艇的海防大门之后,我们来到了史坦顿岛(the Staten Island)海岸附近。那边有数百名学童挥舞着旗帜,这是我们最后一次能够看清楚岸上的人。长岛东部尽头的人潮几乎和巴特里公园那边一样多,但我们已经离得太远,看不清站在那里的人们,于是只能象征性地向他们挥手告别,转身继续观看前方的庆典。

"宾夕法尼亚"号战列舰正在下海湾恭候我们的到来。11艘驱逐舰围绕在我们的前方、后方和侧方,如同一支完整的小型舰队。飞机不停地在我们上空盘旋着,和刚才我们的船行驶在哈得孙河和海湾里时一样,直到我们几乎望不到陆地为止。一只从海岸警卫舰上飘来的海军热气球一直在我们上空环绕,直到飞来又一艘飞艇,为我们做最后的护航。随后,我们驶向了纽约长岛海岸。当我们的船行驶在哈得孙河中时,威尔逊总统还站在舰桥上。但在我们驶离港口前,他就已经下楼回到了自己的房间。我们的船迎着来自东南方向的巨浪轻轻摇曳着,缓缓前行。

1918年12月,"乔治·华盛顿"号及其护航舰队

1918年12月7日,星期六

跟总统同船旅行,实在没什么好记录的。尽管我们享受着政府的款待所带来的种种舒适,但日复一日的旅程还是开始变得枯燥乏味起来。

昨天晚上,驱逐舰逐渐驶离。在一场翻江倒海的风浪过后,我们只能看见5艘驱逐舰。今天,只剩下3艘了。这3艘驱逐舰看起来是要同我们一同出洋远航。其中一艘驱逐舰驶在最前面,大概是在探测可能

"乔治·华盛顿"号上的《手斧报》

浮在水面上的水雷,为我们试水开路。"乔治·华盛顿"号跟随其后,与之并行的是另外两艘驱逐舰,两侧一边一艘,与我们相距约半英里之遥。从昨天到今天,风浪都非常大,我们的船漂泊在海面上,缓缓前行。由于航速很慢,目前的航程并不算远。

我正在搜集和保存他们在船上发行的小报——《手斧报》(The Hatchet)。之所以得此名字,据说是因为该报内容的犀利而真实。不过,这一说法可谓空穴来风,因为它上面几乎未曾刊登任何真正的新闻。尽管如此,它还是比我自己写的日记能更好地记录正在发生的一切。可见,它对事情的记录还是有所用处的。

1918 年 12 月 9 日,星期一

我们的船航行在南部海域,这里的气候和 6 月一样和煦温暖。我们把窗户推开,坐在窗外的甲板上。虽有海风吹拂,但阳光明媚,不穿大衣和外套仍觉得热。听说我们现在位于亚速尔群岛以西约 400 英里处,有望于本周五即 12 月 13 日抵达法国布雷斯特港——这就是我们登陆的日子!

我住在走廊甲板上的一间单人房,一名海军陆战队的武装卫兵在外面来回走动巡逻。每次一碰面,他就向我们敬礼。这搞得我们很尴尬,因为我们根本不知道如何回礼。我的房间隔壁是总参谋部首席统计学家艾尔斯上校(Colonel Ayres)的房间。我俩相聚甚欢,常常促膝长谈。他给我讲了不少关于战争的事情。

威尔逊总统的套房在楼下的甲板上,离楼梯只有几英尺远。一名卫兵一直在门口站岗。每当总统在甲板上散步时,卫兵或某位海军士兵都会紧随其后。威尔逊总统的夫人则无人警备卫护。总统从来不会随意地走到其他人群中,但不时会有人走到他的身旁。总统在紧邻卧室的一个小客厅里用餐。国务卿、大使和总统的私人顾问则在后边的休息室用餐。这样一来,主餐厅就可以空出来,供调查团成员和各种低阶官员就餐使用。

到目前为止,总统尚未召见我们中的任何人,也没太注意我们的存在。他对他的国务卿兰辛先生一样颇为冷淡。据我所知,总统直到昨天才开口同兰辛谈话。当时,我们丝毫不清楚自己将会发挥怎样的作用,完全是蒙在鼓里。虽然有些忐忑不安和焦躁,但我们还是极力让自己放松下来。用不了多久,我们就会知道自己的工作到底是什么,并为之全力以赴。我想,总统此刻大概正在忙着他手上的事情吧。

下　午

这一次的越洋之行,并未让我感受到当年自己第一次横渡大西洋时所感受到的浪漫心情。在我心中,这次航行可谓世界历史上最具有历史意义的一次航行了,但它却没有我的首次横渡大西洋之行那般的魅力。当年,我曾站在一艘既小又旧、载重6 000吨的冠达邮轮(Cunarder)"伊特鲁里亚"(Etruria)号的船头,脑中思绪万千,心情汹涌澎湃。相比之下,这次航行似乎平淡无奇得多,哪怕我常常触景生情,想起自己的陈年往事。每到晚上,船上就会放电影,我大约有一半次数去看过。有一天晚上,威尔逊总统和夫人也来观看电影,当时放映的是查理·卓别林和道格拉斯·费尔班克斯(Douglas Fairbanks)出演的喜剧片《狗的生活》(*A Dog's Life*)。我不太记得电影的具体内容,但当时总统被卓别林的表演逗得开怀大笑。在主餐厅就餐时,我与威尔逊总统就隔了一张桌子,但他用手遮挡住了自己的脸,因此我没法看清楚他。昨天晚上,他来到海军士兵餐厅听歌唱会,小伙子们唱得很投入,或者说很认真。歌唱会结束后,总统和800名海军士兵握了手。他们都是清一色的年轻小伙,在一一排队经过总统身边时,脸上流露出兴奋的表情。官方宣称,船上有1 800名海军士兵负责卫护不到100名"乘客"。事实上,船上的娱乐活动很丰富。我们有两支管弦乐队和一支普通乐队。他们可以不知疲惫地演奏一整个下午,连晚饭时分也不停歇,以至于让我想象不出一个人在演奏管弦乐乃至更为美妙的音乐时究竟有多么辛苦。在我的房间外面,有一个漂亮的、用玻璃包起来的甲板舞台。在午后的阳光下,乐队就在那里进行演奏,声音可以很好地通过玻璃甲板传过来。我在自己的房间里也能听到这些美妙的音乐。

除了每天早上的《手斧报》,船上还会分发用油印纸印制的其他新闻。但令人难以置信的是,在这艘特殊的船上,对于世界正在发生的事情竟然几乎没有任何消息。体育新闻和博人眼球的流言蜚语占据了过多的版面篇幅。下午,船上的海员们举行了一场拳击比赛。下午3点半时,一艘驱逐舰绕了半圈,掉头离开,看上去是要返回纽约港。当时,我站在上层甲板上,正好挨着船长。船长向我解释说,这艘驱逐舰还会折返回来的,它还要在我们的侧方投下一些深水炸弹,好让我们见识一下深水炸弹爆炸的威力。没过一会儿,那艘驱逐舰就破浪返回了,但深水炸弹的爆炸威力不过尔尔,令大家颇感失望。我猜测,他们大概是不想冒风险,搞出什么意外来,但我们都觉得这有点保守和沉闷无聊。威尔逊总统就在离我站的地方不远的上层甲板上观看这一切。他的着装看起来十分整洁。在这次旅程中,大家都应该更好地表现。今天晚上,天空中刮起了一阵和煦的风,我想这大概是从非洲海岸吹来的东南风吧。现在,我们比在美国时离法国更近一些了。

差点忘说了,今天上午,军事情报部门为我们拍照,不仅有集体合影,还有单人照,然后还拍了一些我们的视频作为电影片段素材!公共信息委员会(Committee of Public Information)打算等着他们的人回到美国了,再将它们公之于众。这些视频片段将作为战争历史的一部分记录保存在华盛顿的战争档案中。后来,乔治·克里尔(George Creel)与我进行了一次长谈。①与此同时,国务卿兰辛先生与亨利·怀特先生、鲍曼博士等调查团的其他专家举行了一次会谈。这次会谈很成功,因为兰辛先生终于意识到我们可能掌握一些对他至关重要的信息和材料。他以前表现得很执拗,今天的态度却来了个180度的急转弯,变得平易近人起来。②

1918年12月10日,星期二下午

今天,我看到了亚速尔群岛之一的圣米迦勒岛(St. Michael),但也错过了与总统的会谈。早餐后不久,我走上了甲板,透过一片灰蒙蒙的薄雾看到了一个壮美险峻的海岬。它离我们只有5英里远,但只能看

---

① 公共信息委员会系"一战"时期美国政府宣传机构,主要负责战时宣传和新闻审查工作,负责人为乔治·克里尔。——译者注
② 美国和谈代表团的5位全权代表是伍德罗·威尔逊总统、罗伯特·兰辛国务卿、塔斯克·布利斯将军、爱德华·豪斯上校和亨利·怀特先生。其中,豪斯上校和布利斯将军当时已身在巴黎了。亨利·怀特先生长期在美国外交部门工作,经验丰富,曾于1905—1907年出任美国驻意大利大使,1907—1909年出任美国驻法国大使。

到模糊的轮廓。我们继续向南航行，不久之后，一些白色的农房和白色墙壁的村舍出现在了小岛陡峭的山坡上，这些山坡的大多数地段和哈得孙河北岸的帕利塞德断崖（The Palisade）差不多高。天空中阴云密布，一团乌云一直笼罩在小岛的上空，甚至遮挡住了小岛的顶部，有点像一片被山脊遮住的海雾。海水和低处的海岸在这个距离下看过去还算清楚，但不太确定我们的船在绕着小岛航行时究竟离它有多远。接着映入眼帘的是一些较大的市镇和港口。驶近后，我们可以清楚地看见一些独门独户的房子和遍布山坡的柏树林。后边则是一片片绿油油的田野，被一排排树篱划分成一块块的。这座市镇上的房屋墙壁大多被粉刷成了黄色，看起来圆乎乎的，像意大利的房子一样。市镇广场上的教堂塔楼让人想起了西班牙的建筑风格。一些新建的工厂烟囱表明，战争已经使这里成为大西洋上的主要转运站之一，故而我猜想，应该早有美国人到过这里。又有3艘美国驱逐舰驶过来迎接我们，它们在两侧和前方排好了队列。一艘葡萄牙籍的小型炮艇也驶来，在离我们1/4英里处鸣炮致敬。我低头望了望我们的炮台，发现我们的海军士兵也站到礼炮旁，并很快发射了21声礼炮作为回应。几分钟后，在经过港口边的炮台时，我们又鸣响了第二轮礼炮致敬。我们对亚速尔群岛的造访仅限于此。我们的船从未接近岛上海岸1英里以内，而是继续向前航行了3个多钟头，从一处又一处的海岬经过，眺望着远处古香古色的小村庄。这些村庄坐落在山丘上和山坡之间的山谷里，一直延伸到岛上悬崖断壁的边缘。黑压压的乌云一直笼罩着小岛，我们只有一次看见阳光透过乌云映照出山丘和田野的颜色。

可是，欣赏亚速尔群岛却让我错过了目前为止本次旅程中的最重要之事——与总统会谈。就在我欣赏亚速尔群岛的那个时候，总统叫我们当中的几个人,也包括我,到他的房间来,跟我们进行一次十分保密的会谈——这是本次旅程中的头一遭。鲍曼派他的秘书斯托克来喊我过去,但斯托克到处找我,找了20分钟也没找到,只因当时我跑到船头去观看船员们鸣炮致敬了。这事要怪就怪我自己,怪不得其他人,我本应留话给船舱门口的海军卫兵,告诉他我去哪里了。总统和我们当中的七八个人聊了一个钟头,相谈甚欢。大家都觉得无比兴奋,也让我们开始意识到,眼下将有一个让自己在即将召开的国际盛会上大施拳脚的机会。他们告诉我,威尔逊总统为人坦诚,平易近人,若非我跑去欣赏亚述尔群岛消失在西北方向的地平线了,我也应该会在这一历史性的谈话中留下一笔。对此,我的同事们略表惋惜。不过,我希望这不是最后一次,以后还能有更多机会。

吃过晚饭后,我看见总统坐在离我不远处观看电影。他看得非常投入专注,似乎很享受电影中的情节,但十分克制,极力避免表露自己的情绪。房间侧面的灯光照在他的脸上,映衬出一个坚定刚强的男性轮廓。他的正脸面带着令人愉悦的微笑,眼神里透露着和蔼可亲,比他的侧脸看起来温和得多,没那么严肃。威尔逊夫人就坐在他面前,总统非常细心地照顾她、安慰她。电影放映结束后,乔治·比尔来到我的房间,我俩聊了半宿,直至午夜。比尔认为,威尔逊总统在谈及国际联盟时的措辞明显是含糊不清的,他对此深感不安。尤其在"托管"(或曰"委任统治")问题上,威尔逊主张应从那些在战前[1]殖民地瓜分中不存在利益关系的国家中选择"托管国",比尔认为这种想法是一种十分危险、不切实际的空想,不会被其他大国接受。他说,总统过度地渴望在

---

[1] 指第一次世界大战前,后同。

托管问题上确保公平性与正义性,对其空想性却置之不理。在比尔看来,反而是那些在战前占有殖民地的国家具有管理殖民地和治理当地社会的经验。他非常担心,如果我们从总统的角度来看待殖民地问题,那就很难在和会召开之前在"托管"问题上达成一致,继而阻碍整个和平解决方案的制定。事实上,比尔的担忧并非空穴来风。威尔逊总统只有在面对和会中的一些具体问题时才会表达出对政府基本原则的务实看法,这种务实性才是比尔等人所希望看到的。

威尔逊总统会谈备忘录

总统说了几句简短的开场白,大意是他很高兴见到我们,并且很欢迎有人提议召开这样一次会议,来表明他对即将召开的巴黎和会的看法。他说,我们将会是巴黎和会上唯一秉持公平正义的一方,而我们将要打交道的那些人其实并不能代表他们本国的人民。

他接着说,把德国的战后赔偿问题交给脑子里尽是政治权谋之人绝非明智之举,并进一步表示,这个问题应该由一个专门的委员会来研究,以确保协约国对德国提出正当合理的要求。待该委员会做出决定后,德国才应该进行赔偿。总统还提及10多年前的义和团问题,以此来说明协约国在索取战后赔偿方面所存在的困难,并将美国的态度同德国及其他欧洲国家的态度进行了对比。

至于波兰的政府形式和但泽地区的处置等问题,他只是说,他支持建立任何他们自己满意的政府。除了一些适用于个别国家的条款,他不会在某个国家身上强加上其他的任何条款。这些适用于个别国家的条款的重点在于让大家各得其所,而非各求所愿。

总统指出，巴黎和会的决议将取决于全人类的理念，而非取决于参会代表们提前做好的决定和外交谋划，此乃历史上前所未有之事。他由衷地再次强调，巴黎和会必须遵循着全人类的理念，并且能在会上表达人民而非其领导人的意愿，否则，我们将会很快地卷入又一次世界分裂。当这样的分裂到来时，那将不再是一场战争，而是一场巨大的浩劫。

他谈到了建立维护和平的国际联盟、国际法庭及其国际警察部门的可能性等问题。但他补充说，鉴于只有一次会议，很难就以上这些事项达成协议，故该设想很难落实。他反对这样一种看待巴黎和会和国际联盟计划的观点，即认为"所缔之约"最终不过是一些具有普遍形式的、大家达成一致并表示遵守的协议和承诺。他特别强调，依照历史经验来指导后续行动的意义。

就国际联盟而言，它意味着各国在政治上是独立的，在领土上是完整的；此外，若日后证明曾经的决定存在不公之处或形势有了变化，和约条款和领土版图划分还可以进行再次调整与更改。等到战争的狂热消退后，人们能够从公平、公正的角度，而非在这场旷日持久的大战刚结束就举行和平会议时那样来看待问题，这样的调整与更改将会更加容易地实现。威尔逊总统以"门罗主义"的历史为例来证明自己的观点，他说：正如门罗主义为西半球所做的贡献一样，国际联盟将为世界上西半球以外的国家和地区做出相似的贡献；正如门罗主义在历史变局中不断发展一样，国际联盟也会与时俱进。事实上，他还没想清楚应如何拟定和平条约，也不知道如何在国际联盟的框架之下兼顾灵活性和安全性。与他的想法截然相反的是大国均势的传统观念，但这种观念总是滋生"自私自利、侵略与战争"，人们对此深恶痛绝，因而希望参加巴黎和会的各大国能采取全新的举措。

随后,他谈到了一些具体问题,并提到英国本国并不愿意看到大英帝国进一步扩大的情况。

他认为,国际联盟拟将其总部设在荷兰海牙或瑞士伯尔尼这样的地方,并在此成立一个国际联盟理事会,理事会成员应由所能找到的最佳人士担任。在任何情况下,(国际)纠纷可提交至理事会,由此而得到国际社会最广泛的关注。至于制裁手段,应考虑战争之外的办法,即联合抵制。如果一个国家犯下错误的罪行,那么其他国家可以中断与这个国家之间的经贸往来与通信。按照这一设想,任何国家都不允许成为一个随心所欲地制定针对邻国或世界的邪恶计划的为非作歹之徒。

总统主张,应该宣布德国殖民地为国际联盟的共有资产,交由小国管理。国际联盟的各成员国均可使用这些殖民地的资源。在涉及国际关系、德国殖民地、资源和领土安排等方面,若只是对相关事宜做出安排,世界将无法接受。本次和会,绝对不能以旧的(外交)方式来进行安排。总统提出,必须尊重全世界人民对于建立(世界)新秩序的向往。鉴于此,他预感此次和会必将面临重重困难,他说"如果行不通,那就想办法让它行得通",因为世界所面临的任务艰巨万分,唯有通过纯洁、干净的方式才能够重建或革新世界。正因为此,人们乐于接受布尔什维克主义的影响,因为"它乃是对世界现行行为方式的反抗"。在巴黎和会上,我们的职责在于为建立一个(世界)新秩序而奋斗,"尽量和和气气,但若不行,必要的时候也不怕闹得不愉快"。

我们必须让美国民众知道关于外交、和会和世界事务的真相。他提到了新闻审查,并说他已经做好安排,不顾欧洲国家的反对,让新闻不受限制、自由地传回美国国内,但他怀疑消息是否能够同样自由地传到其他国家如欧洲各国等。在付出相当大的努力后,他已经确保英国和法国取缔了对政治新闻的管制。在会谈的结尾,他谈及开展和会工作的具体形势和条件,以及让民众知道真相的必要性。他说:"如果巴黎和会未能在这样的基础上去解决问题,那么和平条约就无法落实,世界将陷入万劫不复之地。"

他表示,我们只会支持某一列强所提出的公正合理之请,绝不会答应任何超出公正合理之外哪怕一丁点的非分之念。总统还援引了从埃德蒙·伯克那里改编而来的一句话:"先有自由之政府,方有自由之人民。"(Only that government is free whose peoples regard themselves as free.)

欧洲各国领导人的所作所为,让人想起历史上在菲利波波利所发生的一幕:人们聚集在古罗马大剧场,高呼着"以弗所人的狄安娜神啊,显赫伟大"!一闹就是两个小时。对此,总统以一种冷眼旁观者的口吻说道:"他们不过是为了银匠们的私利。"①

在会议行将结束之时,总统表示很想经常地与我们见面聊聊。他希望我们根据巴黎和会的组织安排,通过各个委员会来开展工作;还希望我们在遇到特殊的紧急情况之时,不要犹豫,直接来找他,提醒他注

---

① 据《新约·使徒行传》第 19 章所载:圣保罗曾于公元 52—53 年来到古罗马帝国的亚细亚行省首府以弗所(今土耳其塞尔丘克)宣教。以弗所人原本崇敬古罗马神话中的狄安娜女神(其古希腊名为阿耳忒弥斯),并建有一座狄安娜神庙。城内的银匠靠制作狄安娜神银龛、神像而发财致富。圣保罗在以弗所的宣教,致使许多以弗所人皈依基督教,而不再信奉狄安娜神,其银龛、神像的销量自然下跌。于是,一位名叫底米特的银匠向同业的工匠说,保罗的传道工作不但威胁到他们的生计,还危害到阿耳忒弥斯的威望。愤怒的银匠大声喊叫:"以弗所人的阿耳忒弥斯,显赫伟大!"全城大乱,暴民聚集在可容纳约 2.5 万个观众的剧场里,扰乱了两个小时。这一典故发生在以弗所,作者误作菲利波波利(古罗马帝国色雷斯行省首府,今保加利亚普罗夫迪夫),因两座古城都建有古罗马大剧场而闻名。——译者注

意各种决策影响重大之事。临走之前，总统留下的最后一句话值得流传千古："知正义之所在，令各就其位，吾辈将为之而奋斗。"（Tell me what's right and I'll fight for it; give me a guaranteed position.）

1918年12月11日，星期三

今天下午，我从军事情报处的地图室里出来，到甲板上透透气。国务院的一个人匆匆走过来，对我说，总统房间传过来话，要我过去一趟。天哪，太不可思议了！我赶紧往船舱过道走去，沿途的每个卫兵都随口告诉我，勤务员找了你20分钟了。我走到总统房间，得知是威尔逊夫人找我过去。我心里的好奇感更强烈了。我在房间里没有见到威尔逊夫人，只看到威尔逊总统正在休息室里惬意地玩着桥牌。在返回的途中，我见到国务院的另一名官员，他告诉我是乔治·克里尔①在找我——这就没那么有意思了。最后，我才搞清楚，是克里尔拿到了威尔逊总统所写、准备在登陆后作为对法国总统致辞的演讲稿，他希望我能将演讲稿翻译成法文。除了答应他的要求，我别无选择。我找到了哈斯金斯，让他翻译一部分，我自己翻译剩下的部分。由于担心译稿被返回给总统后可能出现错误，我们向法国驻华盛顿大使朱瑟朗（Jusserand）求助，征询他的建议。在同我们的交谈中，朱瑟朗明确表示，威尔逊总统在遣

---

① 乔治·克里尔是美国战时新闻审查机构"公共信息委员会"的主席，并非美国和谈代表团成员。他之所以与我们同行，是因为他要前往欧洲视察公共信息委员会驻各国的联络办公室并将其关闭，尤其是东欧国家。威尔逊与克里尔私交甚笃，后者对总统忠心耿耿。我与克里尔打过交道，也知道作为政府官员的他曾在战时的美国新闻舆论工作中大有作为，因此我相信，无论为总统效力，还是为国家服务，他都堪当此任，且十分成功。

词造句方面与法国人很相近,因此我们必须让法文译文同英文原文尽可能地接近,这样才能充分体现出总统本人说话的风格和韵味。

当我见到乔治·比尔时,我告诉他,我正在将总统的演讲稿翻译成法文。他对此事颇不耐烦。在他看来,听懂演讲是法国人的事,写成法文则是以后历史学家的事!我不清楚他们究竟要这篇译文干什么,但我猜想,这可能只是总统在家庭聚会时随意冒出来的念头,不一定真的用得上。在跟比尔分开一个多小时后,我将自己的猜想告诉了他,让他明显释怀了许多。

艾尔斯上校和我畅谈许久,我获益匪浅。我还愉快地与总统的法务助理亨利·怀特先生见了一面。除此之外,整天都是平淡无奇。我们正航行在宁静的海面上,朝着东北方向,向法国的布雷斯特港驶去,距离西班牙海岸线约有 600 英里。明天,我们就能进入比斯开湾(Bay of Biscay)了。天气一直温暖和煦。不过现在正在起雾,我们可能很快就会再度遇上北风来袭。我一直在琢磨,总统究竟想用我翻译的法文译稿来做什么呢?

1918 年 12 月 13 日,星期五上午

昨天晚上,看完电影后,总统似乎很高兴,我们唱了两首歌,一首是《再相会歌》(*God Be With You Till We Meet Again*),另一首是《友谊地久天长》(*Auld Lang Syne*)。今天凌晨 4 点的时候,船的发动机慢了下来。现在是早上 7 点半,我爬上了上层桥楼,眺望着远方一望无际的灰色海面,周围有 18 艘驱逐舰呈马蹄形队列为我们护航,其中一艘还

派出了一艘领航船在前方引导。在东方的地平线上,可以清晰地看见有8艘美国战列舰排成队列,正在等候我们的到来。天空逐渐晴朗起来。艾尔斯上校说,布雷斯特会下雨,因为那里经常下雨,但我怀疑今天不会。

9点半

大约1个半钟头前,我按照国务院的要求,将布雷斯特市长和市议会给威尔逊总统的致辞翻译成英文。我刚刚将译文交给兰辛国务卿。不过,这次依然是哈斯金斯在背后助我一臂之力。译文如下:

总统先生:我怀着最炙热的情感,向您献上布雷斯特人民的诚挚欢迎。

当下此时,本市以威尔逊总统之名为本市最美丽的一处公共广场命名,以示对您的伟大之举的崇敬。我们将借着这个短暂而庄严的时刻,来表达对(您的)深切关怀的内心感受。对此,我们真的期待已久。

载着您驶入码头的"乔治·华盛顿"号本身就具有象征意义。乔治·华盛顿是美国自由的英雄。在他的领导下,热爱和平的美国人民拿起武器,化身为独立事业而奋斗的战士。如今,在美国人民的支持下,您在令人百思不得其解的争吵中发出您有力的声音,来消弭我们的纷争,为历经磨难的欧洲各国人民带来了宽慰。

总统先生,在这片布列塔尼的土地上,我们万众一心,欢迎您作为正义与和平的使者到来。

明天,法兰西全国人民将向您表达崇敬,人们将因为一位捍卫了他们对正义与自由的追求的伟大政治家的到来而一同振奋不已。

古老的布雷斯特对于有幸向您致敬可谓期待已久。我们将充满自豪地永远记住这一时刻。为了让我们的子孙后代能够对这段记忆倍加珍惜，布雷斯特市议会责成我，向您表达我们的心意。向伟大的美利坚合众国总统、民主的杰出代表表达敬意，令我们喜悦万分。

后　来

我回到了桥楼上的甲板，远眺法国。6艘大型战列舰冒着浓浓蒸汽，行驶在我们的两侧，每一艘战列舰的桅顶上都飘扬着一面巨大的美国国旗，它们组成了一整支驱逐舰队。天空变得晴朗起来，白日当空，将舰船照成了樱桃红色。船上的水手们正忙着准备用绞车和粗绳将行李从储物仓里吊出来。每个人都在四处走动着，或微笑，或吹着口哨，或是心情愉悦地望着这次旅程的目的地。

一架水上滑行飞机在四周盘旋着。在阳光的照耀下，它闪烁着光芒，十分漂亮。我看着它在排成队列的战列舰之间飞起飞落。现在，我们周围有超过30艘驱逐舰了。一支法国舰队出现在东南方向，排好队列，迎头向我们驶来，船上旗帜飞扬。它们从弥漫在地平线上的迷雾中驶出来后，在距离我们两英里的地方调转船舷，然后依次鸣响21声礼炮。浓浓的烟雾笼罩在水面上。我们没有任何回应，我不知道这是为什么。我觉得我们总是应该回礼的。我们的船上不仅装备有4英寸口径的小型炮，船头还有两门5.5英寸和6英寸口径的大炮。我想，我们很快就要捂住自己的耳朵了。这时，一只法国载人气球也飞了过来。往北望去，见不到陆地，只有一个距离我们大约5英里的基岩岛，岛上有一座灯塔和几间房子。

午饭后,12:20

  船正在驶入布雷斯特港,薄雾笼罩着陆地。不过,当我们航行在英吉利海峡时,两岸的轮廓逐渐变得清晰可见。飞机在不远处发出嗡嗡的轰鸣声。阳光驱散了薄雾,水面呈现出斑驳的灰色和绿色。

后来(在列车上所记)

  行驶在我们前方的战列舰在码头里排成了双列,驱逐舰紧随其后,居于两翼。我们的船减慢了航速,庄严肃穆地行驶到了最前列。随后,总统走到了我在前面日记里所写到的桥楼上,站在距离我不到10英尺的地方检阅舰队。后来,他登上了塔顶桥,也是此行的最后一次。就在我们傲首前行时,船上的大炮鸣响了震耳欲聋的礼炮。接着,各艘战列舰上的船员们都来到甲板上,沿着船舷列队,立正。当我们从一艘一艘的舰船边驶过的时候,对方船上的船员们依次欢呼起来。隔着一小片水域,你能清楚地听到他们的欢呼声。再后来,各艘舰船上的乐队演奏起国歌,我们则立正脱帽敬礼。

  当我们驶过最后一艘战列舰时,我们的船抛下了锚。随后,驱逐舰编队依次经过我们的前方接受检阅,全体船员则向我们敬礼。这些驱逐舰一艘接一艘地排起长长的队列,从大型战列舰之间穿插而过,绕着我们转圈。如果你见过它们鏖战于大海,花了一个星期才得以横渡大西洋,就会知道这些驱逐舰上的船员们多么值得赞赏。正是他们,摧毁了德国的潜艇,挽救了我们的战争。他们是真正的海上英雄。

  不过,总统并没有充裕的时间来观看这壮观的场面。在下面的甲板上和会客厅里,已有两个代表团会集待命,前来迎接总统。他们是在我们的船缓缓入港时,乘着小艇上来的,其中既包括法国高层政要,如外交部部长史蒂芬·毕盛（Stephen Pichon）和海军部部长乔治·莱格（George Leygues）等，也包括美国驻法国的远征军将领、政府要员，如陆军的潘兴将军和布利斯将军、海军的西姆斯（Sims）上将和本森（Benson）上将、夏普（Sharp）大使等。在短短几分钟的寒暄问候之后，小艇便被从船舷上放下来，总统和他的随从人员乘坐其中的一艘小艇离开了。这时，"乔治·华盛顿"号鸣响了总统礼炮，结束了这段越洋之行。

1918年12月13日，威尔逊登陆法国

总统一行离开后，另一艘小艇载着我们其他的人也离开了。我们向岸边驶去，在驶过大概1英里的水域后，到达了古旧的老码头。码头里尽是挂着蓝色和褐色船帆的渔船，以及比老码头更加古老的渔民——布列塔尼人。当我们经过的时候，他们停下手中的活看着我们。城市的灰色城墙沿着码头的边沿拔地而起，顶部则是布列塔尼公爵的古老城堡，和圣马洛城（Saint Malo）一样。水手们正在码头边等候我们，帮我们将行李送上旁边支线上的专列。布雷斯特港的负责人穿着金色的花边制服,亲临现场,视察全程。这是一辆豪华专列——确实非常豪华。有人告诉我们,列车至少还得半个钟头才能开——结果一等就是1个半钟头——于是,我和哈斯金斯①干脆进城去买报纸。我们给了一位老妪一点好处费,请她带我们去看看那个被命名为威尔逊的广场。广场位于码头上方城墙边的一角,空旷之处种上了棕榈树,十分漂亮。布雷斯特港的建筑十分规整,石板屋顶的砖石房屋依次排列,围绕着城市中央的圆形剧院。不过,这种单调乏味在不经意之处还是会被一些真正的雅致所打破,比如海关的塔楼和库房那文艺复兴时期的大门。整座城市为了节日的到来而装饰一新。穿着奇特服饰的布列塔尼人,大多是头戴白色蕾丝头巾的女人。男人很少穿这种奇特的民族服饰,虽说我们还是见到一些。不过,在街道上站岗的居然是美国大兵!这实在是太不协调了。当列车开出的时候,我们听到了关于这个问题的解释,那是因为我们正在经过延绵数英里之长的美军驻防区。就在我们登陆的这个港口,共有 10 万名美国士兵。当列车沿途经过时,我们朝着外面的人群喊话。他们走在满是泥泞的街道上,在看着我们这些刚刚抵达法国而不是即将离开之人时,许多人都评价道:"你们要去巴黎啊?倒霉呀!"有个小伙子抬头一看,惊讶地发现列车上坐满了美国平民而非军人,大喊道:"真是一群对上帝真心实意的美国人啊!"要知道,这些美国小伙子一心只想回到家乡。

我们在列车上享用了一顿有着美味佳肴和葡萄美酒的丰盛晚餐。不过,负责侍餐的侍者是一位胸前挂着战争十字勋章的军人,由精明能干的女招待在一旁协助。车厢侍者的制服上有 3 颗星,以及 1 枚奖章。

---

① 查尔斯·哈斯金斯,哈佛大学研究生院院长、中世纪史教授。——译者注

大家都觉得,不应该让他来伺候我们。尽管我们对战争进行了林林总总的研究,但它已经变得愈发真实起来,气氛完全不同了。即使是在布列斯特的人群当中,我们也发现女人明显居多,大多数人还身着黑色丧服。我遇到过一个十分友善的卖报老妪,给了她1法郎,买了几张挂在墙上、赞颂威尔逊的宣传报。

这些宣传报终有一天会成为历史文献。当我们拐过街角的时候,首先映入眼帘的是灰色的石头墙壁上用粗体字写着的红色标语。这些标语是布列斯特市议会的一位激进派议员所题,呼吁人们"万众一心,团结一致,振奋精神"来欢迎一位伟大政治家的到来,因为正是他致力于"建立一个以人民权利为基础的新秩序,并永远终止逼迫我们保家卫国的残酷战争的再次爆发"。在红色标语的旁边,是劳工联合会的绿色宣传报,上面写着一段更加严肃的标语,提醒那些能够领会其深意之人当前的任务所在:

为了工人与农民的法兰西!
致巴黎工人书!

威尔逊总统即将抵达法国。

威尔逊总统是伟大的美利坚合众国的最高元首和最尊贵的代表。正是美国的参与,在全世界人民为自身利益与权利而奋斗的宏大战争中起到了决定性的作用。

威尔逊总统是一位兼具勇气与远见的大政治家,他认为权利重于利益。他试图向人类展示一条能够通往少些苦难和杀戮的未来之路。因此,他发出的声音表达了最为深刻的思想,这些思想足以触动所有的民主国家和工人阶级。

如今，德国的军国主义与反动行径已经被彻底挫败，民主国家希望永远地消弭战争的诅咒，从而使工人阶级在国家主权范围内得以和平地发展。

威尔逊确定了这些行动原则，并将其置于世界舞台的中央，他理应得到人们的厚爱。

工人与农民总是为了自由而战。当威尔逊总统抵达之时，工人与农民的法兰西将向他表达感激。

对于这一尚未完成的任务，愿威尔逊总统能感觉到千百万男男女女的心与他同在。

12月14日，法兰西的工人们将齐聚街头。

他们将向威尔逊总统发出响亮的呼声：为了国际正义，为了让各民族享有平等权利、承担平等义务的国际联盟，为了和平长存。

鼓起勇气来，我们需要你，我们与你同在。

社会党劳工联合大会

第二章　初到巴黎之印象

1918年12月14日，星期六

我在列车上不太睡得着，干脆穿好衣服起来了。当列车从凡尔赛宫南边的侧线驶过时，我向外眺望着这座伟大的宫殿。早餐是一杯速溶咖啡和一片面包。当我们吃完早餐的时候，列车已经抵达巴黎。我们走下列车，戴维·亨特·米勒（David Henry Miller）和弗兰克·沃林（Frank Warrin）正在站台上等候。和他们一起的还有乔治·比尔的表兄弟——旺格（Wanger）中尉。旺格中尉带着我们和一位名叫布利特（Bullitt）的记者朋友前去入住酒店。我们在是否接受军车接送问题上颇为犹豫，于是，旺格中尉跟我们开起了玩笑，说后面还会有"一堆将军为我们洗衣做饭呢"之类的事情哩！我坐上的那辆车最先驶出，也是我们一行人中最早到达目的地的。

啊，协和广场！你无法想象，那是一幅多么壮观的场面！除了街道以外，协和广场上的每一块空地上都停满了法军缴获的德军大炮。我们在经过香榭丽舍大道时向车外匆匆一瞥,只见道路两旁也停放着排列整齐的各式大炮,一连数英里。这是属于法国的胜利荣誉。

当我们抵达的时候,人们已经蜂拥而至,只为找到一处绝佳的位置,能一睹威尔逊的风采。总统的列车停靠在了布列塔尼的普卢阿雷(Plouaret)。他在此休息一宿后,拟于今天上午 10 点准时到达。

巴黎和会上的调查团成员合影

前排坐姿(从左往右):查尔斯·哈斯金斯、以赛亚·鲍曼、西德尼·梅泽斯、詹姆斯·布朗·斯科特、戴维·亨特·米勒;
后排站姿(从左往右):查尔斯·西摩尔、R.H.洛德、W.L.韦斯特曼、马克·杰弗逊、豪斯上校、乔治·路易斯·比尔、D.W.约翰逊、克利夫·戴伊、W.E.伦特、詹姆斯·肖特维尔(本书作者)

豪斯上校和他的助手们已经在克里翁酒店(Hotel de Crillon)①了。在安顿好住所后,我们来到了办公大楼的国际法组(也是戴维·米勒先生的办公室),从这里俯瞰协和广场上熙熙攘攘的人群,大家都在等着威尔逊总统的到来。我们站在窗边,可以眺望到协和广场的一角以及

---

① 又译"巴黎瑰丽酒店",位于巴黎市中心协和广场 10 号,系巴黎和会期间美国代表团总部驻地。——译者注

威尔逊总统即将通过的"皇家大道"(Rue Royale),因而拥有着见证巴黎迎来这一历史性时刻的最佳视野。

巴黎街头欢迎威尔逊

巴黎民众对威尔逊总统的敬爱在我的个人经历中可谓空前绝后。正如一家报纸撰文指出,对巴黎的广大民众来说,能够目睹一位被他们以及欧洲的绝大多数被压迫者视为"当今天下头号仁义之人"(the first moral force in the world today)的伟人,乃是一种"无上的荣光"。这一美誉并非随口说说,而是发自内心的。无论人多人少,是否拥挤,巴黎民众始终在一门门大炮之间穿梭移动,法兰西共和国卫队(Garde Republicaine)和正规军则排列成狭长的队伍,负责维持秩序,保持道路通畅,场面十分嘈杂。

放眼望去,从凡尔赛宫到塞纳河上的协和大桥上,到处都是身着地平线蓝色(horizon blue)军装的法军士兵。人群中的主要色调是妇女们穿着的黑色,夹杂着少许军人们所穿的卡其色或蓝色。仅仅有一个黑人戴的头巾是红色的,与其他颜色形成了鲜明反差。"地平线蓝"是一种你所能想象的最美色调之一,十分柔和,就像远方延绵不绝的山。当你回想起,正是这些以法国军人特有的慵懒方式站着的法军战士们刚刚从德国人那里夺取了停放在协和广场上和他们身后的德军大炮时,你再望着他们一边等待威尔逊的到来,一边举起巨大的标语牌呼喊着"正义者威尔逊"(Wilson the Just),心中不由得涌出一种别样的感觉。

不久后,炮兵部队从协和广场的不同角度各就其位。民众纷纷爬上大炮的炮架,士兵们则伸手将他们扶上来。我们从窗户边往下望去,可以看到人流正在向广场的各个街道上聚拢,宛如一条条延绵不断的黑色溪流,从一边流向另一边。士兵们想为威尔逊总统打开一条从协和大桥穿过协和广场、直通皇家大道的专用通道。可人流的压力实在太大了,以至于士兵们的队伍也被民众挤来挤去,他们无法各守其位并保持成一条直线,而是变得歪歪扭扭。在威尔逊总统到来之前,协和广场可能汇聚了5万—10万人之众。

当威尔逊总统的列车抵达卢森堡火车站时,西南方向不远处河岸上的礼炮开始鸣响。我们可以望见烟雾缭绕。人群开始躁动并推挤卫兵。在塞纳河的那头,我们很快看到了法兰西共和国卫队头顶上锃亮的头盔。队伍的前头是一群骑着高头大马的英姿俊朗的卫兵,一辆全包车厢的马车紧随其后,再后面是一辆车厢敞开的马车,上面坐着威尔逊总统与法国总统雷蒙·普恩加莱。我们看得清清楚楚,总统不停地举起他那顶丝绸礼帽,向人群鞠躬行礼。人们疯狂地欢呼着。普恩加莱先生和威尔逊夫人也受到人们的欢呼,但不如威尔逊总统所得到的欢呼声那么大。一架架马车和成列的士兵尾随其后,整个队伍就此走完。

威尔逊与普恩加莱

  我们精心挑选的位置确实视野开阔,从这里能够看到老百姓们所能看到的一切。今天是公休假期。除了威尔逊总统的欢迎仪式外,其他的一切活动都被叫停了。巴黎全城的百姓从当天下午到晚上都挤在林荫大道上,人山人海。我以前可从未见过这么多的人。到了晚上,我们5个人乘坐一辆军车,在林荫大道中穿行而过,直到车最后开到头了,再缓缓地转入一条街头小巷。有意思的是,透过车内的人影,民众们误将乔治·比尔当成乔装打扮的威尔逊总统了——这可不止一次,而是好多次。他们真是摸清了总统的形象特点了,就像哈斯金斯说的,其他的人看起来太壮实了——当然除了我外,我恰恰相反,太瘦小了。官兵们站在人群中,被人顺走了军帽(从他们身后摘走作为纪念物),因此绝大多数官兵们头顶上都没戴军帽,但他们不为所动——有时候,我不免担心他们会回头去追自己的帽子。这里充满了超乎寻常的亲切情谊，纽约民众在庆祝和平到来的时刻不会这么喧嚣热闹。

我们沿着这条林荫大道缓缓前行，直到走到与林荫大道垂直相接的斯特拉斯堡大道(Boulevard de Strasbourg)，然后拐个弯朝塞纳河畔继续走。这一路只有短短的几百码，我们却走过了600年的历史。穿过空荡荡的街道，我们从圣路易斯宫(Palace of St. Louis)走到了巴黎圣母院。圣母院矗立在一片黑暗中，依显气势恢宏，壮丽非凡。事实上，除了林荫大道外，这一路只有为数不多的几盏路灯，且间隔很远，供电似乎也不足，只有正常供电亮度的一半左右。所以，小巷子里几乎漆黑一片。从圣母院往南，我们又沿着圣雅克街(Rue St. Jacques)，往圣吉纳维芙山(Hill of St. Genevieve)①上走去。圣雅克街是一条古罗马时代的老街，仍残存着古罗马工程师的印记。在经过克洛维一世②受洗的教堂遗址后，我们辗转来到了先贤祠(Pantheon)。先贤祠正殿的门廊是一排巨型的石柱，石柱之上的三角形横楣上镌刻着一行拉丁文铭文："伟人们，祖国感念你们。"以此向法国的不朽先贤们表达敬意。此处人不多，静悄悄，黑漆漆。我们打开车的探照灯，照在奥古斯特·罗丹的"沉思者"(Penseur)雕像上，然后站在先贤祠正殿前面的一大片阴暗之处——这是我在威尔逊抵达巴黎之日留下的最后印象。③

---

① 吉纳维芙是巴黎城的守护神。——译者注
② 克洛维一世(Clovis I, 466—511)，法兰克王国的奠基者、国王。——译者注
③ 美国和谈代表团总部所在的克里翁酒店一直是法国最奢华、高档的酒店之一。这家酒店比丽兹酒店和茉黎斯酒店都小，餐厅甚至还没外省酒店的大。这是因为，它的客户并非那些喜欢在公共场所消遣娱乐的普通人，而是习惯在楼上的私人房间里接待和休息的贵客。从和会召开之日起，酒店就已经被重新装修一新，但当时依然能看出它的旧式酒店风格，古色古香的老式电梯缓缓地从一层升降到另一层，有时停在地板和天花板之间，直到水逐渐地聚满到足以平衡乘客的重量为止。代表团成员们的房间俯瞰着协和广场。我们虽然没有会见其他成员的专属会议室，但在大楼的另一个角落有一间办公室，好歹弥补了这一缺憾。可那间办公室里又堆满了各种各样的文件。总而言之，这里的安排不尽如人意。

美国和谈代表团在克里翁酒店的合影

1918年12月15日，星期日

今天在协和广场四号忙着办公室开门事宜。装有供资料室使用的图书以及从"乔治·华盛顿"号上搬来的其他资料的箱子暂时被封存起来，等着办公场地的最终分配，这搞得人有点心烦意乱。分配给资料室的场地最初是在位于皇家大道上的夹层楼里，但空间实在太小，不够办公之用，更谈不上堆放我们带来的一大堆图书了。于是，夹层楼里的办公场地被替换为一处更大的场地——圆形大楼中央的圆形大厅。大楼的采光和通风设施都较为欠缺。大厅里留出了一条过道，好让那些想去附近办公室的人能够通过，但很难保证不会把书架上的图书碰掉下来。我在凹室后面有一处自己的小小办公空间。

今天发生了一件事，就是威尔逊总统要我们提供关于达尔马提亚海岸问题的资料和信息。看来，我们真的要有所作为了，只不过是身居幕后。

1918年12月16日,星期一

在访问了法国战争图书馆(Bibliotheque de la Guerre)后,我担负起美国和谈代表团的资料室主管的职责。法国战争图书馆的成立宗旨,乃是收藏对于未来研究世界大战的历史学家至关重要的每一本书、每一篇文章或其节选。它坐落在香榭丽舍大道往北的一条街道上,离克里翁酒店不太远。①战争图书馆的馆长名叫卡梅莱·布洛赫(Camille Bloch),是一名历史学家,主要关注的是法国大革命前夕旧制度下的贫困人群。早些年的时候,我曾在《政治学季刊》上拜读过他的大作,并将自己写的评论寄给他。真是幸运的缘分啊!这让我得以敲开法国官僚系统的大门——布洛赫给我行了个方便,允许我们自由地查阅图书馆里所藏的文献资料。我回到克里翁酒店,对与法国人首次打交道感到满意。

维乐酒店(Hotel de Ville)即将举办一场为威尔逊总统接风的欢迎仪式,我也收到了邀请。我们驱车一路从克里翁酒店驶向维乐酒店,沿途挤满了黑压压的人群。民众们被一长排的官军士兵隔离在道路两旁,确保他们不会挤到道路中间的行车道上。欢迎仪式在维乐酒店的镀金大堂里举行,十分隆重。安全警卫人员荷枪实弹地在长廊里执行警戒任务,但更令人难以忘怀的是沿途群众的安静而不喧嚣。除了士兵军装的颜色外,满眼可见的就是黑色了。因为我想自己走进去,好好感受一下现场的气氛,我在维乐酒店门口下了车。除了这个原因以外,我还清楚地意识到,对那些饱受战争蹂躏的悲伤民众来说,我若继续乘车前行,实在不妥。如果有人想要充分感受战争的悲剧,他在这里便能找到答案。

---

① 后迁至巴黎东门外的万森纳城堡(Chateau de Vincennes)。

1918年12月17日,星期二

上午,处理日常工作,整理材料。中午,豪斯上校亲自会见了调查团各小组的负责人,并诚恳地表示:他十分乐意在巴黎和会期间与我们保持联络。由于克里孟梭过来拜访豪斯上校,他与我们之间的会面不得不推迟到现在。在会面期间,意大利代表团又给豪斯上校打来电话。

晚上,调查团秘书长鲍曼博士召集各小组负责人,开了个会,向我们宣布了美国和谈代表团的改组情况。自停战协定签订后,美国和谈代表团的组织问题一直不尽如人意。国务院和陆军情报处(Military Intelligence)均已不再拒绝承认调查团,故我们今后可以直接向美国和谈代表团的成员们提供咨询意见,而不必绕一两道弯子了。

1918年12月18日,星期三

中午,全权代表布利斯将军接见了调查团成员。他在陆军和海军情报处都有自己倚重的一班人马,还有专门向他汇报的军官。他将自己的总部设在酒店某处,一看就是军方所在,卫兵们走来走去,上上下下,门口还有一名警卫员。

中午,与乔治·比尔和莱昂内尔·柯蒂斯(Lionel Curtis)共进午餐。柯蒂斯告诉我一个消息,英国政府很可能采纳由乔治·比尔提出的方案。

刚刚获悉,经济学家阿瑟·杨格(Arthur Young)已被任命为美国和谈代表团的经济组组长,艾尔斯上校为其搭档。他们被分派的任务是研究战后赔款问题。这很符合最近确定的一项政策,即将调查团从幕后推向台前，让他们成为代表团成员和威尔逊总统真正的顾问参谋。杨格既高兴又兴奋。

邮政系统崩溃了。来自法国各地的邮件往往得晚上一两周才能收到。简而言之，与各种交通通信事宜相关的问题都很混乱，糟糕得不得了。当然，我们并不会真正看到这些乱象。事实上，像我们这样住在酒店里，根本感受不到物质的匮乏。这也让我始而注意到，外交工作者几乎注定是脱离现实环境的。我们根本意识不到战争有多艰难。我们有暖气，火炉里也有燃煤，菜单上应有尽有，包括白面包，哪怕是以面包票的方式来配给供应的。鲜奶也是有的。除了咖啡用奶以外，我们饮用的鲜奶是博尔登品牌的浓缩奶。

代表团的每个成员被允许每天宴请款待一位客人，所以我们几个人就合起来一起邀请外宾。

我在克里翁酒店里待了一整天。晚饭后，我和斯坦利·亨培克(Stanley Hornbeck)[①]一起穿过了协和广场，去塞纳河畔散步。在朦胧的月光下，我们透过各种形状各异的大炮，回望我们的酒店和办公室。

1918年12月19日，星期四

一整天都在处理日常工作。在资料室工作时，与我的同事们聊了些事情。与乔治·比尔、戴维·米勒、柯蒂斯共进晚餐，进一步讨论比尔提出的方案。当涉及此类事情时，比尔向来不让步，除非决定成败的

---

① 威斯康星大学政治学教授，曾任美国国务院远东司司长，系著名的中国问题专家。——译者注

最后机会已经丧尽。与米勒在酒店共进晚餐。

1918年12月20日，星期五

今天一天，仍是处理日常工作。唯一的插曲是与马克斯·拉扎德（Max Lazard）共进午餐。拉扎德虽然是法国最富有的银行家族成员，但曾于1899年以学生身份到过哥伦比亚大学，与美国学生同吃同住，哪怕是他们中最穷的学生的生活，他也过得来。我头一次见到他，是在纽约市哈莱姆区的一处寄宿家庭的住宅里。那家住宅一点也不雅致，实际上是学生所能找到的最便宜的那种。之后，他返回巴黎，创建并领导了预防失业协会（the Society for the Prevention of Unemployment），从此将其毕生的精力献给了慈善事业和不那么极端的激进运动。他是法国自由主义理念的最佳体现者，但他无法想象，德国人可能会在未来数年之内便加入国际联盟。毕竟，经此一战，哪怕是法国的自由派，其对德国的良好信任也被摧毁殆尽。

1918年12月21日，星期六

资料室的新场地总算准备就绪了。图书和资料都经过打包，一一检查，井井有条。中国驻华盛顿公使顾维钧[①]在我不在时打来电

[①] 顾维钧曾是我在哥伦比亚大学的学生。

话,并留言说想见到我。于是,我邀请他和我们的几个工作人员共进午餐。我们追忆往昔,十分愉快,后来还谈到了巴黎和会上与中国有关的一些问题。这些问题在即将到来的日子里造成了很多麻烦。

雷·斯坦纳德·贝克(Ray Stannard Baker)告诉我,他负责美国和谈代表团的宣传工作。这项工作意味着将对美国媒体记者所发布的信息采取严格的舆论控制,也就是十分棘手的新闻审查工作。不过,威尔逊总统对贝克信任有加,两人私交甚密,这才可能让贝克得以应付得来。

下午,为了与多利斯先生(Mr. Dolleans)会晤以讨论劳工问题,我拜访了安德烈·塔尔迪厄先生(Mr. Andre Tardieu)。塔尔迪厄先生是法国驻华盛顿高级专员,我与他曾有过一面之交。多利斯先生(Mr. Dolleans)是一本关于英国宪章派运动的论著的作者,我曾在他的大作问世之时仔细阅读并写过书评。这让我们一见如故,但并未维持长期的交情。

傍晚,我和西德尼·梅泽斯(Sideney Mezes)博士①去了法国文化艺术俱乐部(Cercle Arstique et Litteraire)共进晚餐。我们拥有这家俱乐部的会员资格。在那里,我见到了著名记者戈万先生(Mr. Gauvain)。多年来,他几乎每天都在发表谈论欧洲政治的文章。如今,他已出版了一系列的著作。由于我在为巴黎和会做准备时采用了他的一些书籍,我们相处得十分不错。

---

① 纽约城市学院(今纽约城市大学)校长,美国哲学家,"一战"时期担任"调查团"主席。——译者注

1918 年 12 月 22 日，星期日

周末不休息，加班继续处理日常工作。资料室已在新的场地建好，图书的清点工作仍在进行中。

1918 年 12 月 23 日，星期一

一整天都在处理日常工作，检查图书清单。

1918 年 12 月 24 日，星期二

与阿尔伯特·托马斯先生（Mr. Albert Thomas）①长谈。此前，我曾写信给他提出会面的要求，并得到一封有趣的简短回信，表示我可以在下午5点半时到大学路74号他的办公室来。信中还问："你会说法语吗？需要我叫一位朋友前来帮忙做你的翻译吗？"乔治·比尔和我一起同行。托马斯先生就一个人，于是放得很开，就各种问题畅所欲言。由于比尔的兴趣主要集中在殖民地问题上，所以我们首先谈到了这个方面。他说，相对而言，法国对殖民地问题并不关心。法国的利益在于摩洛哥、阿尔萨斯与洛林，以及推翻 1911 年的刚果协定（*the Congo Arrangement of 1911*）。法国目前并不关心殖民地关税问题。至于叙利亚，1916 年的英法条约必须修改。叙利亚的领土不应该往西里西海岸

---
① 法国政治家、社会党领袖。——译者注

(Cilician coast)附近扩展,而应该"向大马士革方向"延伸,拥有足够的内陆腹地,而不仅仅是沿海地带。至于君士坦丁堡,英国人"野心不小"。就个人而言,他认为,在文化和战略上最适合接管君士坦丁堡的国家是法国,当然要以国际联盟的"托管"方式。他说这句话时,带着胜利者的会心一笑。土耳其不归法国管,应归意大利管。亚美尼亚应交给美国。亚美尼亚人当然会指望法国,但美国更有能力为当地人民做些事情。小亚细亚地区的希腊人土地不应归意大利。

随后,我们将话题转向国际联盟。托马斯先生是国际联盟协会(League of Nations Society)①法国分会的秘书长,莱昂·布儒尼先生(Mr. Leon Bourgeois)为其主席。他指出了这个联盟和费迪兰德·布韦松先生(Mr. Ferdinand Buisson)②的世界政府联盟(League for a World State)的不同之处。但他没有明说国际联盟应交给谁来管。

在谈及国际联盟投票票数的分配时,他回顾了自己在社会主义国际(即第二国际)的经历。在1904年的阿姆斯特丹会议上,日本代表们阻挠欧洲社会党人的决议,转而武断地提出:在投票票数上,英、法、俄、德、美5国各有20张票,意大利有10张票,其他各国大多为3张。就此分配票数的依据则是各国矿产产出总额。

今天,法国外交部部长史蒂芬·毕盛在法国国民议会的委员会(commission of the Chamber)中表示,除了通过福煦将军以外,各战胜国不应单独与德国有任何往来。对此,托马斯先生坚决反对。法国人必须将(这项)"权利"保留给自己,法国议会不应有抗议辩论,就像当年德国从法国夺走阿尔萨斯与洛林后那样。

---

① 1915年在法国发起的旨在推动建立国际联盟的社团。——译者注
② 法国政治家、教育家,曾获1927年诺贝尔和平奖。——译者注

38

在成立国际联盟的过程中,专断行事是必需的,普遍一致是不可能的。各国都有权加入。但他没有提及如何选举国际联盟的代表成员。

在谈及法国经济局势时,他表示,法国将来的财政预算大约为34亿美元,基于每年略多于10亿美元的财政收入。收支差额不会通过直接征税来平衡。法国人并不像英国人那样习惯采用直接征税的办法。可以尝试国家垄断酒类、糖类、油类等经营的办法。累进税可能只用于对酒类的课税,如瑞士一样。

这或许十分接近于我们想说的社会党人纲领,它继承了饶勒斯(Jean Jaurès)①的伟大传统。不过,正如我和比尔在乘坐回去的出租车上时所说的,托马斯先生并没有机会决定法国的国策,我们还是不得不与克里孟梭和他的同伴们打交道,而他们恰恰是托马斯最头疼的政敌。

1918年12月25日,星期三,圣诞节

哪怕是在和会期间,圣诞节的巴黎也是一片寂静。巴黎乃至整个法国庆祝的是元旦节,而非圣诞节,令这座城市显得十分寂静。上午,我带着公共信息委员会的乔治·克里尔和埃德加·西森(Edgar Sisson)②前往参观巴黎老城。我们先是驱车经过杜伊勒里花园,看见

---

① 20世纪初法国社会主义运动中颇有影响力的领导人之一。——译者注
② 公共信息委员会驻彼得格勒情报人员,后携带暗示列宁为德国间谍的伪造档案返回美国,引起轩然大波,史称"西森档案"。——译者注

了断壁残垣和玫瑰花园中的一处大型弹坑,这是战争时期德军的"大贝尔莎炮"①发射出的榴弹炮所造成的。如今,看到这些德国大炮被停放在我们所住的酒店门前,让人感觉舒坦多了。随后,我们到了司法宫(Palais de Justice),我带他们去看了看恐怖统治时期的礼宾院监狱(Prison of the Conciergerie)。接着,我们又来到了巴黎圣母院,人们正在这座冷得如格陵兰岛一般的天主教堂里举行"大弥撒"(High Mass)。我想,自圣女贞德时代以来,法国再未经受过比这更强烈的解脱之感了。尽管音乐很是好听,人们却面露悲伤,目光呆滞,圣母院里阴暗而沉寂。原本五颜六色的玻璃窗由于被炮弹炸毁,暂时地被替换成浅黄色的玻璃,教堂外冰冷而灰色的天空在高高的祭坛柱子之间透出阴暗的光线。我们从圣母院走到左岸(the Left Bank),来到圣西弗林(St. Severin)的老教区教堂。到处都是教区居民,这些教区都是真正的拉丁语天主教区,可不是那些艺术家们偶然汇聚而成的徒有其表的现代街区;这里的人生活在巴黎的阿伯拉德山(hill of Abelard)下的狭长小巷里,说着一口真正的拉丁语。让克里尔最感兴趣的是,教堂墙壁上贴着一块块小小的祈福石牌。这些石牌都是大学的学生们贴上去的,以表达在考试时上天保佑的感激。我们不止一次看到石牌上面用拉丁文写着"Succes Inattendu"(意为"大喜过望"),由此表达上帝显灵时所带来的惊喜!从这里出发,我们又驱车前往了索邦大学、先贤祠和古罗马竞技场。

在返回住处的途中,我们被刺骨的东风吹得浑身冰冷。哪怕在冬天,我似乎也从来没有遇到过这般的湿冷。天气实际上并不算太冷,但

---

① 又译"大贝尔莎榴弹炮","一战"时德国克虏伯兵工厂生产的420毫米攻城榴弹炮。——译者注

冰冷加上潮湿，冻得人的血液都快僵住了。当我们穿着暖和的大衣仍然颤抖不止时，我意识到，对一名身无御寒或蔽体之衣的难民来说，在这样的天气里流浪在法国泥泞的街头究竟意味着什么。即便如今，在城镇里，食物和煤炭依然存在短缺。虽然克里翁酒店里十分舒适，但每个人都想家了。为了让我们兴奋愉悦起来，酒店为我们提供了一顿美式圣诞晚餐，菜品包括牡蛎、龙虾、火鸡、李子布丁、南瓜派、冰淇淋、奶酪、坚果和水果、咖啡、雪茄，还有法国葡萄酒。我只吃了一部分，但有些人吃得干干净净！

当天余下的大部分时间都是在克里翁酒店度过的，有时候待在房间里，有时候与组员谈谈话。布利斯将军找哈斯金斯谈话，后者是"调查团"的德国西部边界组组长。两人的谈话涉及未来德国的政治、经济地位与领土版图。将军要求调查团成员在任何时候都可以自由地来找他，进行任何形式的讨论。他表示，很希望我们能将陆续完成的研究报告不时地递送给他，以便所有可能的问题都能够以2—3页的报告形式提交到国会讨论。

威尔逊总统已前往位于肖蒙（Chaumont）的陆军总部，随后将访问英格兰。美国和谈代表团中的全权代表们尚未召开任何会议。唯一已经讨论的话题是达尔马提亚海岸问题。

1918年12月26日，星期四

上午10点半，与以赛亚·鲍曼会谈，讨论海军战略问题。

中午12点半，与奥伯特先生(Mr. Aubert)共进午餐。

尽管法国以及欧洲其他国家都受到战争的蹂躏，但巴黎到处人满为患，就像旺季里的休闲疗养院，热闹非常。酒店与平价旅馆里挤满了来自各国的富人们。哪怕是原本提供给佣人们住的最便宜的房间，这些富人们每天也得支付高达5美元的房费。餐饮费也非常昂贵，士兵们哪怕随便在一家廉价饭店里吃顿饭，也得至少掏出6美元。商店里，鸡蛋的售价是每个14美分；肉类的价格则是纽约的2—3倍。在巴黎经营寄宿家庭旅馆的人想把战争中所失去的东西赚回来，结果造成美国军队的士兵们滋生了一种强烈的反法情绪。

1918年12月27日，星期五

应邀参加了法国文化艺术俱乐部的午宴，与多利斯先生共进午餐。

1918年12月28日，星期六

我在自己房间里待了一整天。有感冒的症状。乔治·比尔主动打电话给他的朋友、美国军医院在法国最大的分院——讷伊(Neuilly)分院的院长斯特恩伯格医生(Dr. Sternberger)，请他过来为我看病。不过，我的病况不足为虑。

1918年12月29日,星期日

在克里翁酒店待了一整天。晚上,与戴维·米勒、杨格共进晚餐。他们讨论了英国大选、战后赔款等问题。

1918年12月27—29日

这三天,我没写太多日记,因为调查团的成员们正在忙着在和谈代表团这一新的组织中寻找自己的定位和工作方向,并确定与可能出现的问题相关的研究对象。就个人而言,我的工作就是建好资料室,重建历史组,以及研究国际劳工立法方面的具体问题。①总统向我们这些研究人员提出的第一个要求是在外交史领域展开研究。他已经同意大利总理奥兰多、外交大臣桑尼诺进行了会晤,故而当即要求我们提供关于意大利问题的材料。总统对这一问题特别关注。②

---

① 我将劳工问题作为自己在美国和谈代表中的研究领域,因为其他同事都不如我对该问题感兴趣。在建好资料室后,资料室的主管之职便成了一个次要问题,因为它的实际运作完全可以交由助理人员来打理。后来,在以赛亚·鲍曼对美国和谈代表团进行改组的时候,我又被任命为历史组的组长。很难说清楚这个职位是干什么的,大概是在鲍曼博士的总体指导下,与其他小组的组长相应的一个平级职位。原来的外交史组的工作暂时由国际法组和领土问题组的研究人员共同负责。当时,劳工问题尚未在巴黎和会上得到承认,也尚未纳入美国和谈代表团的计划。之前,调查团在纽约开展工作时,我曾向阿林·杨格教授提及这一问题。不过,除了在哥伦比亚大学开过社会史(即劳工史)的讲座课,以及从图书馆借了一本关于国际劳工立法的小书外,我个人在劳工问题领域并无相关的知识储备。

② 因此,调查团成员最初都在忙于研究意大利问题,但它后来对威尔逊总统与豪斯上校的分道扬镳造成了很大影响,也几乎破坏了巴黎和会,导致了意大利代表团的离开。

福煦、克里蒙梭、劳合·乔治、奥兰多、桑尼诺合影

1918 年 12 月 30 日，星期一

上午 10 点半，我和杨格一同外出，前去拜访贾斯汀·戈达特先生（Mr. Justin Godart）。我俩在他那间古色古香的小书房里找到了他。戈达特先生是来自法国里昂的议员。正如其本人所说，他对劳工问题的兴趣集中于慈善而非政治方面。他与社会党没什么联系。作为法国国民议会劳工委员会的调研员（rapporteur），他向法国议会提交了唯一的一份关于国际劳工立法的报告。不过，虽然他对限制女工和童工的劳动时长很感兴趣，但这并没有给我留下对劳工问题有着深刻且持续的兴趣的印象。他说，自 1910 年梅坦（Metin）所著的书出版以来，除了在英国的利兹举行过一次会议外，国际劳工立法几乎没有什么进展。杨格和我结束了拜访，我感觉我们从他那里得到的收获仅限于此，不会再多。

中午，我、韦斯特曼（Westermann）、赫伯特·亚当斯·吉本斯（Herbert Adams Gibbons）、努巴尔·帕夏（Nubar Pasha）、霍夫汉斯·汗·

马塞汉(Hovhannes Khan Massehain)和一个戴着英伦风格单片眼镜和有亲英观点的美国人共进午餐。①我们聚在一起,是想讨论一下美国在和会上的主张。努巴尔·帕夏和单片眼镜男完全主导着韦斯特曼的想法。没什么新内容,也没什么有价值的信息。不过饭菜还不错,很对美食家的胃口。

下午4点,与刚刚抵达巴黎的"美国人访问团"(American Commission)进行了一次有趣的会谈。在此之前,我们已对印度、波斯和美索不达米亚的情况进行了调研。访问团团长是芝加哥大学的哈里·贾德森(Harry Judson)②校长,他强烈支持英国在波斯和美索不达米亚问题上的立场。访问团中的其他成员包括:哥伦比亚大学的杰克逊教授(A. V. W. Jackson),他的学问在波斯似乎比在美国更广为人知;博斯特博士(Dr. Post);韦瑟姆先生(Mr. Wertheim)。格雷博士(Dr. Gray)是乔治·比尔的秘书,他对会谈做了详细记录,韦斯特曼也记录了这次会谈。

晚餐时,阿尔伯特·托马斯和我有过一次交谈,调查团的大多数成员随后也加入进来。今天,在法国国民议会上,托马斯遭到克里孟梭的猛烈抨击,他坦言自己还未从被"老虎"克里孟梭的"虎爪"抓伤的痛苦中解脱出来。克里孟梭在国民议会中还以其他的方式大放厥词。他称威尔逊总统是一个高风亮节的"老实人"。在法语里,"老实人"不是指人很直率,而是指其头脑简单。有人大喊"这太羞辱人了",因为这话确实说得过分。托马斯的主要兴趣在于国际联盟,他对法国的问题几乎没什么兴趣。他坦言,若举行全国大选,社会党人必将失败。来自边界的威胁构

---

① 赫伯特·亚当斯·吉本斯,美国记者;努巴尔·帕夏,埃及政治家,埃及第一任总理;霍夫汉斯·汉·马塞汉,前波斯(伊朗)驻柏林公使。——译者注
② 美国教育家、历史学家,芝加哥大学第二任校长。——译者注

成了法国历史的主要背景,因此,法国一直并仍将寻求安全,并不惜一切代价确保安全。他谈到了《人权宣言》这样的政治纲领在法国人心目中的重要性,认为必须为国际联盟也制定一个类似的纲领,并将它凸显出来。我们应该将美国的理念明确地表达出来。他所在的政党,尤其是社会党,过于专注国内争斗,根本就没有很好地进行规划。他说,不得不承认,克里孟梭的现实主义和爱国主义正是当前法国人情绪的体现。

接着,我们详细讨论了经济问题。法国最大的弱点是缺少煤炭资源。在收复阿尔萨斯与洛林后,由于两地工厂与钢铁厂对煤炭的消耗,法国的煤炭资源赤字将进一步扩大,达到 4 500 万吨。他不主张法国兼并德国的萨尔地区,但认为可由国际联盟来安排,对这一地区实施国际共管,德国则应向法国缴付煤炭作为补偿。①

1918 年 12 月 31 日,星期二

和马克斯·拉扎德、戴维·米勒、乔治·比尔在克里翁酒店共进午餐。拉扎德看不出法国会愿意加入第一次世界大战后的国际和平大联盟(指国际联盟)。他主张应暂缓对德国的惩罚。

给家人写信。有一封短信是写给我女儿的,其中一段话描述了我们在此工作的基本心情:"过去的一年即将结束,这是世界历史上最悲

---

① 巴黎和会召开之时,正值冬季,法国备感煤炭紧缺之压力。尤其是当时大流感正肆虐西欧,法国不得不从英国进口煤炭,因为德国已将法国自己的煤矿破坏殆尽。英国的煤矿业处于政府管控之下。在煤炭短缺时期,英国以极高的价格向欧洲大陆出口煤炭,给其本国财政部带来了巨大的净收益,据统计有 6 000 万英镑之多。

惨的一年。数以百万计的最优秀的、最英勇的人牺牲了,这样的年份不会再发生。实现伟大理想的重担落在了我们身上。我们要制定一项条约,以确保天下万民之千秋万代的幸福。你可知道,人们现在对我们的期望有多么高。对他们中的许多人来说,未来的幸福不久之后就会在巴黎尘埃落定。对任何与巴黎和会有关联的人来说,这都是一项巨大的重任。我想让你们知道,身在美国的和谈代表团在元旦前夜仍然兢兢业业地努力工作着。"

1919年1月1日,星期三

上午,整理档案。

下午,召开各部门负责人会议,布置总统下达的任务,10天内完成。会议是应梅泽斯博士的要求而召开的。他说,总统希望我们对每个问题都能得出结论。如此直白的要求令我们的工作充满着各种可能,在所有与会者心中都留下了深刻印象。我们决定为总统准备一份详细的工作报告,明确列出调查团各个小组所能研究并提供建议的问题。鲍曼博士负责准备关于调查团所有研究及其结论的纲要。①

---

① 写好的报告后来被装在一个极度机密的文件袋中,分为两大部分,一部分是领土问题与劳工问题报告,另一部分是殖民地问题报告。这份文件并未涉及关于成立际联盟的提案。同时,戴维·米勒和斯科特博士也在国务卿兰辛的要求下进行类似的研究工作。米勒于1月3日写出了一份指导整个条约起草工作的提纲,还草拟了一份"国联公约草案"(Draft Agreement for a League of Nations)。此外,军方的情报部门也在军事、边界等问题上进行类似的调研。总之,美国和谈代表团的研究人员在新年到来的前几天都已着手于各自的调研任务了。

47

下午晚些时候,豪斯夫人、兰辛夫人和格鲁(Grew)夫人在克里翁酒店举办了一场招待会。我未能参加。

晚上,与以赛亚·鲍曼和阿林·杨格一起在林荫大道上散步。我们走进一家名为菲尔西(Fursy)的小型歌剧院,它也就比大点的商场略大一点。剧院的节目大多是以民谣或其他歌曲为形式的政治讽刺剧,比如《巴黎说唱艺人》(*Les Chansonniers de Paris*)。这些剧目让人想起中世纪的游吟诗人,两者的幽默都属于同一种风格。节目的幽默让我们忍俊不禁,笑得前俯后仰,但并非不怀好意的那种。有一首长诗剧名为《获准休假》,说的是一名士兵请假离开前线几天,可他所乘坐的列车却总是到不了站。

第三章　劳工问题的提出

1919 年 1 月 2 日，星期四

整理资料室。

和斯洛森博士分别在我的房间和资料室研究"社会史"①课题，为撰写一份关于国际劳工立法的备忘录做初步的准备。②

---

① "社会史"是作者对"劳工史"的委婉表达。同样地，"社会立法"是作者对"劳工立法"的委婉表述。——译者注

② 凑巧的是，英国劳工部的费伦先生(Mr. Phelan)就在当日抵达巴黎，并在英国代表团的总部里为劳工部争取了一间办公室，只是当时我并不知晓此情况。数日前，英国内阁做出了一项决定，认为英国代表团应在国际联盟之外，对劳工问题另予以特别重视，故而促成费伦先生此行。不过，在准备美方关于劳工立法的备忘录之初，我并不知道英国方面的情况。当时，除了法国与意大利之间达成的条约外，过去的国际劳工立法历史实在乏善可陈，其成效囿于限制工厂女工加夜班以及禁止在火柴中使用黄磷。因此，在我的备忘录完全是以美国情况为背景展开的。

1919年1月3日，星期五

在资料室工作。与沃林、米勒和鲍曼探讨了在巴黎和会上解决童工问题的可能性。虽然大家兴趣不大，但都赞成。①

我所撰写的劳工立法备忘录，原文如下：

劳工立法备忘录

巴黎和会的主要关注点似乎总是集中在划分版图、占领殖民地、民族自决与自治、战争赔偿以及国际贸易等政治、经济议题上。在很大程度上，这些议题都属于民族国家性质的，一方面需要地图，另一方面需要统计数据。

除了这些议题之外，还有其他的一系列议题。这些议题尽管此前并不明朗，但却与很多人利益攸关——它们关乎广大工人阶级，关乎那些对巴黎和会心存疑虑的广大民众的切身需要。眼下，正如英国大选选情所反映的，各国的民族主义情绪空前高涨，一扫之前对政治的漠不关心。阿尔伯特·托马斯私下表示，如果现在法国举行大选，保守派将

---

① 只要翻翻我那天所写的备忘录，就很容易理解我的同事们为什么对童工问题缺乏兴趣。从后来的情况来看，不得不承认，美国和谈代表团就劳工问题所准备的第一份文件实在颇为天真幼稚，与当时英国和法国劳工部所提出的方案差距太大，也与国际工会运动的设想相去甚远。不过，坦白讲，这份备忘录并非打算交给委员会审议，而是为了便于同我在美国和谈代表团中的密友讨论。这份提案虽然看似简单，其背后却蕴含着深厚的法律渊源。早在19世纪上半叶，鉴于工业生产中童工以及更为糟糕的女工的悲惨处境，英国的宪章派挺身而出，呼吁英国制定劳工立法，以抑制工业制度的罪恶。卡尔·马克思在《资本论》中对资本主义大加批判，他所依据的英国议会报告主要反映的正是这一状况。劳工改革是社会改革的一大方面，它基于人道主义原则，是避免阶级冲突和劳资矛盾的最显著途径。在此后的几个月里，劳工问题谈判虽然沿着与巴黎和会中其他具体改革中的相关问题截然相反的方向推进，但反而促成了一个常设机构（即国际劳工组织）的成立，从而可以解决未来处于不断变化中的劳动立法问题。

风靡全国,他本人连同大多数社会党人都会从公共生活中被赶下台。但这股民族主义风潮不会持续太久,况且无论如何,它都绝不能成为保守乃至反动政策的幌子。此外,如果我们在巴黎和会上不能真诚地转向社会劳工立法的方向,那些拒绝妥协和反叛的民众则会诉诸无政府主义。

首先,为了应对这一形势,我们只能诉诸制定良好的政策。社会主义者所召开的国际性会议是最多的。可问题在于,他们的方案太极端,革命性太强,以至于有些过火。其次,他们提出,各国内政应由人民当家做主,因此,任何建立社会主义政权的空想不仅在本次和会上是不切实际的,而且这一空想的存在实际上阻碍了真正的进步之路。

因此,社会主义方案并未为我们提供什么指引。我们必须开展广泛的调研,以便宏观地把握民主的发展进程。如今,改革与监管的要求由来已久,且持续至今。但这一要求尚未意识到阶级矛盾问题,而是直指工业所造成的社会退化的根源——童工。巴黎和会必须禁止童工。

维也纳会议曾禁止了奴隶贸易。巴黎—凡尔赛和会则必须拯救孩子们。这对未来民主的发展来说是十分必要的。各国不能指望工人自救,工人们累得精疲力竭,只能叫自己的孩子们来帮忙。我们看见,七八岁的小男孩们拖着货车穿过巴黎的街头巷尾,他们的胳膊上满是一条条黑色的斑纹。我们必须让他们接受教育,只有教育才能使他们成为自由人。如果德国还在使用童工,法国一国便无法单独取缔童工,若它真的那样做,便会失去那些使用童工的工业企业。比利时和意大利则需要得到国际联盟在道义上予以的共同支持。幸运的是,英国于去年冬天通过了著名的教育法案(Education Bill),为我们提供了一种方案。不幸的是,美国联邦最高法院顾忌南部工厂主的利益,在去年6月的判决中宣布"童工法案"违宪。这一判决如一座大山般挡在我们面前,使美国难以掌握在童工立法上的主导权。此外,美国法律只是依靠贸易控制,即禁止购买童工所产生的商品,来力图执行童工法案,这显然是远远不够的。因此,我们得大打一场才可能将童工彻底取缔!

试想,在本次和会所提出的法案中加入一部"世界儿童自由宪章"究竟意味着什么。儿童不仅仅是负有义务的一国公民,也是我们所有人的被监护人。国际联盟的道义力量将用以确保实现儿童的自由这一目标。民主的一大希望在于教育,若无智识,则无安全。大国与小民为了同一个目标团结协作,这既是为了现在,也是为了将来。

1919年1月4日,星期六

午餐时,帕特里克·加拉格尔来访。他是一名无拘无束、让人喜欢的爱尔兰记者,曾驻都柏林、曼彻斯特、纽约和远东,是乔治·比尔的朋友和仰慕者。我们的交谈围绕远东地区的政治展开,亨培克饶有兴趣地听着。不知何故,他用浓郁的爱尔兰口音来讲述东方政治问题,听起来别有一番味道。

下午,奥斯汀·埃文斯(Austin Evans)打来电话。他一直在法国基督教青年会设在前线的"士兵之家"(Le Foyer du Soldat)工作,曾目睹前线阵地的殊死鏖战。尽管这与中世纪史相距甚远,但也曾是我感兴趣的领域。只是我发现,他并未怎么谈论自己的前线经历,只是希望在教育士兵的运动中寻求帮助,这些士兵因为失去行动能力而焦躁不安。①

---

① 哥伦比亚大学埃文斯教授(Professor Evans)。我后来从别处得知,他因在枪林弹雨中英勇无畏而被授予战争十字勋章(Croix de Guerre)。

英国的尤斯塔斯·珀西勋爵(Lord Eustace Percy)说要见我,因为他得知我正忙于劳工立法的工作。他接触到英国外交部的和会准备工作,并兼具英、美两国政府之间联络员的身份,旨在帮助我与刚刚抵法的英国劳工问题专家爱德华·费伦先生(Mr. Edward Phelan)建立联系。

晚上,在法国文化艺术俱乐部度过。作为法国在劳工问题上的代表,马克斯·拉扎德和多利斯提出了加强国际合作的倡议。我还见到了法国的德国研究权威利希滕伯格教授(Professor Lichtenberger),以及许多我叫不出名字的其他人。

1919 年 1 月 5 日,星期日

上午,研究社会(劳工)立法。

吃过午饭后,我在圣日耳曼富人区头次见到一座修缮过的旧制度时期的法式豪宅。这座气派的建筑曾被改建为公寓楼,大约 4 年前被重新装修成私宅。此处是欧贝特先生(Mr. Aubert)的家,他是塔尔迪厄先生担任法国驻美大使期间的密友与得力助手。除了欧贝特夫妇和塔尔迪厄先生外,在场人士还有外交问题学者德·马顿先生(Mr. de Martonne)以及两位记者——高万先生和科默特先生(Mr. Gauvain and Comert),后者说着一口流利的英语,年轻而富有吸引力。我们这边的人则包括鲍曼、杨格、哈斯金斯、比尔。不过,这次聚会的主题是威克汉姆·斯蒂德(Wickham Steed)①所讲的关于政治高层的八卦故事。宅子

---

① 威克汉姆·斯蒂德,英国历史学家、记者,1919—1922 年为《泰晤士报》编辑。——译者注

的后面挨着奥匈帝国驻法使馆的花园,这座花园是巴黎城中最漂亮的私家花园之一,只是由于战时的4年间疏于打理,如今变得破败不堪。斯蒂德对哈布斯堡家族了如指掌。欧贝特夫人(Madame Aubert)笑称,他简直就是凡·代克(Van Dyke)的"查理一世"。

下午,马克斯·拉扎德前来拜访,我俩一起讨论了童工及相关问题。

晚餐时,我同加拉格尔、比尔、亨培克又重新谈到了远东话题,包括日本对胶州的觊觎、英国在香港的利益,以及西藏的历史往事。尽是些奇怪的话题,但都没有眼下的条约中亟待解决的问题奇怪。

1919年1月6日,星期一

一天都待在资料室里,将资料整理好后转交给他人。

尤斯塔斯·珀西勋爵过来拜访比尔,并告诉他英方关于中东问题的解决方案。

1919年1月7日,星期二

今天一天基本都待在资料室。

尤斯塔斯·珀西勋爵和英国劳工部情报处(the Intelligence Division)的费伦先生呼吁对劳工问题进行讨论。费伦先生向我们提供了英方在资料方面的合作与帮助。我们达成了实质性的共识。①

与莱昂内尔·柯蒂斯、威克汉姆·斯蒂德和比尔共进晚餐。斯蒂德讲述了一个在《罗马公约》(the Pact of Rome)谈判过程中发生的故事。桑尼诺在意大利乃至整个欧洲政治中一直扮演着十分危险的角色,因为在保加利亚被打败之前,他一直相信同盟国是不可战胜的。结果,在需要为意大利的主张争取支持的特殊关头,桑尼诺陷入了不利的弱势境地。意大利在参加和会时准备不足,且战略地位没那么重要。此外,我们还批评了法国在叙利亚问题上的表现。柯蒂斯受到劳伦斯上校的影响,支持建立一个泛阿拉伯国家。与柯蒂斯相比,斯蒂德在政治上更加务实,他打算承认现存压力与现实局势。斯蒂德谈到了桑尼诺是如何说服张伯伦同意承认意大利语在马耳他的合法地位的。当时,张伯伦对犹太人大放厥词,甚为失礼,他没意识到桑尼诺就是犹太

---

① 与费伦先生的初次会面是我积极投身于劳工条款相关谈判的开端。英国从一开始就将他们准备的全部底牌摊在台面上,我也得以有机会一览他们所带来的文件。鉴于英国公职部门的一贯高效,他们所做的事情远不仅仅是拟定和约中的劳工条款方案。正如他们所指出的,劳动立法的问题在任何时候都不可能一劳永逸,后续必须建立一个国际组织,年复一年地推动这项工作。英国劳工部和内政部的官员们携手合作,一起提出了建立国际劳工组织的倡议。该组织最终将成为国际联盟的组成部分,但要即刻成立,而非等到国际联盟成立后。这一思路符合国际劳工立法的既往历史,也与我对国际联盟的设想不谋而合。我以为,国际联盟应该召开特别会议,专门解决一系列最重要的国际问题,如殖民地托管问题、少数民族问题、裁军问题、贸易条件问题等。正如费伦先生所说,英国政府所准备的材料已相当全面,今后我在编撰关于劳工立法问题的备忘录时,可以自由取材,为我所用。这些合作都是英国单方面的,因为当时我尚未像他们那样准备好相应的文件资料。在随后的几周和数月里,费伦先生与我将展开密切合作,并在成立国际劳工组织的谈判过程中共同面对巨大的压力。我发现,他是一位忠实的共事者,富有才华,常常提出极富创意的建议,能够充分理解美国和谈代表团所面对的困难,并不时流露出爱尔兰人特有的幽默感。他为人公允,办事高效,是国际劳工组织的设计者和谈判者,对该组织的贡献远远超乎世人所知。在与他交谈之后,我着手对劳工立法问题进行了更加严肃而广泛的研究,其结果在此后几天完成的备忘录中做出了总结。

人。斯蒂德则在桌子底下踢了踢张伯伦的小腿来提醒他。韦尼泽洛斯(Venizelos)①主张,英国如何处理塞浦路斯问题,意大利就应该如何处理佐泽卡尼索斯群岛(Dodecanese)问题。斯蒂德曾跟桑尼诺讲过这件事,如今又讲了一遍。斯蒂德对伯恩哈德·冯·比洛(von Bülow)②所发表的"围剿德国是不可能的"声明也表达了权威看法。随后,我们的谈话扯远了,如关于摩洛哥问题以及英法西三国达成交易的可能性的猜测。

1919年1月8日,星期三

下午,与米勒和费伦喝茶。我们讨论了劳工问题,米勒同意我的看法。费伦曾去过俄国,对欧洲的劳工问题形势感到震惊。他说,我们尚未脱离险境。意大利可能会发生一场可怕的剧变,天知道还有哪里会发生。柏林的情况已经够糟了。

晚上8点,与罗伯特·塞西尔勋爵(Lord Robert Cecil)共进晚餐。在吃饭的时候,我们讨论了国际联盟问题。英国的方案是以最快的速度建立国际联盟。要想消除战争,最重要的是仲裁机制,辅之以经济和其他方面的既有国际组织。这一切都应该尽量处于国际联盟的管辖之下。单纯的战时国际组织,如协约盟国采购委员会(Inter-Allied Pur-

---

① 全名埃莱夫塞里奥斯·韦尼泽洛斯,希腊政治家,在巴黎和会上说服意大利放弃佐泽卡尼亚群岛,将希腊领土延伸到安纳托利亚,赢得了国际政治家的声誉。——译者注
② 伯恩哈德·冯·比洛,德国政治家,1900—1909年任德意志帝国总理。——译者注

chasing Commission),是无法为战后和平体系提供足够的基础的。

1919年1月9日,星期四

一整天都在研究劳工立法。

晚上,我同费伦、哈斯金斯、比尔和杨格共进晚餐。杨格坚持认为,应将劳工条款与贸易公平的条件联系在一起。费伦对此表示反对。这些讨论不太重要。午夜过后,我又读了些文章。

1919年1月10日,星期五

劳工立法仍为当前要务。

下午,美国国会图书馆馆长赫伯特·普特南姆博士(Dr. Herbert Putnam)到资料室拜访我。他是一个十分亲切、乐于助人的人。

晚上,在克里翁酒店与米勒共进晚餐。吃完晚饭后,我叫他到我的房间来一起探讨社会(劳工)立法。他建议我与豪斯上校谈谈这件事。他还讲到由他起草的条约草案。

半夜,在比尔向塞西尔勋爵、珀西勋爵、哈丁勋爵(Lord of Hardinge)告别后的返程途中,我与他沿着塞纳河散步。雨很大,塞纳河水泛滥。水位涨到了桥拱处,而且还在上涨。我们未受影响,但听说巴黎城很快面临着燃煤短缺。塞纳河上的航运线已经停运了。今天天气和煦怡人,夜空清亮透彻,一点也不冷,令我不禁怀疑现在是否正值寒冬时节。

公园中草地碧绿,甚至生出一些含苞待放的花朵。尽管如此,我们终将会迎来真正的寒冬,因为巴黎的冬天向来就不暖和。

比尔转述了一则罗伯特·塞西尔勋爵所讲述的关于外交辞令的故事。罗伯特·塞西尔勋爵说,英国外交部流传着一个关于他父亲的轶事:沙利斯伯利勋爵(Lord Salisbury)①先是写了一封电报文,然后打电话给秘书说:"现在把它转化为外交辞令吧。"

开始写备忘录了。

1919 年 1 月 11 日,星期六

写完关于社会(劳工)立法的初步备忘录。梅泽斯博士会于下周将它呈报给豪斯上校。

这份初步备忘录十分简短,全文如下:

国际劳工立法

欧洲的工人阶级期待巴黎和会能够发表一些关于劳工的声明。倘若我们对工人阶级的期待置若罔闻,必将带来幻灭与失望的结局。

幸运的是,情况并不像人们所以为的那样麻烦。因为,在战争结束前,劳工向巴黎和会所提交的方案是温和的。他们只是希望将这些方案继续延续到战后的国际联盟上。

---

① 英国律师、政治家,曾三次担任英国首相,四次担任外交大臣,是国际联盟创始人之一,也是国际联盟盟约的主要起草者,1937 年获诺贝尔和平奖。——译者注

1. 劳工与社会党方案

通过分析大战期间各种劳工与社会党方案，我们发现了一个重要事实：从劳工们所发表的和平目标声明来看，改善其阶级状况的诉求让位于整个社会和国家正义的需要，他们对此引以为豪。例如，英国工党方案，或者说1918年2月在伦敦召开的社会党人与劳工联合大会上所提出的方案，首先谈及的是国际政治问题，如新建国家的边界、贸易机会的公平，其次才是为劳工状况提供国际保障的诉求。

指望巴黎和会能承认这些诉求，不能被视为不切实际的。确确实实，在当前的欧洲局势下，社会（劳工）问题才真正的是根本性问题。而且，对美国的信任态度其实是一种有害的外交资本。

在劳工和社会党所提出的各种方案中，1916年7月在英国利兹召开的国际大会上所提出的方案是最为重要的。该方案所提出的建议，在1917年10月伯尔尼所召开的会议上得到中欧与北欧国家劳工代表们的一致采纳，并为后来的一项提案（1918年12月）奠定了基础。这项提案作为劳工立法方案在法国众议院获得通过，后被提交到巴黎和会。

在这一最近乎获得国际认可的方案中，存在以下要点可以作为美国和谈代表团采取国际行动的基础：

① 禁止童工。

② 对劳工尤其是女性和年轻人的工作条件进行监管。

③ 签订国际协议，保护外籍劳工。

④ 在国际联盟下成立一个研究劳工问题的国际组织，定期召开与国际联盟相关的会议。

以上四点涵盖了利兹方案中除限制成年男性劳工工作时长之外最重要的部分内容。

2. 历史先例

自 1890 年柏林会议以来，欧洲各国之间已经拟定了一系列的国际公约，其内容涉及移民的社会保障权益、储蓄银行、黄磷在火柴中的禁用、对危险企业或能耗企业的监管、女性与年轻劳工的加夜班等问题。通过一系列的国际公约，欠发达国家的劳工立法状况已接近于所确立的统一标准，它们有数年的延缓期以便及时调整。

国际劳工立法协会总部设在瑞士，且在各国都有分部，它可以视作国际联盟常设机构的基础。这一协会主要负责现行的国际劳工法和召集国际劳工大会。

第四章　预备会议的召开

1919年1月12日，星期日

　　早上起来,开始在办公室查找文件。后来,前去看望弗兰克·沃林,他患上了风湿性关节炎,卧病在床。我留下来和他共进午餐,之后又一起聊到大约下午2点钟。米勒先生也来造访。他向我们描述了他和一群英国人——劳伦斯上校、瓦伦丁·吉尔乐爵士(Sir. Valentine Chirol)和塞西尔勋爵一起相处的那个晚上。随后,米勒带我去他的公寓,和我聊聊事情的进展情况。等我们聊完的时候,已是下午3点多了。我穿过协和广场,来到塞纳河畔,驻足了将近1个小时,在此眺望人群、天空与河水。真是让人喜爱啊! 这个冬天,每当雨过天晴后,巴黎的天空看上去美极了,太阳散发出最温柔的阳光,穿透了层层薄雾,呈现出一种纽约所缺乏的优雅气息。以前来巴黎的时候,我从没有过这种感觉,这次我感受到了。河畔码头边有一支3人组成的小型乐队,一名男子在弹吉他,一位姑娘在拉小提琴,另一位姑娘则在唱歌,人群聚拢过来观看他们表演。姑娘唱得很好听,许多人加入进来跟着一起唱,其中还有不少士兵和身着黑装的女人。这一幕看上去像一个教会团体。他们演唱了《新时代》(Nouvelle Epoque)、《史诗》(Epopee)和《解放法国》等歌曲。在他们的身后,汹涌的塞纳河水(几乎涨到了淹没桥拱的高度)映照出夕阳的倒影。一个人要想感触历史,根本无须站在巴黎荣军院的大圆顶下追忆拿破仑。民众们正在等候威尔逊和其他全权代表、劳合·乔治(他已于昨日抵达)、意大利总理奥兰多、斯拉夫代表以及其他代表从和会开幕式上返回。

　　人群中有许多小孩子,和多年前我来巴黎时看到的差不多大。当时,孩子们最爱看的表演是《潘趣与朱迪》(Punch and Judy)。在寒冷的一月,他们光着小腿和膝盖,像当年一样在香榭丽舍大道上跑来跑去。街上有一位老太太在卖姜饼,一个小伙子在敲鼓,还有一名护士在责骂将她的裙子弄脏的小女孩。我不由得在心中发愿,好想让时光回拨到7年之前。

　　晚上,我一停笔,便穿好上街的衣服,在门口叫了一辆车,让司机沿着拉斯巴耶大道(Boulevard Raspail)经过蒙帕纳斯(Montparnasee),驶入埃德温·斯科特先生家所在的一条安静小巷子里,他是一位几乎一辈子都住在巴黎的美国画家。斯科特先生站在家门口迎接我,邀我入室喝茶。他们正在吃晚餐,只有茶水、约翰尼蛋糕和甜果汁,因为巴黎的部分地区出现了面包紧缺。斯科特先生的妻子是一个法国女人,也在场。两口子要照顾一家子儿女,于是到乡下去找吃的。连鸡蛋的价格都要高达每个15—18美分。她说,母鸡可不会宣布停战,它仍觉得在打仗。欧洲想要获得满足基本温饱的生活物质,还得等上好几个月的时间。比如,我有一天在乐蓬马歇(le Bon Marche)百货商场惊讶地发现，这里只剩下一双符合我的尺码的手套，结果还裁剪有误，以至于售货员为此向我道歉。其他的大宗服饰商品也莫不如此。

斯科特夫妇说，导致巴黎变得如此拥挤的原因并不是和会，而是来自各个灾区的难民。他们还说到，有一枚德国"大贝尔莎炮"所发射的炮弹坠落在他们在巴黎的小宅子的花园后面，爆炸掀起的泥土在自家以及邻近的宅子盖上了一层土。德国飞机向拉斯巴耶大道投下炸弹，将对面的一幢大宅子几乎夷为平地。斯科特先生说，他在战争期间什么也做不了，因为根本无法集中注意力。警报和炮声令人彻夜难眠，时刻紧张，一刻也不得放松下来。

我不知道英国的情况如何，但美国国会图书馆馆长赫伯特·普特南姆博士告诉我，酒店里冷飕飕的，而且沉闷乏味。酒店大厅里有一个小火炉，但个人房间里没有，而且食物也十分紧缺。这看上去实在不像是欧洲的冬天。

1919年1月13日，星期一

上午，下雨了，和会的第一周开得不太顺利。一整天都在资料室里整理新书。

晚上，比尔要我为《圆桌》杂志①写一篇文章。我和杨格、比尔一起

---

① 《圆桌》杂志于1910—1911年由英国驻南非高级专员米尔纳勋爵（Lord Milner）及其继任者塞尔本勋爵（Lord Selborne）、莱昂内尔·柯蒂斯、菲利普·科尔等人创办，副刊名为《大英帝国政治评论季刊》（1919年后改为《英联邦政治评论季刊》），致力于探究英国与其自治领之间的关系，以促进相互交往与密切合作。乔治·路易斯·比尔以研究美国独立前的英国殖民体系见长，1912年应邀撰写了一篇探讨美国独立革命爆发原因的文章，此后一直为《圆桌》杂志撰稿。——译者注

去鲍曼的房间。他带着杨格和比尔去了鲍曼的房间。鲍曼谈到了兰辛先生向媒体介绍的劳德(教授)关于波兰问题的著作。

由于杨格忙于研究战后赔款问题,他建议由我来全权负责调查团工作中的劳工问题。

1919年1月14日,星期二

在鲍曼的房间,同他、杨格和韦斯特曼共进早餐。杨格抱怨,在约翰·福斯特·杜勒斯(John Foster Dulles)①以及其他与盖伊②一起效力于各种战时监管机构如"战时贸易局""战时工业局"的人马抵达巴黎后,他所领导的调查团经济组该何去何从。他对此深感苦恼。

雨过天晴,气候转暖。普特南姆博士和我一起造访了英国代表团,商谈获取英国方面的文件之事。我每天会向瑞士和荷兰各发一封快讯,以此帮我获取来自前线及其后方的图书。我们在维也纳、柏林和波兰等地也有自己的代办人员。普特南姆与我共进午餐,让我全权负责期刊事务。

口述书信,拜访沃林。

前往马克斯·拉扎德家,会见格鲁内鲍姆-巴林先生(Mr. Grunebaum-Ballin)和保尔·芒图教授(Professor Mantaux),与他们共进晚

---

① 美国政治家,巴黎和会期间出任美国和谈代表团的法律顾问,第二次世界大战(简称"二战")结束时协助起草了联合国宪章,20世纪50年代任艾森豪威尔总统国务卿。——译者注

② 埃德温·盖伊(Edwin F. Gay),哈佛商学院经济学教授,战争期间担任联邦政府的"中央计划和统计局"局长。——译者注

餐。前者是一位研究商务船运和辛迪加问题的专家,后者是巴黎和会的一名官方翻译人员。我很少遇到说英语没地方口音且明辨英美用语词意的法国人,芒图教授正是其中之一。他曾在伦敦当过几年大学教授,并在巴黎完成了他的博士学位论文,写的是18世纪英国工业革命。①那是一部在相关领域独一无二的上乘之作,可惜现在很少见,以至于实际上难以找到。当他知道我用他的博士学位论文作为我在哥伦比亚大学讲授社会史课程的教科书时,十分吃惊。

芒图教授的夫人尖锐地评论道:法国人与英国人之所以对当今的问题有着截然相反的态度,是因为法国人以爱国为重,英国人以公心为重。不过,法国人的爱国并不必然延伸到纳税方面。

1919年1月15日,星期三

上午,在资料室工作,订购图书与期刊。为了准备一份关于《黄皮书》(Yellow Books)的指南,我尝试拿到进入法国外交部图书馆的出入证,但无果而终。

在我安排哥伦比亚大学图书馆馆长罗杰·豪森(Roger Howson)到资料室工作事宜的时候,威克汉姆·斯蒂德从美国陆军第二十七师参谋总部(Adjutant General Headquarter)过来找我。他在克里翁酒店门外耐心地等待机会踏入酒店大门,如此方才避免了像克里孟梭和雷丁勋爵(Lord Reading)一样被新来的年轻侦探拒之门外。斯蒂德真是好

---

① 指芒图的代表作《十八世纪工业革命:英国近代大工业初期的概况》。——译者注

性子，一点也不生气。面对盘问，他说自己与我曾向他提到的一个项目有关。这个项目要求英国外交部向一位美国学者开放，以便研究与战时英国外交政策有关的外交文件。斯蒂德提到了哈丁勋爵，说要带我和他见个面。

与普特南姆博士共进午餐。他即将动身前往法国南部。普特南姆对我说，他对我对图书与期刊的所有要求不设任何限制。他将在大概10天后返回。既然资金不受限制，我就总想着进一步扩大资料室，对像豪森这样训练有素的资料管理员的需要也变得迫在眉睫。

下午，在法国国家图书馆研究我们提出的一个倡议。我们是乘坐美军军车前往这家老图书馆的，感觉很是奇怪。我问图书馆的管理人员是否需要出入证，他认为以我的情况无须办理出入手续。图书馆长显然提前跟他打过特殊的招呼，使我得以在巴黎和会的头一个星期享有凭借访客证出入的特权。阅览室里看不到战争的痕迹。还是当年的那位年迈的工作人员，只不过背更驼了点，头发更白了点；还是当年的那些中世纪的藏书；还是需要等候一段时间才能取到书。在等了20分钟后，我问办公桌边的工作人员能不能快点。他问我等了多久了，我告诉了他。他说："噢，好吧，再等个20分钟后，若到时书还没取来，你再催我。"

下午4点，我匆忙赶回来换衣服，去参加威尔逊夫人在法国"白宫"（意思是威尔逊总统在巴黎的府邸）举办的招待会。入口处两边站着手持武器的卫兵，一名法国军官负责检查我们的名片，两位穿着红色马裤的高级官员负责检查我们的外套，还有两三名士兵站在通往接待大厅的楼梯两旁。缪拉公馆（Murat Hotel）的房间里挂着名贵的油画，天花板上尽是原汁原味的壁画，但所有装饰中的最独特之处在于吊灯架，它们透过大量透明的扭结黄铜而散发出间接的照明灯光。

巨大的镜面墙壁放大了这些灯光的亮度,也让人们很难弄清楚究竟有多少房间是真的,多少只不过是镜面的反射映像。椅子很快就被摆好了,我们一字排开,来到右边的第三扇门前,威尔逊夫人就站在那里迎候我们。她身穿一件裙摆很长的低领长裙,头发也装扮得美丽动人。在几句相互问候的客气话后,我们步入房中。这次聚会规模不大,但却让我们感觉更加自在。我们这些调查团的人本可以和其他人聊聊,但我们却聚拢到一起,互相说着一些彼此熟悉的话。在一位好心的年轻上尉的提醒下,我们转到了隔壁的偏室,那里有五六个男招待正在供应茶水和其他自助餐饮。在喝了一杯茶后,我们起身准备走。由于没有车接我们回去,法拉比(Farabee)、亨培克和我三人冒着雨步行返回了克里翁酒店。

晚上 7 点 20 分,我和梅泽斯、鲍曼坐车前往曼捷斯帝酒店,与英国劳工部的代表们共进晚餐。英方代表们提出,在和平条约中写入一个条款,来确保国际社会对社会劳工立法的承认。英方人士包括:劳工部助理部长哈罗德·巴特勒先生(Mr. Harold Butler)、劳工部情报处主任费伦先生以及菲利普·贝克先生(Mr. Philip Baker)。

曼捷斯帝酒店的餐厅十分气派,大概有克里翁酒店的餐厅两倍那么大;这里的桌子没那么挤,之间的距离没那么近,服务也体现出英国式的精细。那次晚餐的情景是我见过的最为壮观的,我想后来我也再没见过这么大的场面。大英帝国内部不同地区的代表们坐在不同的桌子上。我身后是澳大利亚一桌,桌上是我们曾在纽约见过的比利·休斯总理(Billy Hughes)①和他的同事们。印度一桌在澳大利亚那桌旁

---

① 又名威廉·莫里斯·休斯(William Morris Hughes),澳大利亚政治家,1915—1923 年担任澳大利亚总理。——译者注

边，但中间隔着一条宽宽的地毯，桌上坐着印度事务副大臣（Indian Under-Secretary）辛哈爵士（Sir S. P. Sinha）、比卡内尔王公（Maharajah of Bikaner）等人。那边远处的一张桌子上坐着另一个大国——加拿大的当家人罗伯特·博登爵士（Sir Robert Borden）[①]，而我自己并不认识桌上的其他加拿大代表。加拿大一桌旁边是一张大桌子，一席人一边吃饭一边讨论着阿拉比亚问题和东方问题，其中有两位美国客人——布利斯将军和乔治·比尔。他俩中间坐着来自阿拉伯的劳伦斯上校，这位年仅28岁的大马士革征服者长着男孩子一般的稚气面容，始终保持着微笑。在整个巴黎和会期间，所有人都说劳伦斯上校是最有魅力的人。我本打算于本周见他一面，但这次会面被推迟到了周一。这张桌子上还坐着罗伯特·塞西尔勋爵、莱昂内尔·柯蒂斯以及对欧洲政治最为明达之人——瓦伦丁·吉尔乐爵士。

餐厅的过道对面也有一排差不多的桌子，离我最近的一张桌子上坐着两个人。我曾在照片上见过他们的样子，两人是路易斯·博塔爵士（Sir Louis Botha）和史末资将军（General Smuts）[②]。他俩脸都朝向我，所以我认得出来，但我不认识和他们坐在一起的其他人。隔壁桌子上坐着劳合·乔治，他旁边是雷丁勋爵和贝尔福。桌子上的其他人我不认识。劳合·乔治是一个保养得很好的中年人，贝尔福看上去也不像照片上那么显老。我后来近距离地看到了贝尔福，他足以冒充成一个只有50多岁的人。人们传言，他一年到头的每天上午都会打网球，

[①] 全名罗伯特·莱尔德·博登，加拿大总理。——译者注
[②] 路易斯·博塔，南非政治家，首位南非总理；扬·克里斯蒂安·史末资（Jan Christian Smuts），南非政治家和将军，1919—1924年和1939—1948年两次出任南非总理。——译者注

下午2点半之前从不工作,所以他只关心大事,而不拘泥于琐事。听说,昨晚有人向他呈报了一份关于亚美尼亚问题的备忘录,他读了其中一页,就将它甩到桌子上,一脚踢到房间里最远处的角落里。他还说,在巴黎和会开会期间,他绝不会再读任何关于亚美尼亚人或其他民族问题的备忘录,因为他知道关于这些问题的一切。随后,他赶走了自己的秘书,上床和衣而睡。不过,这些只是接待室里传出来的流言蜚语而已。

我一眼瞥见了劳合·乔治的女儿梅根(Megan),长得非常像她的父亲,年约16,长发及背,脸色红润,望着劳合·乔治这位大英帝国的当家人微笑不止。她的出现是那天晚上我的眼球所捕捉到的最令人愉悦之事了。

我们后来讨论劳工计划直到很晚。由于接送车辆没来,我们于是沿着香榭丽舍大道步行回酒店。沿途停放着一长排废旧的大炮,提醒我们勿忘这场令我们云集巴黎的惨烈战争。

在克里翁酒店里,我遇见了乔治·比尔。他和布利斯将军也是刚刚进酒店。他径直来到我的房间,与我一同讨论大英帝国政治,一直讨论到午夜。布利斯将军同英国人度过了一个愉快的晚上,但和会问题的复杂性开始令许多委员会成员感到疲惫不堪。我很担心,他们可能会在一些最为重要的问题解决以前便退出,或者变得像贝尔福先生一样。

半夜12点半,开始阅读早报,以及伦敦《泰晤士报》和法国《时代报》,以跟上这个无比繁忙的世界。

差点忘了说,国际联盟纲领的主要各项大致如下:

1. 设立负责执行国际条约的国际法庭,如海牙法庭等。

2. 作为贸易公平的对等条件,应确保海上自由。

3. 铁路与内河的国际化,港口的开放,以实现市场的自由准入。

4. 对欠发达民族的武器、鸦片和酒类贸易进行管控。

5. 由国际联盟来管理欠发达民族的托管制度。

6. 通过国际委员会和定期开会,以确保国际劳工立法。

1919年1月16日,星期四

介绍斯洛森去法国国家图书馆工作。

晚上,与比尔、梅泽斯、亨培克、瓦伦丁·凯罗尔爵士、莱昂内尔·柯蒂斯和《时代报》的菲利普·米涅(Philippe Millet)等人共进晚餐。米涅说得一口流利的英语,以至于让梅泽斯把他当成了英国人。直到晚餐结束时,米涅才不得不提醒梅泽斯,说他"只是一个法国人"。比尔和柯蒂斯非要和米涅讨论法国外交政策问题。米涅的言辞反应十分激烈,对法国外交部做出了一些尖刻的评论。吉尔乐带着怀旧的语气,讲述了他对俾斯麦时代的柏林的记忆与印象:俾斯麦把德国外交部变成了自己的提线木偶,在很大程度上操纵着德国的外交政策。弗雷德里希·冯·霍尔斯泰恩(Friedrich von Holstein)①曾对吉尔乐说:威廉二世要么失去自己的皇冠,要么死在疯人院里。霍尔斯泰恩在欧洲各国首都中都有自己的通讯员,并安插间谍监督德国的驻外大使。人人都很害怕他。冯·库曼(Von Kuhlmann)②也参与了逼迫俄国签订《布列

---

① 俾斯麦时代的德国外交大臣。——译者注
② "一战"期间,担任过10个月的德国外交大臣。——译者注

斯特·立托夫斯克条约》的无情之举，这使他不可能再作为巴黎和会特使前来参会，否则他很可能是和会上一个有影响力的大人物。吉尔乐说，利赫诺夫斯基（Lichnowsky）①写给库曼的溢美之词只是表明了这样一个事实，那就是他不想让人知道他遭到了欺骗。我和比尔对吉尔乐说，尤其在关于协约国之间的秘密外交方面，他应该写一部回忆录并将其公之于众。

卡内基基金会经济学与历史学部主任约翰·贝茨·克拉克教授②来电，宣布我被任命为该基金会提议出版的《世界大战经济社会史》（Economic and Social History of the World War）杂志的编辑。这与我在两年前所提出的计划不谋而合，还要求我将来每年有至少3个月的时间待在欧洲。

1919年1月17日，星期五

在法国国家图书馆进行常规的资料工作。我想搜集关于欧洲近现代史的参考资料，但此处所藏用处不大，尤其是我也没时间慢悠悠地找。随后，我驱车前往伦敦《泰晤士报》的办公室查阅它们的档案，希望能够利用详细的索引，来找到一些有用的资料。这一索引是我在1905年同《泰晤士报》总经理莫伯利·贝尔（Moberly Bell）一同创建，用以代

---

① 德国驻伦敦大使。——译者注
② 约翰·贝茨·克拉克（John Bates Clark），美国经济学家，哥伦比亚大学经济学教授，美国经济学会创始人、第三任会长。1947年，美国经济学会以其姓名创立"约翰·贝茨·克拉克奖"，有"小诺贝尔经济学奖"之称。——译者注

替传统的帕尔默索引（Palmer's Index）。作为现成的参考资料，这些索引如今堪称无价之宝。可是，情况一如过去巴克尔先生（Mr Buckle）担任《泰晤士报》编辑时的老样子，《泰晤士报》驻巴黎办公室没有这些索引。巴克尔先生转椅后的书架上摆放的居然都是些希腊古典著作！《泰晤士报》办公室里有一个吉尔乐担任驻外记者时所留下的小型资料室，可这里关于欧洲历史的资料也是够过时的，尽是些维多利亚时代的经典与大师著作。我在伦敦时，曾力促他赶紧把这些过时的书换成最新著作。总之，在《泰晤士报》驻巴黎办公室，我所获甚微，只是找到了近几期以及尚未装订好的《泰晤士报》。威克汉姆·斯蒂德对我说，此事说来话长。过去的文件积累得越来越多，占用了德·博维茨（De Blowitz）[①]的公寓，以至于让他无家可住，于是他干脆将这些文件送给了法国国家图书馆。

晚餐时，有宾客来访，加斯顿·杰塞（Gaston Jeze）教授，一位法学教授和经济学专家。"一战"期间，他负责军火采购合同事宜。他讲到了战争物资的清算，对其中的浪费情况作出了坦率的批评。他是通过伊利诺伊大学加纳（Garner）教授的介绍，被利比耶（Lybyer）邀请来的。加纳此前曾经翻译过杰塞的一些书。

晚些时候，杨格来到我的房间，带来了一份关于准备写入条约的经济条款建议的备忘录。我们讨论得很细致，尤其是在法属摩洛哥的主张、英国殖民地与自治领问题上，一直持续到半夜。杨格提出的数字，远远达不到法国人的要求。午夜后，读早报。

---

① 法兰西第三共和国初期《泰晤士报》驻巴黎的著名记者。——译者注

1919年1月18日,星期六

上午,日常的资料工作,并去了法国国家图书馆一趟。斯洛森在那里刻苦工作。

下午,巴黎和会第一次全体会议召开。在争取和会入场资格的过程中,国务院的人大获全胜!调查团的人所获机会甚少,我本人也没有机会。不过在最后关头,我得知记者可以进入会场,于是我与弗雷德里克·豪(Frederic Howe)径直前往位于奥赛码头的法国外交部。豪跟他们说,他是和会期间某家著名杂志的记者,尽管实际上他的身份是纽约移民委员会专员。他们让我们进去了。我穿过了第一扇门,走进内院,登上台阶,来到了大楼东边的正门入口处。在这里,我看到各国政要陆续抵达。街道对面有一个连的士兵,内院里也有一个连的士兵,以及由小号手和鼓手组成的乐队。一辆大型汽车驶来,伍德罗·威尔逊从中走出,顿时鼓声响起,以表欢迎。威尔逊脱下礼帽,向人群微笑致敬,摄像师们则忙着按动快门。现场没有欢呼雀跃,观众寥寥无几。

由于无法入场,我当即折返回来。无论在巴黎街头还是塞纳河上,人们都在忙于自己的工作。为了弥补洪水泛滥期间所浪费的时间,桥下的拖船运载了超重的货物。当各国政要正在旁边的大楼里筹划和平方案之时,我加入了在塞纳河畔眺望船夫们的人群当中。与和会上的事情相比,船夫们的劳作似乎更接地气。

大约5点的时候,我接到了来自负责美国宣传事务的雷·斯坦纳德·贝克的紧急电话。电话里说到,在巴黎和会的第一次全体会议上,克里孟梭明确表示,劳工立法是会议议程中仅次于追究战争罪责的第二重要议题,这令美国代表团备感惊讶。我一直在研究劳工立法问题,今天下午3点,梅泽斯博士刚刚将该课题交给我负责。克里孟梭的话令舆论界大吃一惊,不明其意。在弗兰克·沃林的帮助下,我准备给贝克的手下阿瑟·斯威特瑟(Arthur Sweetser)写一篇可以刊登在报纸上的文章,完整地讲述劳工主张的来龙去脉。这篇文章一直写到半夜,后又与沃林一起从法律角度研究了当前局势,工作到凌晨1点左右。

巴黎和会第一次全体会议对外公布了一份会议纪要及其议程,文字不多,在此列出:

巴黎和会
周六召开的开幕式会议纪要及议程
1919年1月18日下午3点

1. 法兰西共和国总统于下午3点半到达会场,全体代表就位。
2. 法兰西共和国总统致辞。
3. 法兰西共和国总统与全体代表一一握手。
4. 克里孟梭先生担任会议临时主席。
5. 选举产生会议正式主席,威尔逊总统获提名为第一人选,劳合·乔治先生与桑尼诺先生为第二人选。
6. 选举产生会议副主席,从美国、英国、法国和意大利代表中各选一人。
7. 提议任命一位会议秘书长。
8. 提议每个大国各任命一名秘书,且可替换。
9. (1)每个大国代表团将提名一名"起草委员会"的成员人选。
(2)会议主席将邀请每个大国代表团提名一名全权代表,组成一个委员会,负责核实证明文件。

10. 议程

(1) 将会议章程提交于和会。

(2) 本次会议的主要议题按顺序排列如下:

① 战争的始作俑者。

② 战争的罪责。

③ 有关国际劳工的立法。

会议将请各国就以上三个问题陈述己方建议书;与之无关国家可提交本国最为关切的领土、金融、经济等各问题的建议书。

④ 国际联盟将被放在第二次全体大会议程中,作为首要问题予以讨论。

1919 年 1 月 19 日,星期日

和斯洛森一起在我的房间里研究劳工问题。

和斯威特瑟共进早餐。在此期间,我仔细阅读了他根据我为报纸所写的文章而制作的油印新闻稿。这份新闻稿后来被呈交给美国代表团审阅,并在下午交给媒体发回美国。

雷·贝克带法国劳工总会(Confederation Generale du Travail)的列昂·茹奥先生(Mr. Leon Jouhaux)[①]带来找我。茹奥先生曾起草了1916 年利兹会议的劳工纲领,该纲领在很大程度上得到采纳,成为法国

---

① 法国社会党人,工人运动及工会领袖,1951 年获诺贝尔和平奖。——译者注

众议院所提出的一份议案的基础。茹奥先生刚刚步入中年,品性坚毅,沉默寡言,总是让别人大谈特谈,但轮到他说话时总是能谦和而清晰地表达自己的观点。

与贝克、沃林共进午餐。贝克将法国劳工总会写给威尔逊的致辞转交给我。我和沃林花了一个下午的时间将它从法文翻译成英文。

在茉黎斯酒店(Hotel Meurice)与米勒共进晚餐。我们讨论了巴黎和会目前已完成之事,一直谈到了晚上 11 点。为了更方便地获取档案资料,我们筹划将历史组搬到离国际法组更近的地方,进而更好地为和谈提供咨询与参考服务。①

1919 年 1 月 20 日,星期一

在房间里待了一整天,稍微有点冷。同来自总指挥部的考克斯上校(Colonel Cox)共进午餐。

傍晚,同埃米尔·费萨尔(Emir Feisal)和劳伦斯共进晚餐。埃米尔·费萨尔殿下,是汉志国王和麦加谢里夫②之子。英军上校劳伦斯,人称"大马士革之征服者"。比尔安排的这次小型晚宴,其他的宾客包括:鲍曼、韦斯特曼、比尔的同事——旺格中尉和奥斯本中尉,以及青年

---

① 我在外交历史方面人手不足,于是打电话给达特茅斯学院的弗兰克·安德森教授,请他加入我们,承担历史组的一部分研究工作。安德森教授去年夏天曾和我共事过,当时我将调查团的历史组迁至哥伦比亚大学图书馆,他和赫尔希教授共同完成了一系列研究报告和备忘录。

② 谢里夫,阿拉伯语"贵族"之意,是管理麦加和麦地那两座圣城领袖的敬称。——译者注

记者布利特，他每天为全权代表们制作剪报，有时也整理好后讲给他们听。

埃米尔·费萨尔（居中）与阿拉伯的劳伦斯（后排右二）

埃米尔·费萨尔穿着一身带袖的黑色长袍，和教授所穿的长袍差不多。除了肩部有一处用金线织成的网纹刺绣外，整件长袍上没有其他的花纹或图案；头上顶着一块轻质的丝绸布料，垂落至肩部，轻松而自然地扎在长袍之中，这是一种用来代替包头巾的简单饰物；丝绸布料上箍着两根粗粗的白色编织绳，在头部围成一圈，再用一根金丝线系在一起，整个效果看起来像头戴王冠一般。埃米尔是我见过的最具魅力的人之一，他容貌俊秀，棱角分明，黑色的眼眸清澈而明亮，魅力非凡。尽管他多年以来常常身陷险境，但浑身透露出一股难以抑制的幽默感。他的腰间系着一条金线编织而成的腰带，腰带上挂着一把黄金匕首。这把匕首常常让他引起人们的议论，巴黎人说他并非真正的文明开化之人，因为他腰间挂着匕首，而法国官员佩带的是剑。埃米尔一整个晚上都在说着开玩笑的话，即便是在代表阿拉伯人的诉求而发表最严肃的观点时。当被问及他真正的头衔是什么时，他回答道：西方国家总以为将他的父亲称为国王是在表达友善,但他的父亲只是惊诧于他们的无礼。身为先知的后人、麦加的"谢里夫",他已经拥有了如此令人自豪的头衔,以至于别人再怎么称呼他,无论是国王、皇帝、总统哪怕是"驴子",对他而言都不重要了。在过去的900多年里,他的祖先一直担任着麦加的"谢里夫",世界上几乎再无其他的头衔能在显赫程度上与之相媲美。后来,在阐述阿拉伯人的诉求时,他突然在中间插了一句话:"你们知道,在沙漠里,我们经常将多匹骆驼头尾相连,排成一队,然后让一头小毛驴在前面带路。劳伦斯就是那头小毛驴。"但是现在这里有的不是一头美国驴子,而是7头驴子!他们又能够为阿拉伯人做些什么呢!如果他们到阿拉伯世界来,就能亲眼看看他们所要的那种公正!然后,整个叙利亚地区都会为他们竖起雕像。在注意到我们正好是7个人后,他回顾起一则阿拉伯谚语:"当7个人意见一致时,世界要么变成天堂,要么彻底毁灭。"

他讲起了阿拉伯独立运动的故事,让我们一直听到了半夜。劳伦斯上校不得不全程翻译。费萨尔开玩笑说,当初他俩在中东的时候,由于劳伦斯上校下决心一定要学会阿拉伯语,他也就不想再讲英语;同时,他本人不喜欢也不信任法国人,更不会学法语。这样一来,除了靠劳伦斯上校翻译转述外,他没法开口交流。不过,他同时也明白我们的意思。当鲍曼向他索要带有他亲笔签名的餐牌时,他评论道:我们每个人都是从前往后写字(英文),只有他一个人是从后往前写字(阿拉伯语)。作为交换,他也要来了鲍曼的餐牌,随后大笑起来,并要来一支自来水钢笔,在自己的名字上方写了一行阿拉伯语,再递给劳伦斯看。劳伦斯向我们解释道,上面写着:"我同意费萨尔的所有要求。"

劳伦斯身着一件英军上校制服,但和他的阿拉伯朋友一样戴着阿拉伯风格的头饰(他们在吃饭的时候乃至整个晚上都戴着头饰)。他那顶探险家的帽子上蒙着绿色丝质纱布,还有一两条深红色的流苏,一直垂落至肩部。他的头部也围着两根粗粗的、带有花纹的编织绳,和费萨尔的头饰差不多。头饰的直径大约有3/4英寸,看起来十分像一顶王冠。他被称为"当今最有趣的英国人",曾在莫德林学院学习中世纪史。在念书的时候,他常常白天睡觉,夜晚工作,并在凌晨4点的时候前往鹿苑玩耍。这是一个雪莱式的人物,但精力过于旺盛而无法成为一名诗人。他个子不高,体格健壮,年龄不到28岁,拥有一张典型的英国人的脸。那张脸被晒成古铜色,有一双引人注目的碧眼,看到费萨尔笑便也会咧着嘴微笑。这两个人显然情投意合。我很少看到两个成年男人拥有像他们之间这样的深厚情谊,简直是情同骨肉,形影不离。劳伦斯总是能抓住费萨尔幽默的精髓,并在后者滔滔不绝地说话时,将这个笑话用英语转述给我们。同样有趣的是,我们一边看着费萨尔带着演说家的气质高谈阔论,另一边则看到劳伦斯用最低沉、最平实的英语来翻译费萨尔的话。

在劳伦斯所讲述的个人经历中,最有趣之处莫过于他谈到的飞机与汽车给阿拉伯沙漠带来的影响。他曾在一天上午驾驶着自己的飞机,从约旦东部出发,飞往耶路撒冷去见艾伦比将军;然后飞向开罗,与埃及军队总司令辛达(Sindar)共进午餐;接着又飞到亚历山大里亚打了一个电话;最后返回耶路撒冷喝下午茶。下午茶后到天黑之前,他还利用时间寄了快信,计划了明天的活动。在这一天时间里,他不仅来回飞了1 000英里,而且完成了当天的工作。他说,人一旦在沙漠中飞过一次后,就不想在其他地方飞了。因为,在沙漠中,任何人都可以在任何时间、任何地点安全着陆。英国人也开通了从印度飞过阿拉伯沙漠到开罗、为时3天的航线,其中有一站是停在阿拉伯沙漠的绿洲里吃午饭,并在巴士拉过一晚,然后再停一站便直抵德里。他这样描述飞机给沙漠战争带来的变化:以前是阿拉伯人骑着骆驼到沙漠中的水坑来取水;现在则是驾着有机关枪的飞机飞到水坑旁,坐等喝水。

在沙漠中驾驶汽车也是一项罕见的运动,方式有二:其一,驾驶一辆劳斯莱斯牌汽车以每小时50英里的速度,狂奔不止,沙尘滚滚,由此可像驾驶飞机一样一路直达。其二,驾驶多辆福特牌汽车,在沙漠中纵横,一辆抛锚另一辆接上。任何一种办法都比骑骆驼强。费萨尔邀请我们所有人到一个离麦加不到10英里远的地方去看望他。他的父亲并不会介意我们直接去麦加,但一些狂热的印度穆斯林可能会认为谢里夫不敬神,所以他估计最好是在离这座圣城几英里远的地方见我们。费萨尔的主张是今晚的谈话中最严肃的内容,但他彻底赢得了所有听众的心。

1919年1月21日,星期二

王正廷博士到我的房间来拜访我。严格说来,他是中国现政府的异议者,但最终还是加入了中国代表团,没有比这更能体现他的一颗"中国心"了。在中国实行议会政治的短暂试验中,他曾担任中华民国参议院议长,还联合广东的革命党人发起了一场反对北京当局的政变。作为一名坚定的共和派,他在"一战"期间赴美国进行反对北京当局的宣传。我头次见到他,是在威尔逊总统的女婿弗朗西斯·塞尔(Francis

Sayre)的寓所里。他后来也来我家中拜访过我一两次。在中国代表团内,他的同事都是他的政敌,但我比他们更能清楚地看到这种微妙的情况。中国代表团至少在两个方面是团结一致的,一是反对觊觎山东的日本人,二是期待美国不会辜负中国。王正廷博士给我留下了一份文字资料,供随后讨论之用。我打算明天用午餐时同米勒、亨培克和他一起讨论一下。

谈完中国,再到南斯拉夫!博古米拉·沃斯扎克(Bogumil Vosnjak)博士来找我讨论斯洛文尼亚问题,并与我这个与他在纽约期间结识的老熟人叙叙旧。他给我看了一些正式文件,其中一些特别涉及在斯洛文尼亚举行的全民公投。投票结果反映了南斯拉夫地区民族情绪的高涨。为了迎合意大利人的诉求,南斯拉夫与意大利接壤地区将举行与斯洛文尼亚公投差不多的另一场全民公投。

中午,与和会官方翻译芒图教授共进午餐。之前的某个晚上,我与乔治·比尔曾在马克斯·拉扎德家见过他。芒图跟我们讲了些劳合·乔治与法国人之间的谈话,但没什么重要内容。

晚上,同美联社的巴里(Barry)共进晚餐。这位小伙子曾在比利时与赫伯特·胡佛[①]共事3年,后来又和意大利人在一起工作了8个月。近来,他穿越巴尔干半岛,抵达君士坦丁堡,然后从此出发,前往敖德萨(Odessa)[②]。战争造成了这一偏远地区鲜为人知,因此我们迫不及待地想同任何返回的旅行者交谈关于该地区的见闻。

---

① "一战"期间任美国救济委员会主席和联邦政府食品管理局局长,1929—1933年任美国总统。——译者注
② 在乌克兰南部位于德涅斯特河流入黑海的海口东北30千米处,今乌克兰共和国第二大城市。——译者注

今天，我们写了一份关于国际劳工立法的备忘录，并对外公布。至此，我们已经完成了一系列的备忘录，国际劳工立法备忘录仅为其中之一，详见下文。所有备忘录将提交至巴黎和会讨论。①

关于国际劳工立法的建议

Ⅰ. 现有国际协定：

欧洲各国之间有关劳工立法的现有一般国际协定应适当地作为本次大会采取行动的起点。基于这些协定，我们建议《和平条约》应立刻采纳下列建议：

1. 对 14 岁以下的儿童受雇为产业工人加以禁止。

2. 对妇女及 16 岁以下青少年的夜间劳动加以适当限制。

3. 对本国居民和外来移民实行保护性的劳工立法。

Ⅱ. 与国际联盟的关系：

国际劳工立法的后续推进应在国际联盟的大框架下进行，包括：定期召开国际劳工立法方面的会议；建立一个常设工作机构（即后来的"国际劳工局"），其职责包括研究劳工立法、编撰统计与试验等方面的资料，从而服务于定期召开的会议。

---

① 每份备忘录都只保留了最基本的纲要部分，使得材料篇幅不至于太长，便于全权代表们随时翻阅。鲍曼博士将打印好的文件整理好，用黑色硬纸板封面装订。我们给每位全权代表打印了一份，多出的份数则被妥善地存藏于办公室，它们被那些知道此事的人称为《黑皮书》(Black Book)。后来，我们又准备了另一份备忘录，使用红色封面，其内容包括未被收入《黑皮书》的其他建议，特别是关于殖民地问题的建议。调查团的最终研究报告正是由《红皮书》和《黑皮书》组成的。在实际谈判期间，《红皮书》和《黑皮书》体现了美国代表团的专家团队的研究结果，专家们建议全权代表将其中的建议写入和平条约。

关于立法提案的意见

欧洲国家之间已签订了数量不多但十分重要的普通条约。根据其中所达成的一致,欧洲各国相互约定并遵守一定的劳工立法。现在,我们要将欧洲国家之间的这种法律约定推而广之,普及世界。欧洲的已有经验表明,在劳工立法方面所采取的国际行动是能够有效地提高文明的水准的,具体事实如下:

1. 童工。1890年,在柏林召开了一系列的国际劳工大会。当时,在15个拥有童工保护法的欧洲国家中,有12个国家允许9—12岁的儿童在工厂工作。1918年,共有23个欧洲国家颁布了童工法,其中包括主要工业国家在内的13个国家规定13岁或14岁为最低就业年龄。

2. 女工及年轻工人。1906年以前,在伯尔尼召开的国际劳工大会建议女工每晚应休息11小时。当时,15个欧洲国家没有这方面的法律,只有一个国家规定女工应有11小时的休息时间。作为伯尔尼会议的直接结果,几乎每个欧洲国家都制定了法律,规定妇女和年轻工人应有11小时的夜间休息时间。

3. 外来移民劳工。在欧洲,人们深感有必要就外来劳工问题达成国际协议。它应包含两方面内容:一方面,应保护外来移民劳工,以及保护本国劳工免于前者的就业竞争;另一方面,坚持要求移民劳工参与社会立法,无论是在其原籍国,还是在其居住国。

关于国际劳工大会及其常设工作机构的意见

国际联盟应针对国际劳工问题定期召开大会,正如召开殖民问题或经济问题方面的会议一样。国际劳工大会的成员组成由各国政府自行决定,但其中应包括一些劳工代表,伯尔尼会议已提供了先例。

国际劳工大会将承担起与劳工领袖方案中所提议的"劳工议会"基本相同的职能。它应与国际联盟秘书处密切合作。

致力于研究劳工立法问题的常设工作机构应在现有的"国际劳工立法研究局"的基础上建立。该组织将中央办公室设在瑞士,但在各国下设有分会,如美国劳工立法协会。我们可以接管这一令人钦佩的组织,使其对国际联盟秘书处负责,还可以借鉴和吸收国际劳工立法研究局所拥有的悠久而成功的经验。

1919 年 1 月 22 日,星期三

我搬到了克里翁酒店的 426 房间住。它位于六楼朝南,比我原来住的房间更加明亮和舒适,房内空间也更大,让我的感冒也痊愈。克里翁酒店里有一个医务室,4 名军医在此待命,为大家的咽喉和鼻子做喷雾治疗。前来就诊的病人比医务室所能接待的更多,因此,若真的无人就诊,医生们也没必要一直留在这里了。就目前的情况来看,大可不必担心医生们会离开。周围似乎弥漫着数以百万的呼吸道病菌,造成大量的外交官都失声了。欧洲大陆真是细菌丛生、疾病肆虐啊！人在这里生活所付出的代价太大了，不仅吃不饱，而且住在没有暖气的房子里。战争的巨大伤害影响着人们的身体健康和精神面貌。该做的事情似乎无足轻重。对任何人来说，这里的环境实在太糟糕了，以至于让人不禁想要逃离。大家都说，英国的物资匮乏情况更加严重。

中午，与王正廷、米勒、亨培克共进午餐。中国代表团提出了废除与德奥两国所签订的不平等条约的计划，我们的讨论围绕这一问题展开。王正廷希望在和谈的当前阶段达成此事，为后面处理对日问题提供先例。他讲述了中国与国际社会之间的往事：

自1894年甲午战争中败于日本之后，中国人痛定思痛，对古老的中国文明进行了反思，约10万留学生远渡重洋，赴日留学，其人数远多于赴欧美国家之留学生。学成归国的留学生们成为指引中国发展方向的人物，但其立场和观点因其所受教育而有所不同。大体而言，那些留学日本的人倾向于支持君主制，或至少支持东方政治理念，他们正在北方掌握大权；自由主义分子则活跃于南方。不过，南北双方正在弥合分歧，握手言和。现在，中国希望能够一致对外，从之前的敌人德国与奥匈帝国着手，以摆脱外国势力之控制，由此获得民族之解放。①

---

① 王正廷博士在前一天留给我的那份文件主要是讨论技术性的细节问题。这是一个周密的计划，即第一步废除与前敌国（指德国、奥匈帝国）之间条约中的治外法权，再进一步处理与盟国（英国、法国等）之间的不平等条约。王正廷的设想是，应废止德国、奥匈帝国在中国的各项权利，使之不再享有与其他列强同等的特权。如果两国愿意的话，它们可以根据中方提出的条件与之重新签订平等的商贸条约。

中华民国和平议定书

一、总序

筹备未来重于补偿过去。对人类观念的应有尊重,以及世界各国人民团结在公正、开明、共同利益和互利互惠的和平之下的普遍愿望,均要求德国、奥匈帝国彻底且永远地放弃两国从一系列中德、中奥条约中所获得的一切权利与利益。特别是,1861年9月2日《中德天津条约》、1869年9月2日《中奥北京条约》、1898年3月6日《德租胶澳专条》以及1901年9月7日《辛丑条约》中中国被迫转交或授予德、奥两国政府的各种侵犯中国主权的特权。

此外,一切协定、特许协议、公约、议定书和条约,都是德意志帝国政府对中国发动战争而获得的结果,违背了1899年9月6日美利坚合众国国务卿在递交于多国政府的照会中所阐明、为各国所接受的(门户开放)原则,故如今应遭到谴责和废除。

为使本和平议定书充分生效,协约盟国及相关国家应保证中国在国际社会中享有公正平等的地位,完全和切实维护中国主权与领土完整,全面和彻底地废除德、奥两国政府及其国民所获得的一切权利和利益,并公开宣布这些权益违背了世界和平的普遍利益。这种保证必须也将会彻底承认中国的主权,它不仅符合中华民国政府及其人民的愿望,也符合利益相关各国的愿望以及开明人士对中国的同情。

二、方案

1. 废除"最惠国"条款(《中德天津条约》第40条、《中奥北京条约》第43条)。

2. 收回胶州租借地,废除一切铁路、采矿和其他权利。

3. 收回德、奥两国享有的特许权。

4. 废除德、奥两国至今仍然享有的治外法权。

5. 废除德、奥两国在中国设立邮政局和电报局的权利。

6. 中国停止向德、奥两国支付《辛丑条约》所规定的庚子赔款。

7. 取消德、奥两国在华派驻军队的权利。

8. 承认中国在对德、奥宣战期间在本国境内所接管的:(1)武器、弹药和兵营;(2)船舶、码头、浮桥等;(3)外交、领事和慈善机构以外的公共建筑和设施。

9. 德、奥应赔偿其对中国造成的损失,并补偿其中产生的费用,包括:(1)对可动或不可动、被损坏或被捣毁的各种财物进行赔偿;(2)对中方照料战俘及其他被拘禁者所支出的费用予以补偿;(3)按照巴黎和会将采纳的原则而提出的其他要求。

10. 德、奥应归还1900年在中国掠夺的财物。

1919年1月23日,星期四

安德森教授和诺特斯坦(Notestein)教授来找我,也带来了来自纽约的书信和消息。安德森教授将进入调查团的历史组工作。我和他花了一上午的时间规划了工作安排。诺特斯坦教授被分配的任务是研究德国问题。中午,我和哥伦比亚大学的奥斯汀·埃文斯(Austin Evans)共进午餐,他需要一位助理。我推荐了自己以前的一个学生——哈罗德·克兰德尔(Harold Crandall)。他前几天刚打电话给我,希望有机会能从正在从事的为美国军方采购木材的工作跳出来，因为现在没有人买卖木材了。他刚从法国西南部的港口城市巴约讷（Bayonne）旅行回来，在没有暖气的火车上度过了两天难熬的日子。冬天的巴约讷像冰岛一样寒冷。

雷·斯坦纳德·贝克领导的新闻署希望我们帮忙撰写一份关于国际水道问题的声明，就像之前我们为劳工问题所写的声明一样。安德森和斯威特瑟一起连夜赶工，准备了一份可以通过电报发给美国媒体的声明。我则把自己的时间用于解决劳工问题。

下午，在我的房间里与费伦、英国劳工部助理部长巴特勒和内政部的马尔科姆·德莱文涅（Malcolm Delevingne）爵士一起喝茶。德莱文涅爵士刚从法国劳工部过来，向我们透露了一些关于本周六克里孟梭将在巴黎和会全体会议上讨论的话题的消息。英方的建议是，先成立一个致力于将来的国际劳工立法的组织，而不是目前预备会议阶段所讨论的某一条款。在当前情况下，英方的建议要比我所提出的关于达成三项国际协定的建议要好，将未来的发展空间留给在国际联盟下定期召开的会议。杨格和我游说梅泽斯博士去见豪斯上校，让他了解最新情况。梅泽斯确实这样做了。豪斯上校表示感谢，并让梅泽斯博士给我们带谢，因为在我们告诉他之前，他根本不知道周六的全体会议上计划讨论的事情。

傍晚，在曼捷斯帝酒店与印度代表共进晚餐。除了比尔、鲍曼和我是比卡内尔王公邀请来的客人，参加晚宴的其他人包括：印度事务大臣埃德温·孟塔古先生（Edwin Montagu）；印度事务副大臣兼上议院议员辛哈勋爵；莱昂内尔·柯蒂斯；考古学家邓洛普·史密斯爵士（Dunlop Smith），他是乔治·亚当·史密斯爵士的兄弟，说话带着一口苏格兰口音;还有一位佩戴绶带的骑士,他是英国驻印度某邦的代表,名字不得而知。在我们旁边的另一张印度人坐着的桌子上,38岁的比卡内尔王公自豪地向我们介绍了他的儿子和继承人,一位年近20岁的小伙子。劳合·乔治带着他愉快的小女儿梅根也前来赴宴。加拿大总理博登、南非外长史末资等人则像往常一样围坐在不同的桌子旁。

比卡内尔王公坐在我的旁边,言谈举止有如英国绅士一般平易近人。他在自己的邦中主持公道,至少每3年会巡视各地的村落。坐在他的身边听他讲故事于我而言是一种前所未有的体验。在印度这样一个乡村民主社会中,领袖人物要解决当地的问题,这和我们是一样的。他为自己所修建的铁路和国家的进步感到自豪,还自娱自乐地教起我如何食用印度红椒。他随身带着一个小盒子,里面装着印度红椒。晚宴的菜品都是按照英国方式烹饪的,但没有牛肉,因为印度人将牛视为圣物,禁止杀牛。在此补充一句,在场的印度人也穿着英国军官的制服,唯一的区别是他们胸前佩戴的勋章不同。

晚饭结束后,我们沿着一条长长的、没有灯的走廊,去了曼捷斯帝酒店的另一间房。英国人不像我们在克里翁酒店那样烧煤取暖,房间里实在太冷了,我只好回去拿了大衣再入座,一整个晚上都将大衣披在肩上。我们还没开始说话,电话铃就响了,说是还有一位印度名流——大名鼎鼎的阿加汗(Aga Khan)要过来。作为一位宗教领袖,他是古老的伊斯兰教派——阿萨辛派(the Assassins)①的当世传人,其信徒遍及从印度到非洲中部的广袤地区。他虽然没有任何领地,却拥有无上的权威。人们相信,他是先知,是圣人。阿加汗大部分时间住在巴黎。据

---

① 伊斯兰什叶派伊斯玛仪派的一个分支,发端于公元11世纪。——译者注

说,他对自己狂热的信徒有着巨大的掌控力。

战争时期,阿富汗边境的山民发动叛乱,滋扰甚多,印度政府试图找到阿加汗。可他人不在巴黎,他的母亲于是写了一份文书,在上面盖上一枚大如圆盘的印章,将之交给英国人。英国人将这份文书送到山民手中。第二天早上,山民们在脖子上套上了草绳,将绳子的一头递给英国军官,说道:"带我们走,我们乖乖听你们的。"

阿加汗著有一本名为《转型中的印度》的书,是一部研究现代印度的力作。他与孟塔古就印度教育问题展开了激烈的辩论,坚持认为:如果英国能减少在印度的驻军,印度就有钱建立更好的学校体系。钱应该投入初等教育,而非建设光鲜亮丽的大学校园。孟塔古问及菲律宾的教育情况,鲍曼和比尔向他推荐了我,说我是这方面的专家。我绞尽脑汁地回忆自己见过或读过的资料,可怎么也想不起来。有一次,我试图转移话题,谈谈美国南部"贫困白人"的教育问题,但我发现阿加汗去过那里,对那里的情况比我还了解。这好不公平。我们回到克里翁酒店时,已是凌晨12点半了。比尔告诉我,在我和比卡内尔王公交谈时,他与孟塔古、辛哈勋爵进行了一次重要的谈话。两人都支持他的看法,即德属东非地区应被置于印度的托管之下。

1919年1月24日,星期五

上午,和安德森一起工作,开始"外交史组"的研究,重点是水道、铁路与港口问题。

晚上,我带鲍曼前往曼捷斯帝酒店,同乔治·巴尔内斯(George

Barnes)爵爷、马尔科姆·德莱文涅爵士、巴特勒先生和费伦先生共进晚餐。我们在餐厅大堂里吃饭,我们的印度朋友与我擦肩而过,坐到了自己的那桌上。劳合·乔治的小女儿再次同我们在走廊里相遇。餐厅里的人比往常要少,因为今天剧院里有盛大演出。我们还没开始吃第一道菜,一群英国军官走了进来,坐在我对面的角落里。我立刻认出了那个脸朝我这边转过来的人,是道格拉斯·黑格爵士(Sir. Douglas Haig)①。他是一个其貌不扬的将军,和许多士兵一样,十分显老。他的举止看上去是一个实干派,也是一个安静、体贴的人。他似乎有点累,无心于边吃边聊,但当一位我不认识的美国将军坐到他们那张桌子上的时候,他变得活跃起来。显然,他们相谈甚欢。

说说我自己的晚宴吧。我觉得,巴尔内斯先生是一个坦率、聪慧、正派和有内涵的人。他的气场与其说来自他的聪慧,不如说来自他的道义感。他虽然不像基尔·哈迪(Kier Hardie)那样激情似火,但已经为劳工事业奋斗了近半个世纪,如今已年过六旬。他和坐在我右边的马尔科姆·德莱文涅爵士被英国任命为国际劳工问题专员。他们也非常希望我能被美国任命为这方面的专员,因为我们相处得很愉快,但我并没有这样的好运气。晚饭结束后,马尔科姆·德莱文涅爵士风趣地谈到了他以前参加国际劳工大会的经历。他的性格与巴尔内斯截然相反,能言善辩,反应敏捷,评论事物直截了当,对上司却十分礼貌和尊敬,让人觉得很舒服。巴尔内斯先生有着沉稳和平静的牛津风范,但当他插话时,总能一语中的。他们是可以共事、共创大业的好伙伴。他们现在的计划是阻止尚不成熟的立法,将全部的精力集中到国际联盟这

---

① 英国陆军元帅,曾参加马恩河战役、第一次伊普尔战役。——译者注

一大的框架上来。晚上 11 点,我回到住所,与比尔就一些问题交换了意见,聊到半夜。

1919 年 1 月 25 日,星期六

上午,待在房间里整理材料。

下午,巴黎和会第二次全体会议于下午 3 点召开。①威尔逊总统在会上发表了精彩的演讲。我本来弄到了一张出入证,正准备出发,这时鲍曼博士打电话给我,说曾负责多瑙河航运的英国海军上将特罗布里奇(Trowbridge)要和梅泽斯、西摩尔和戴伊一起去他的办公室讨论自由水道尤其是多瑙河问题。他们希望我加入,说我能带来关于多瑙河历史的最新知识。好吧,除了将失望之情埋在心里、忘记奥赛码头(指法国外交部)外,我别无选择。斯洛森博士前一天晚上熬夜准备了一份

---

① 我错过了巴黎和会第二次全体会议,但这次会议为后续的许多工作搭建了框架。它不但正式发起了国际联盟,也是和会自身组织工作的开始,任命产生了 5 个委员会,分别审议以下问题:(1)国际联盟;(2)战争罪责与赔偿的执行;(3)对战争破坏的补偿;(4)国际劳工立法;(5)对港口、水路和铁路的国际控制。威尔逊、劳合·乔治、奥兰多、莱昂·布儒尼陆续就国际联盟问题发表演讲。之后,澳大利亚的休斯插话,询问是否可以等到国际联盟建立后再讨论这个问题,借此来表达他的怀疑。接着,中国代表陆征祥和波兰代表德莫斯基(Dmowski)做了简短发言。再然后,海曼斯先生(Mr. Hymans)再次打断,将议题从国际联盟问题引向会议程序问题。克里孟梭宣布,巴黎和会委员会由 15 名成员组成,英、法、美、意、日各任命两名成员,另外的 5 名成员则代表存在特殊利益诉求的其他大国。小国代表随即骚动起来,海曼先生得到了加拿大的罗伯特·博登爵士、塞尔维亚的特鲁姆比奇(Trumbic)、希腊的维尼泽洛斯(Venizelos)、捷克斯洛伐克的贝尼斯(Benes)、罗马尼亚的布拉蒂亚努(Bratianu)等人的支持。面对诸多小国的挑战与非议,克里孟梭的立场十分强硬,他宣称:大国在战争中牺牲巨大,伤亡达数百万之众,当然有资格来自行决定巴黎和会的组织形式。

关于约瑟夫·张伯伦教授①专著的摘编,以便亨利·怀特全权代表、梅泽斯、鲍曼和我能在海军上将到来之前快速地浏览一遍。可是,我患上了撕裂性头痛,对和平条约中的条款问题实在打不起兴趣。

晚上,我与哈斯金斯、著名的法国东方学家西尔万·李维(Sylvain Levi)共进晚餐。我第一次在战争时期的冬季目睹了法国当前的困难:阴冷的走廊里漆黑一片,不生火的壁炉里冒不出一丝热气。在经历了战争的艰苦后,法国人似乎觉得这样也足够舒适了。李维教授已经在法兰西公学院(College de France)②开始他的授课,但是他说,不可能再像过去一样超然于科学的心灵(detachment of the scientific mind)而去重新拾起旧的学科了。他现在有了新的研究兴趣,过去对印度考古学的兴趣只是一时的。

我们的勤务兵在门口一直等到晚上 10 点。公共汽车和地铁罢工造成了巴黎市的交通瘫痪,有人开车载着我们穿过沉寂的街道返回酒店,实在令人欣喜。

1919 年 1 月 26 日,星期日

上午,待在房间里,迎来了今年冬天的第一场雪。雪花落在地面上积了有半英尺厚,落在斜屋顶上就融化了。

---

① 约瑟夫·张伯伦教授是研究水路转运问题的美国学界权威,尤以研究多瑙河、莱茵河的水路转运见长。
② 亦称"法兰西公开学术院",是法国历史最悠久的学术机构,创立于 1530 年。——译者注

吃午饭的时候，比尔向我描述了他对昨天参加会议的印象。克里孟梭粗鲁而直截了当地表示，五大国在巴黎和会委员会中的席位是靠它们投入战场的1 200万兵力得来的。同样试图得到委员会席位的比利时对此表示抗议，并得到所有小国的一致支持。

下午2点，我前往曼捷斯帝酒店拜访柯蒂斯。在等他的时候，我同马尔科姆·德莱文涅爵士和费伦聊了几分钟，试图说明美国人的观点，即各国在委员会中的代表应由在其国内享有公众声望的人来担任。

下午5点，前往多利斯先生的公寓，会见弗朗西斯·德莱西（Francis Delaisi）和奥费斯蒂（Ofesty），他们写了一些东西，从与我截然不同的角度来研究劳工问题。奥费斯蒂来自法国劳工部，是一位身材魁梧、官气十足的绅士。德莱西更是一名经济学家。这次交谈收效甚微，因为他们更渴望了解美方的情况，而不是说明法方的情况。

晚上，在梅泽斯博士的房间里，为米勒夫妇、比尔和我举行了一次晚宴。我们快吃完晚饭的时候，豪斯上校夫妇也过来了。豪斯夫人对自己即将开始的马德里之行饶有兴趣，她将成为美国大使和西班牙王室的客人。西班牙的宫廷礼仪仍然保留着一些旧制度时代的味道，在皇家场合必须穿着某一种类的服饰。豪斯上校读到了自己的讣告，这让他乐了一下午。讣告是德国的伯恩斯托夫伯爵（Count Bernstoff）为柏林的报纸写的。过去的10天里，豪斯上校确实一直卧病在床。关于他已去世的谣言给了伯恩斯托夫一个赞美他的机会。豪斯上校说，他喜欢伯恩斯托夫在讣告中说的那些话，开始觉得自己真的是一个善良而聪慧的人，直到有人暗示，这一切不过是德国的宣传而已，伯恩斯托夫其实知道豪斯上校依然健在，只是利用谣言带来的契机，对他略表恭维。当男人们跑到梅泽斯的房里抽烟时，豪斯上校请米勒先生说说下午"国际联盟协会"(Societies for the League of Nations)召开的会议。那是一次来自各国的国际联盟运动的领导人会议。英国劳工领袖托马斯(J. H. Thomas)发表了主题演讲,米勒先生代表美国做了简短发言。豪斯上校在晚上的大部分时间里都沉默不语,把说话的担子推给了我们其他人。晚上11点,比尔和我来到我的房间,发现斯洛森博士忙活了一整天,将英国的劳工计划打印出来,以便交给调查团的国际法组、历史组传阅。我又琢磨了其中的主要条款,直到次日凌晨,才上床入睡。

1919年1月27日,星期一

上午,待在房间里处理日常工作。与比利时代表团的范登文(Van den Ven)以及美国驻丹吉尔(Tangier)①总领事马克斯韦尔·布莱克(Maxwell Blake)先生共进午餐。比尔也在场。布莱克带来了来自摩洛哥的消息,希望能上达兰辛国务卿或威尔逊总统,但最后被交给了比尔。布莱克在丹吉尔工作生活了8年,举止得体。他热情洋溢地称赞英国驻摩洛哥官员对他的坦诚相待,他们开诚布公地给他看英方的各种文件。8年来,正值欧洲各国之间的竞争日益激烈之时,从来没有一个英国官员试图故意为难他。之后,他便离开了,要去赶下午的火车重返丹吉尔。我们其他人则在比尔房间里的火炉旁找到了一个舒适的角落,讨论比利时问题。在巴黎和会的前几次会议上,比利时问题并没有

---

① 摩洛哥北部古城。——译者注

得到很好的处理,这让比利时人产生了一种感觉:在面对比利时诉求的时候,大国尤其是被寄予厚望的美国,并没有站在比利时一边。昨天晚上,豪斯上校也谈到了这一情况。

下午2点45分,比尔不得不告辞。他去参加处理殖民地问题的大国秘密会议,5点钟后才回来找我,告诉我这个消息。我们一起去吃晚饭,喝了点波特葡萄酒以表庆祝。之后,我们又去了比尔的房间里讨论问题,直到晚上9点。在回到自己房间的路上,我遇到了鲍曼和五六个同事。我跟着他们去了鲍曼的办公室,聊起国家前景与个人前途,外加吐槽,一直聊到晚上11点后,见窗外夜色已深,方才回到自己的房间。我躺在床上读了一会沃林买来博我一乐的吉卜林(Kipling)的《小狐狸》,以及从斯洛森那里复印的纳什教授(Professor Knatsche)的书。

1919年1月28日,星期二

上午,待在房间里安静地工作。安德森和我一起研究外交史问题。

中午,与劳合·乔治的私人秘书、《圆桌》杂志的前主要成员——菲利普·科尔(Philip Kerr)共进午餐。他是诺福克公爵(Duke of Norfolk)的侄子,出身于英格兰最古老的贵族家庭,不过这些都是外在的方面。他本人既是理想主义者,又是现实主义者。昨天和今天上午的殖民地问题会议召开后,劳合·乔治向自己的朋友以及科尔提到了一些事情。科尔和我讨论了这些事情,十分有意思。所有经历过这一切的人都会意识到,巴黎和会的成功与失败之间的差距是多么小。比如,作为托管方的各大国须对国际联盟承担财政上的责任吗?国际联盟应对其授权的某大国的殖民地托管试验承担财政上的责任吗？这些绝对是至关重要的问题。举个例子，美国愿意承担国际联盟名义下的法国殖民地试验所产生的债务吗？再如，说起德国殖民地问题，首先要说的就是德属西南非洲。那里的情况绝对令人沮丧。德属西南非洲位于南非联邦北边的沙漠地带，托管制度在这里远不如在德国的其他殖民地那么好落实。

在我们的谈话中，唯一令人高兴的消息是顾维钧成功地在"十人委员会"上做了关于"山东问题"的精彩发言。克里孟梭向他表示热烈的祝贺。这本应是不为人知的，如今却已传遍海外。

就在我们讨论殖民地问题的时候，另一场处理巴黎和会委员会中小国家代表席位问题的会议召开了。会议由康邦（Cambon）主持，他巧妙而成功地化解了一场小规模的骚动，以极其强硬的态度要求代表们专注于解决自己面前的事情。与此同时，我们调查团的豪斯上校忙于平息怨气，调查团各小组的组长则正在对各自所负责研究的小国进行社会调研。今晚，国际社会的氛围接连遇冷。我今天也得闲可以出去一趟，打算驱车前往曼捷斯帝酒店找柯蒂斯，再带上他去马克斯·拉扎德家吃晚饭。

就在我准备出发前的5分钟，比尔来房间找我。他参加了下午刚刚召开的和会会议，带来了三大国（指英、法、美）有可能实施他的总体计划的喜讯。他和新西兰总理威廉·梅西（William Massey）一起步行返回住所，这让我得以了解托管制度对太平洋地区可能产生的影响。不幸的是，国际联盟的讨论应该会首先聚焦于南非，而不是像亚美尼亚那样的国家。我本打算让柯蒂斯将比尔的消息传给英国人，但当我到了曼捷斯帝酒店后，发现史末资下午跟着罗伯特·塞西尔勋爵去参会了,他会和劳合·乔治一起吃晚饭,在吃饭时汇报最新的消息。英国人做事就是那么有效率,而且他们从不半途而废。

我们沿着布洛涅森林公园中的一条长长的公路,驱车前往马克斯·拉扎德在巴黎近郊讷依小镇(Neuily)的住所。巴黎城外的地面已被厚度不及1.5英寸的积雪所覆盖,这让我想起了美国的冬天,不过天气并不算冷。几根细木棒在壁炉中燃烧着,是这座大房子里唯一的热源,为偌大的房间提供了唯一的热度。这是一次私人家庭聚会。来客中有一位法国经济学家——阿夫塔林先生(Mr. Aftalion),他来自对外供应管理局(Direction des Approvisionnements des Etrangers),对美国经济学家的研究很熟悉。晚上11点半,我回到了克里翁酒店,去比尔的房间找他,讨论问题直到午夜。

第五章　专家成为谈判者

1919 年 1 月 29 日，星期三

今天上午忙得很。兰伯特先生（Mr. Lambert）作为加拿大西北部农场主的代表①打来电话，告知将于明日造访。他还为我捎来来自沃尔特·斯科特（Walter Scott）阁下的信，后者是加拿大萨斯喀彻温省（Saskatchewan）的前省长，也是一位值得托付的加拿大西部地区代表。午餐时，与布利特谈论了他应埃米尔·费萨勒之邀而进行的东方之旅，以及乔治·比尔所写的非洲问题备忘录。由我口授、柯蒂斯代笔，写了一份阐述美国如何应对《圆桌》杂志主张美国在国际联盟中承担托管殖民地义务的报告。同安德森一起为某位全权代表准备报告。与美联社的巴里（Barry）讨论劳工问题，并为宣传处审读了一篇关于非洲问题的文章。

---

① 加拿大农场主联合会秘书长。——译者注

大约下午 6 点,乔治·比尔传来一些关于当天下午讨论捷克斯洛伐克问题的会议的消息。会上,威尔逊总统同比尔、西摩尔进行了一次令人振奋、鼓舞人心的谈话,但这并非重点。真正的重点在于,这次谈话将促成英、美两国专家之间的广泛合作,以共同解决摆在巴黎和会上的若干问题。

戴维·米勒邀我与他共进晚餐,讨论"调查团"各小组负责人所提交的报告。他们在报告中阐明了对各个问题领域的政策建议。这份文件被交给米勒来研究,以便由他将报告中的观点纳入和平条约。米勒又将文件交给我,希望我能为他出谋划策。每当遇到此类工作时,他总是习惯性地找我帮忙。在他看来,专门研究区域国别问题的专家无法提出统筹全局的解决方案。我们准备让我俩共同的手下旺格中尉到各国政府代表处,帮我们找些他们的原始文件回来。

1919 年 1 月 30 日,星期四

与巴黎大学的费迪南德·洛特教授(Ferdinand Lot)、哈佛大学的哈斯金斯教授共进午餐。两位都是专业的中世纪史学家。战争期间,洛特教授留守巴黎,艰难度日,容貌看上去比我上次见到他时要苍老 20 岁。

他向我们讲述了一个他做讲座时所发生的事情:某日,当他正在讲述查理曼大帝的统治时,一枚德军的炮弹落到了邻近街区并炸得满地开花。在这样的情况下,听讲座的人很难将注意力集中在他讲的中世纪史上,最后只剩下老年人和残疾人。他的家在巴黎郊区,这里也不能幸免,曾有德军炮弹在隔壁邻居家的院子里爆炸。他的妻子是个俄国人,其父饿死于彼得格勒后,举目无亲,最后嫁给了他。

午餐后,巴黎大学比较宗教学教授马塞尔·莫斯(Marcel Mauss)①前来拜访。他刚从总指挥部过来,在那里给澳大利亚人当翻译。他说着一口流利的英式英语,比我之前见到他时说得好多了。他和澳大利亚人共事了3年。作为一位人类学家,他一直在研究边疆问题,所以他能够轻松而流利地说出边民和戍边士兵们的白话、俚语,而根本不考虑它的意思是什么,以及在文明社会中会不会这么表达。战争给大学教授们带来的影响很奇怪。莫斯教授说,他的学生们几乎都死于战争,他对自己以前的工作也毫无兴趣,但这话不过是一种感情的宣泄罢了。

下午3点,我驱车经过香榭丽舍大道,前往阿斯托利亚酒店。英国人把这里改建成了一栋办公楼,距离曼捷斯帝酒店仅一步之遥。两家酒店都坐落于埃托伊尔街(Etolie)的南侧,离凯旋门只有半个街区。我此行的任务是与哈里·亨森(Harry Henson)先生一同处理由英国政府各部门提供的手册和文件,看看能不能用在巴黎和会上,或是用于指引美国的外交政策。至5点时,英方所提供的打印文件已送到我在克里翁酒店的房间了。

自阿斯托利亚酒店在战后被英国人改建成办公楼后,其原有的酒店设施就所剩无几了。这里看不到任何地毯和舒适的家具,楼内暗灰色的法式木制结构老旧而残破。尽管楼内空间很大,但办公人员众多,场地显得比我们位于协和广场4号的办公室要更加拥挤。如果有人觉

---

① 法国社会学家、人类学家,涂尔干的学术继承人。——译者注

得巴黎和会必定是光鲜亮丽、富丽堂皇的,那么他应该看一看应法国之邀而来的两群主要客人——英国和美国代表团成员的工作环境,就会立刻改变他的刻板印象。顺便提一句,此处所说的"客人"是"自己掏腰包的客人"。英国与美国代表团在同法国打交道时已经产生了一系列的矛盾,将来还会有更多的麻烦。

下午4—6点,我同比利时代表团的两位成员——范登文及马海姆(Mahaim)在我的房间里边喝下午茶边讨论。在国际劳工法问题上,马海姆在高等教育界是公认的一流权威,他对该问题保持着高度的敏锐和热情,全身心地推动劳工立法研究。他对在伯尔尼召开的国际劳工和社会主义者大会(International Labor and Socialist Conference)知之甚少,其注意力完全集中在国际劳工局上。

加拿大农场主联合会秘书长兰伯特先生突然前来拜访我们,他对欧洲局势有着非比寻常的见解。比利时人离开后,杨格教授加入我们当中,一起讨论了美国与加拿大之间的互惠互利关系。

我们最终迎来了寒冬,天气非常恶劣,积雪渐渐覆盖地面,空气潮湿而寒冷。所幸的是,我们所住的克里翁酒店储备有充足的供暖燃料。欧洲北部那些没有供暖的人家,情况肯定很糟糕。他们说,在供暖上,英国的情况比法国更惨,英国人受苦更甚。自去年年底以来,英军和美军在供暖问题上的支出让法国挣了一大笔钱,据估计有两三千万美元之多。因此,法国虽然在战争中遭受了国破家亡,但在其他方面从战争中有所获益。

在写今天的日记时,我中途停笔了两次。一次是为了搞清楚自己是否看过冈珀斯对劳工问题的看法;另一次是被我的资料室助理吉尔克里斯特上尉(Captain Gilchrist)打断,他问我是否支持他对那些咄咄逼人的新闻记者采取的作为！我主要是通过个人办公室中的电话来管理资料室的，这真是一种前所未有的体验。

与四五个人共进晚餐，其中包括刚从欧洲东北部回来的乔治·克里尔，他向我们介绍了那里的局势。维也纳比巴黎更加喧嚣热闹，一片花天酒地，莺歌燕舞。匈牙利尤其是布达佩斯死了很多人，斯洛伐克出现了饥荒。由于其军队已经解散，匈牙利遭到了邻国的伺机入侵，边界被不断蚕食。波兰人和捷克斯洛伐克人则在争夺煤矿。克里尔还从布拉格带回了一些精美的西蒙刻画（etching of Simon）。

晚饭后，沃林和我在房间里为米勒撰写评论，一直工作到午夜时分。

1919年1月31日，星期五

中午与柯蒂斯、卡特共进午餐。卡特现为法国基督教青年会负责人，此前曾担任印度基督教青年会负责人，也是驻印度外派人员中的一位佼佼者。柯蒂斯说，如果基于对印度需要的理解来选任一位印度总督，他会推荐卡特担任此职。我们讨论了比尔提出的一个建议，即印度是否可能成为国际联盟的当然成员，并作为托管方来管理德国在非洲东部的大部分殖民地，从而使印度在处理本国的殖民化问题时在诸国中占有一席之地。

今天大部分的时间是待在我的房间里，准备供当前使用的报告。

与来自瑞士日内瓦的威廉·拉帕德（William Rappard）教授共进晚餐。他曾在哈佛大学教过两年的课，英语说得十分流利，和母语差不多,他还在国际劳工局工作过两年,精于数据统计。比尔跟我开玩笑说,他建议通过将瑞士并入美利坚合众国来解决瑞士的问题,只要我们能让参议院批准这个兼并方案,他绝对同意这个解决办法!瑞士的邻国竞相与其通商,瑞士从来没有因为缺少港口而蒙受不幸,这恰恰是那些缺少海上港口的内陆国家所要谨记的。只要存在商业贸易的竞争,海上港口对于内陆国家似乎并没有人们所认为的那么重要。不过,莱茵河的自由通航必须得到确保,罗纳河(Rhone River)则需投入巨资加以改善。

今天是个潮湿的大雪天,天气寒冷,天空阴沉。我的房间位于天井处,可以透过玻璃斜坡屋顶望向外面。每当出太阳的时候,阳光透过两扇巨大的法式玻璃窗户照射进来。天井的院子里异常安静,听不到一丁点声音。不过,就在几百码远的地方,和会又开始了。这一周,会议取得了明显的进展,每天都在解决一些问题。英国人实际上接受了对其新获得的占领地实行"托管"的原则,甚至连老百姓如今都知道,美国也可能成为一个托管国。

1919 年 2 月 1 日,星期六

同哈斯金斯、巴黎大学的费迪南德·洛特教授来到巴黎大学附近的一家僻静的小馆子共进午餐。它位于巴黎市内凝重肃穆、年代久远的老街区,如同旧时代的法国。教授们时常光顾此处。我们在此用餐时,又有 3 位教授进来了,还有两三个佩戴绶带勋章的士兵。看得出来,这些士兵以前都是大学教员,如今已经复员,重返大学校园。小馆

子里有无糖咖啡、奶酪和战争面包(war bread)①,屋内没有暖气。洛特讲述了自己生活的那个郊区小村庄的战时惨况。他当时是当地"避难所"的负责人。战争使人们情绪低落,疏于照顾子女,因此他和他的孩子们一直在努力地同精神与肉体上的困顿做斗争。

在卡恩基金会(Kahn Foundation)的支持下,巴黎大学邀请哈斯金斯和我在学校的圆形剧场做一次报告。邀请函言辞真切坦诚,称卡恩基金会是一个专门支持"杰出学者和外国教授"的基金会。如此恳切优待,令人备感宽慰!

下午,回到房间工作,有报社记者和其他人打来电话。

傍晚,与莫斯在克里翁酒店餐厅共进晚餐。

晚上,我去鲍曼的房间,参加各组负责人会议。此次会议的目的是确定同英国方面合作的具体办法。作为英方负责人,威廉·泰瑞尔爵士(Sir William Tyrrell)已邀请我们同英方一同研究边界问题。我们讨论了很长时间,排除个人倾向,以确保所形成的观点在上报至高层的过程中不会因为变动或评论而歪曲。鲍曼、杨格和我一直讨论到凌晨2点以后,以确定一个基本可行的办法。

1919年2月2日,星期日

上午,待在我的房间里。中午,和中国驻华盛顿公使顾维钧共进午餐。1909年我在哥伦比亚大学历史系任教时,顾维钧是我的学生。他

---

① 一种用糖浆代替食糖、低脂肪的白吐司面包,以缓解战争时期的小麦与食糖短缺。——译者注

住在巴黎富人区的一处豪华寓所里。寓所是从法国人家那里租来的，墙上挂着路易十四和拿破仑时代的画作。我过去的另一名学生——魏先生（音译）坐在我的对面，帮着顾维钧招待我们这些美国人。一起共进午餐的人还包括鲁特小姐（Miss Root）和巴塞特·摩尔小姐（Miss Bassett Moore）等红十字会工作人员，以及顾维钧在哥伦比亚做学生时结识的一些年轻军官。我们度过了一段非常愉快的时光。当我起身离开的时候，这群年轻人围在钢琴旁唱起了哥伦比亚大学校歌，顾维钧也加入其中，应声而唱。总而言之，一切都好极了。

下午，我本希望做点自己的事情，但先是比尔来访，接着《独立报》的发行人兼编辑汉密尔顿·霍尔特（Hamilton Holt）也来了。霍尔特希望与比尔一起同我讨论国际联盟的计划。这个星期是霍尔特10年职业生涯的巅峰。他非常希望看到巴黎和会所采纳的国际联盟计划能够下设一个代表各国人民的立法机关，而不仅仅是一群代表政府首脑的外交使节。我和比尔提出了一些程序上的问题，然后杨格也过来和我们进一步讨论经济方面的问题。

沃林来找我讨论比利时的战后赔偿问题，并草拟了一份备忘录。在我们交谈的时候，法国《时代报》的驻外记者菲利普·米涅打电话给我，希望我能注意到他写的关于阿尔及利亚刚刚进行的殖民地管理改革的报道。除此之外，莫斯教授也过来找我出去走一走。作为一名社会党人，莫斯教授谈到了菲利普·米涅，并猛烈抨击了法国的殖民统治。不过，他最后承认，米涅的父亲是一位杰出的殖民地管理官员，是他所认识的为数不多的诚实可靠的法国政治家之一。谈到这里，我才恍然明白两人之间的羁绊所在，于是转移话题。为了让莫斯教授从米涅的话题中释怀出来，我带着他看了一份为福煦元帅准备的、关于如何对付德国的机密备忘录。在不涉及机密内容的情况下,这份备忘录认为:应该确保让德国认识到它在1914年所犯下的错误;为了实现这一目标,必须巩固和加强德国国内社会党人的力量,他们是德国旧政权的坚定反对者。莫斯教授很担心,法国的军国主义分子可能在不知不觉中熟视无睹地玩弄德国军国主义分子们的把戏。

同沃林共进晚餐。我俩原计划利用晚上剩下的时间来研究比利时的边界问题,但米勒先生给他安排了工作,因而我俩的计划就此泡汤。

1919年2月3日,星期一

上午9点半,米涅先生来电。我之前曾将他介绍给雷·斯坦纳德·贝克,使他在《时代周刊》上写的文章在美国广为传播。我们约好明天中午共进午餐。之后,加拿大农场主联合会秘书兰伯特、加拿大司法部部长多尔蒂(C. J. Doherty)的朋友沃尔什(Walsh)先生分别来电,与我讨论了劳工问题与国际联盟问题。明天晚上,我将同多尔蒂先生共进晚餐。今天晚上,本打算同美国《科利尔》(Collier's)杂志记者马克·沙利文(Mark Sullivan)共进晚餐,但王正廷从中国大使馆打来电话,问我今晚能否与他共进晚餐,并同中国代表团的大多数成员见个面。

就在我穿好衣服准备赴宴的时候,有人通报英国陆军的巴蒂上校(Colonel Baty)到访。我告诉他,若他不介意,可在我穿衣服的时候,直接上来到我的房间。巴蒂上校原来是个年轻小伙子,米尔纳勋爵(Lord Milner)让他负责为前线的协约国联军组织和安排关于英美历史的讲座。我建议他将此事交给多伦多大学的乔治·朗教授(George M. Wrong)来负责,他是最佳人选。不过,他现在英格兰南部。我此前曾跟柯蒂斯提到过他。

与中国代表团共进晚餐的地点是在卢特西亚饭店(Hotel Lutetia)①。东道主除了王正廷博士外,还有中国驻比利时全权公使魏宸组(S. Wei)、中国驻英大使施肇基(Alfred Sze)、中国驻丹麦全权公使杨伟强(W. W. Yen)和中国驻美大使顾维钧。这是一群拥有高尚气质的年轻人,年龄均在四五十岁以下,拥有美国名牌大学的博士学位。坐在我旁边的施肇基博士毕业于康奈尔大学,杨伟强博士毕业于弗吉尼亚大学,王正廷博士毕业于耶鲁大学,顾维钧博士毕业于哥伦比亚大学。其他的宾客则来自希腊代表团。较之中国人的名字,希腊人的名字实在太长了。韦尼泽洛斯本打算来,但后来另派一名身上挂满了勋章的军官和一个我记不住名字的文职官员赴宴。随他们而来的秘书是一个年轻、机灵的希腊小伙,来自士麦那(Smyrna),曾就读于加拿大的麦吉尔大学,正在哥伦比亚大学攻读博士学位,后因战争而回到欧洲。

晚上,我约施肇基博士一起讨论了在巴黎和会上处理鸦片贸易问题的程序,还与王正廷博士一起筹划了关于水道与港口问题的提案。不过,最有意思的事情是与顾维钧博士之间的讨论。顾维钧在今天下午出席了国际联盟事务委员会会议,他向我介绍了作为中方代表团参会工作基础的草拟方案。

在此,我要向东方最古老的中华文明致敬,向西方最古老的希腊文明致敬,再向美国致敬。正是在美国这片土地上,中国与希腊的思想得

---

① 又译"吕特蒂旅馆",中国代表团总部住所。

国际联盟事务委员会合影
后排居中站立者为威尔逊,右四为顾维钧

以交融和共鸣!我让他们用现代汉语和现代希腊语在菜单卡片上为我签名。

1919年2月4日,星期二

上午,待在房间里。斯洛文尼亚的沃斯扎克博士来电。

中午,同菲利普·米涅以及雷·斯坦纳德·贝克、艾尔斯上校、杨格共进午餐。我们讨论了法国在阿尔及利亚的新殖民政策。法国人最近实施了一项新政,其中规定:若本地原住民放弃一夫多妻制,就可以获得法国公民身份。米涅提出了一个观点:法国的殖民政策不应按照英国人的标准来看待,而是可追溯至罗马人将公民权扩展到外省的理念。这意味着对殖民地原住民的更多承认。当一个人获得承认时,他就获得了更加完整的法国公民身份,这要比英国殖民地居民在英国统治下所获得的公民身份更胜一筹。

午餐后,《科利尔》杂志的马克·沙利文来到我的房间,与我一起讨论巴黎和会问题。昨天傍晚,我应中国大使和公使们邀请赴宴,而未能与他共进晚餐。他属于反对美国对亚美尼亚这类国家承担"托管"之责的那一派。他说,就在离华盛顿特区几英里远之处,还有许多人根本不会读书识字,他对于投票支持花美国的钱在亚美尼亚建学校毫无热情。美国国内已经有太多的事情要做了,所以他反对插手外部世界。他认为英国和法国是在逢场作戏,他不认为其国内的百姓已经准备好承担这些责任和义务。我花了一个小时的时间来为威尔逊总统辩护。

当沙利文跟我说话的时候,有人通报君士坦丁堡女子学院的米勒小姐(Miss Miller)来访。我到达接待室后,发现她与福特上校(Colonel Ford)一起来的。福特上校是巴尔干战争期间巴尔干地区红十字会的前负责人,现为布雷斯特医院院长,这所医院是难民汇集的重镇。我将他俩带到我的房间,坐下聊聊。米勒小姐于去年12月6日刚刚离开君士坦丁堡,而且精通土耳其语,所以对那里的情况了如指掌。作为我昔日的学生,她急切地想要告诉我她知道的所有消息,还跟我提到了艾哈迈德·埃明·比伊(Ahmed Emin Bey)。此人于1913年在哥伦比亚大学获得博士学位,现为君士坦丁堡一家报业巨头的总裁。我更期待,有朝一日,当土耳其代表团抵达巴黎时,能见到他的到来。

随后,与戴维·亨特·米勒开了个会。他刚刚被任命至水道、港口与铁路委员会(Waterways, Ports and Railways Commission)工作。我们聊了聊他的新任命以及调查团的领土研究报告。再后来,我乘坐出租车前往位于香榭丽舍大道 80 号杜法耶尔大楼（Palace Dufayel）的新闻总部。杜法耶尔大楼由巴黎富商乔治·杜法耶尔（Georges Dufayel）出资修建，是法国首家推出分期付款购物的百货商场。整栋大楼十分气派，但谈不上漂亮，这是我见过的最招摇炫耀的建筑，里面尽是空荡荡的房间、宽敞的画廊以及华丽的大理石与镀金装饰。如今，它已被协约国的通讯员和记者们占用。我是其中的名誉成员。在此，我见到了加拿大农场主协会秘书兰伯特、温尼伯自由出版社（Winnipeg Free Press）著名编辑约翰·达福（John Dafoe）和英国官员戈文先生（Mr. Gorvin）。作为加拿大官方媒体的代表，戈文先生向我们谈及加拿大在巴黎和会中的地位与角色。

杜法耶尔大楼的建筑虽然精致典雅，但用茶却不太讲究，这里的茶是用如粥碗一般大的茶杯来盛的。媒体俱乐部尚未成立。

和杨格一起去曼捷斯帝酒店共进晚餐。我们是应加拿大司法部部长多尔蒂先生之邀而来。他正在酝酿一个建立代表各国人民而非政府的国际立法机构的计划。汉密尔顿·霍尔特、弗雷德里克·豪和林肯·斯特芬斯（Lincoln Steffens）[1]在场，沃尔什先生（Mr. Walsh）、阿欣先生（Mr. P. T Ahearn）以及一名我不认识的法裔加拿大人也在场。多尔蒂先生是一位和蔼可亲的绅士，他将大英帝国宪章视为国际联盟的样板。但我认为，照搬一国宪章用于国际联盟不具可行性，因为国际联盟的问题与国内政府的问题截然不同，无法将传统的三权分立——立法、行政与司法权应用于国际联盟。现行的代表制机构应由一系列定期召开的特别会议组成，专门处理劳工、殖民地、交通与通信等具体问题。

---

[1] 20 世纪初美国著名的黑幕揭发记者，著有《城市之耻》。——译者注

晚上回到住所已是 11 点半了,但还得继续工作,完工后却失眠了,脑子里想着和会是否有所进展,直到凌晨后方入睡。

1919 年 2 月 5 日,星期三

一整天都在我的房间里工作。多伦多大学前校长、俄勒冈州里德学院现校长科尔曼(Coleman)先生来访,给我捎来了纽约家人的消息。他刚刚接受了基督教青年会的工作,目前住在凡尔赛宫。我挽留他一起吃晚饭,法拉比上尉(Captain Farabee)和比尔也一块来了。比尔与法国殖民部部长亨利·西蒙进行了会谈。我想,他在一定程度上是能够影响法国的殖民政策的。他过来告诉我关于会谈的事情,但在场的人实在太多了。

1919 年 2 月 6 日,星期四

一整天都待在自己房间里。天气寒冷而潮湿。上午口述书信,下午整理文件。在资料室会见了来自《新共和》杂志的布兰肯霍恩(Blankenhorn)上尉。他从总指挥部过来,告诉我沃尔特·威尔(Walter Weyl)已经乘船去欧洲了。他赞同大家的普遍看法,倾向于支持英国。布鲁斯特(Brewster)来访,带我去拜访法兰德夫人(Mrs. Farrand)。她的丈夫是科罗拉多大学现校长利文斯顿·法兰德(Livingston Farrand)。[1]

---

[1] 法兰德后来担任康奈尔大学校长。布鲁斯特教授则是巴纳德学院的教务长。

利文斯顿曾担任过哥伦比亚大学校长,现在法国负责反肺结核运动,已有两年时间了。法兰德夫妇在香榭丽舍大道上租了一套公寓,租约上有一条规定:当军队凯旋并沿着香榭丽舍大道进入巴黎时,房东有权保留窗户不予出租。房东还告诉法兰德他,也可以以 2 400 法郎的价格卖掉这些窗户。在我看来,这个价格抵得上两个月的房租了。

回到住所,同哥伦比亚大学的两位同事——约翰·厄斯金(John Erskine)和布鲁斯特在克里翁酒店共进晚餐。厄斯金现为法国新成立的哈基大学(Khaki University)校长,他提出了一系列超棒的计划,那就是向这里的士兵提供各种各样的文化课程或应用型课程,并在港口和军营开办短期的农民讲习所、技术培训班。他还接管了法国中部山区一家业已倒闭的医院,在这里招收了 12 000 名士兵,并将之变成了一所大学。他希望我能去那里讲课,但那肯定不成。由于人手有限,他们不得不从军队中招募教员。不过,大约有 3 000 名士兵被允许离开军营,进入英国大学念书。当我们商量完这一新的教育计划时,时间已经到了午夜 12 点了。

1919 年 2 月 7 日,星期五

服务员告诉我,由于暴风雪,酒店无法提供牛奶。如果遇到一场真正的暴风雪,法国会怎样,这真的很难说。屋顶的斜坡上确实落了一层 1—2 英寸厚的雪,大片的雪花缓缓飘落,在屋檐处渐渐融化。

上午,一直待在自己房间里。最近,我一直忙于各种问题,一会儿是君士坦丁堡问题,一会儿是多瑙河问题,一会儿是非洲殖民地问题,

一会儿又是国际联盟或劳工问题。我在资料室有一批很能干的工作人员，所以我无须为此操心烦恼。我的房间里有两张写字桌和两部电话。大部分时间，我都在自己房间里工作。除了日常使用的巴黎城市电话网外，美国陆军通信兵部队（American Signal Corps）还在克里翁酒店架设了电报线缆，以便我们与美国军方的通信站保持联络。他们还将电缆牵到了曼捷斯帝酒店和阿斯托利亚酒店的英国人那里。这些电缆沿着走廊，布在天花板下，让克里翁酒店给人一种被军队占领的独特印象。

伯纳德·弗莱克斯纳（Bernard Flexner）先生和雅各布·德哈斯（Jacob de Haas）先生来访。他们带来了一份关于犹太复国主义者诉求的秘密声明。这些诉求都将在巴黎和会上被提出来。弗莱克斯纳先生是一名芝加哥市的律师，也是亚伯拉罕·西蒙·弗莱克斯纳（Abraham Simon Flexner）①的兄弟。我们讨论了托管制度所涉及的法律问题，并打算在星期天再次谈论该话题。

在协约国联盟俱乐部吃午餐。我已被选为该俱乐部的会员。罗斯柴尔德男爵（Baron Rothschild）的住宅已被交付给英、法、美三国的军官使用。两个餐厅里都坐满了人。我和巴蒂上校围着一张小桌子坐下，在此讨论米尔纳勋爵为他提供的协约国联盟教育计划。巴蒂其实是一名年轻的正规军中校军官，颇富魅力。大战爆发前，他正在印度修建水电站。在殖民地历史方面，他知之甚少，还有不少有待学习。我建议，与其让小伙子们不厌其烦地去学习乔治三世或 1812 年战争，不如让他们知道国际联盟的托管制度究竟要做些什么，让他们了解英国与美国的制度，从而弄清楚哪些制度是两国共有的和有待坚持并发扬光大的。

---

① 美国著名教育批评家和改革家，1930 年在普林斯顿大学创办了举世闻名的"高等研究院"并担任首任院长。——译者注

当我离开的时候,他又开始规划起自己的学习课程。这件事真不值得鼓励,小伙子们真正需要的是实用知识。

下午,在阿斯托利亚酒店拜访了英国海军情报部门负责人艾夫斯司令(Commander Eves),以便获取英国专家写好的手册。我所遇到的艾夫斯是一副威严、冷静的军官形象,其卓越的指挥能力给人留下深刻的印象。我发现,英国人弄丢了他们自己的一些手册,因为我手中的一些英方资料在阿斯托利亚酒店中居然无记录可寻,这让我感觉有些好笑。

天气变得十分寒冷与潮湿。软软的雪花从空中飘落下来,牢牢地挂在树上,铺满了堆放着战利品的香榭丽舍大道的沿街地面。我无暇出去享受这一美景,因为我必须工作,一直工作。在这种会议期间,当然会有一些时光是被虚度的,但那些最重要的成果往往是那些举棋不定的人们随性所至的交谈而产生的。我有时会想,调查团中的我们,或者说我自己,所做的事情是否真的有价值。我们努力地转动车轮,但是遇到了如此之多的障碍。可是,没人知道答案。3月就快到了,4月将会为光秃秃的山坡重新铺满绿色。一切都在继续向前走,我们必须留在巴黎,缔造和平。我所怀疑的是,我们是否能够在初夏来临前完成这个任务。

1919年2月8日,星期六

一整天都待在房间里工作。晚上,我们当中一部分未承担各国边界研究任务的人聚在一起吃了晚饭,然后去了杨格的房间,与那些负责解决领土问题的人一同讨论我们工作之间的联系。领土问题真切地摆在我们面前。虽然调查团的工作被认为是主要致力于处理领土问题，但领土问题的本质实际上是一般性的历史学和经济学问题。梅泽斯博士不向豪斯上校汇报这些一般性的问题，所以有时我们感到"曲高和寡"。尽管批评之声如潮水般涌上心头，我们最终还是决定一如既往，坚持下去。大家患上了感冒，每个人都闷闷不乐。

马尔科姆·德莱文涅爵士和英国劳工部助理部长巴特勒先生来访，为我们在劳工领域做些实事带来了更大的可能性。他俩在上午来到我的房间，请我帮他们确定各自所在委员会的政策路线。

1919年2月9日，星期日

天气晴朗，依然寒冷。阳光洒在窗户上，火炉欢快地燃烧着。我的病好得差不多了，能和往常一样在上午工作了。同比尔和掌管法国物资供应部门的一位上校军官共进午餐，对军方事务有了更多了解。

整个下午都待在自己房间里，与伯纳德·弗莱克斯纳先生一起讨论一份关于犹太复国主义、将被提交至和会的文件。文件最初是由弗莱克斯纳先生起草的，但我建议他在其他人对文件进行改动之前，将它拿回来加以修订，因此他回来想听听我的意见。他说，文件已在英国当局和埃米尔·费萨尔处获得通过，既然英方和阿拉伯人都无异议，巴黎和会似乎没什么要做的，不过是将其正式颁布为法令。我们以法律工作者的身份交谈，他开玩笑邀请我去耶路撒冷，作为支付给我的法律顾问费。埃米尔·费萨尔曾邀请我去离麦加不太远的地方，弗莱克斯纳的邀请可真是更胜一筹啊！

晚上，两位斯洛文尼亚代表——佐尔加博士（Dr. Zolgar）和沃斯扎克博士应邀做客，与我们共进晚餐。我和米勒想和他们讨论下多瑙河至亚得里亚海之间的交通通信问题。在晚宴即将开始前，米勒从豪斯上校处打来电话，说他遇到了急事，赶不过来了。塞尔维亚代表团中的克罗地亚领导人特伦比奇（Trumbic）也在最后一刻表示不能赴宴。于是，杨格、比尔和安德森加入我们当中。晚宴结束后，我们几个回到了我的房间，相谈甚欢，直至深夜。佐尔加博士会说法语，但不太流利，很多字句明显是根据德语翻译而来。比尔在餐厅时斗胆说了几句德语，但被我们很快叫停了，以免别人从他说的德语中得出错误的结论。关于国际铁路和自由港的大多数讨论不过是纸上谈兵。只要达成国际交通协定，就可以解决大宗货物的商业运输问题。美国有从纽约州中部穿过加拿大南部到达李海（Lehigh）的铁路，以及横穿缅因州的大干线（Grand Trunk）铁路①，这就是我们的经验。为什么美国人要在国际铁路问题上犹豫不决呢？真是令人费解。

1919 年 2 月 10 日，星期一

上午，照常在我的房间里工作。比尔、我以及劳合·乔治的私人秘书菲利普·科尔到位于尼托特大街（Rue Niot）的英国首相住所共进午餐。从这里，我们可以俯瞰静谧的伊塔兹-尤尼斯广场（the Place des

---

① 加拿大大干线铁路公司在北美东部建设的铁路线，1919—1920 年因财务困难被加拿大政府接管，归于加拿大国家铁路公司。——译者注

Etats-Unis)。我俩在门口碰到了科尔，然后被带入这座豪宅。接待厅中有一幅英国画家约翰·霍普纳（John Hoppner）创作的巨幅肖像画，客厅的墙壁上则挂满了盖斯伯勒（Gainsboroughs）、劳伦斯和古代英国大画家的画作，以及一些昂贵的绣帷，无一不是珍品。科尔介绍道，这里本是米切勒姆（Mitchelham）夫人在巴黎的寓所，在战后被借给英国首相暂住。劳合·乔治先生已被召回伦敦出席英国议会，米尔纳勋爵来到巴黎，接替了他的职位。过了一会儿，莫里斯·汉基爵士也加入我们当中。汉基爵士是一名身材不高、动作敏捷、文职秘书样貌的军人，自1917年"帝国战时内阁"（Imperial War Cabinet）组建以来一直担任秘书。"帝国战时内阁"的前身是一个不太惹人关注的机构——"帝国防务委员会"（Committee of Imperial Defence），在大战时期是掌控大英帝国全部资源的最高权力机关。作为秘书，他参加了历次帝国会议和协约国联盟会议。我听人说此所知机密甚多，且有写日记的习惯。

过了一会儿，米尔纳勋爵也加入我们当中。我们围在火炉前取暖，然后去隔壁房间坐下来吃午饭。大家一致赞同，在解决帝国事务方面，米尔纳是大英帝国官员中最有才干的人。无论在举止还是外表上，他很容易让人想起伊莱休·鲁特（Elihu Root）[①]，但米尔纳的额头更加饱满，脸庞也没那么方正。他冷静寡言，气场很强，每次发表意见时言辞谨慎，好似一位深邃的律师。自然地，我们谈到了目前正在巴黎和会上讨论的国际联盟。对于托管制度在不同条件下应如何落实，以及该制度是否能够被纳入"世界政府"这一政治理念的大框架下，大家都备感困惑。有一点我可以说，那就是这一制制度并不适用于外交领域。米尔纳勋

[①] 西奥多·罗斯福时期担任美国国务卿，1912年获诺贝尔和平奖。——译者注

爵认为,英国在殖民地管理方面有成功经验,但对土著居民的管理确实十分困难。在他看来,殖民地管理有两个任务:一是管理与统治者智力水平相当的被统治者(即来自宗主国的拓殖居民);二是管理当地的土著居民。两项任务大相径庭,几乎不能被视为同一种类型的殖民化。后者是如此艰难,以至于他也想知道,英国或者其他国家是否能够成功。

治国之道的最高智慧在于,对于一个有能力但欠成熟的民族,其自治权应该处于怎样的水平、在多大程度上被承认。米尔纳勋爵说,当被统治者开始以抽象的方式表达他们对宪法及其制度组织的诉求而非自我的时候,他们被赋予自治权的临界点就快到了。只要被统治者相信殖民地政府官员及其个人决定的规则,殖民地的管理往往非常成功。较之专业技术知识,这样的殖民地政府更需要的是可靠品格与普通常识。那些离开英国前往殖民地管理土著部落的年轻人大多毕业于英国公学,仅仅学过数学和人文知识,尤其是古典学。这些人在管理殖民地方面的大获成功是一种奇怪的悖论,但并不令人费解:由于自身地位与种族偏见,他们自然而然地采取一种超然的立场,并具有一种与生俱来的优越感,而土著民族很容易将这种优越感视为其个人领导才能的标志。米尔纳勋爵又说,随着教育的发展,殖民地管理中的第一个阶段正在慢慢结束,他从不指望这种旧式的殖民制度能够长久持续下去。我问米尔纳勋爵,对于刚才提到的殖民地管理中的第二个阶段,也就是被统治民族开始以抽象的方式来思考问题的阶段,他是否能做出更加准确的定义。他回答,他没有确切的办法来定义它,但可以这样讲,第二个阶段指的是被统治民族开始以书面的形式提出保障其权利的正式要求之时。米尔纳勋爵还说,转折点可能会在土著民族真正接受他们所要求的改革之前出现。不过,即便他们没有准备好或尚不能真正接受

119

宪政政府，一旦他们不再将统治者的个人能力视为维持统治者与被统治者关系的基础时，他们就有可能推翻旧的、个人独裁式的殖民政府。

吃午饭时，我们相谈甚欢，时间过得飞快。尽管科尔告诉我米尔纳勋爵下午还有约要赴，但离开我们饭桌时已经2点半了。我想，我们并未搅扰他太多，毕竟他并不是那种宽于待人的外交官。

离开后，我们驱车前往位于阿斯托利亚酒店的英国总部，与珀西勋爵开了个会，并解决乔治·比尔手上的一些非洲问题。

1919年2月11日，星期二

中午，同基督教青年会负责人卡特（Carter）共进午餐。科尔曼打来电话，希望我能找一些关于法国女性在军需行业所做贡献的资料。为此，我给拉扎德夫人打了个电话。她邀请我俩一同前往，共进晚餐。她在电话里告诉我，拉扎德先生正在同法国劳工部合作，为巴黎和会准备一份国家劳工立法计划，我欣然接受了她的邀请。

晚餐是一次静谧而舒心的家庭聚餐。我很享受，也有所收获。没有车来接我们回去，最近的地铁站有两千米远。于是，我们沿着布洛涅森林，在冬日的月光下缓缓步行，地上为雪，脚下是冰。

1919年2月12日，星期三

上午，与一位名叫卡尔（Carl）的英国外交部专家开了个会，讨论了斯皮茨卑尔根(Spitzbergen)问题。卡尔先生是一位商人样貌的绅士,对他所接受的任务不甚了解,可他居然要负责整个俄罗斯问题。

中午,与柯蒂斯、拉帕德、谢泼德森(Shepardson)①和比尔共进午餐,讨论国际联盟这一老生常谈的问题,我脑子里主要在考虑瑞士的困难。

午饭后,我和沃林翻阅了他关于比利时诉求的备忘录,做了一些修改。

4点半,来自君士坦丁堡的米勒小姐来和我一起喝下午茶。她说,战时的君士坦丁堡如一潭死水,人们根本不清楚发生了什么,对此也漠不关心。在她看来,总的来说,君士坦丁堡变成一个十分糟糕的地方。这从她对萨洛尼卡(Saloniki)的描述中可见一斑。英国人曾在这里创造奇迹:他们修筑了通向四面八方的铁路,还建造了至今车来车往、川流不息的高速公路。如今,医院遍地,疟疾丛生。这里的军队一度有3万多人,如今乡村凋敝,城市焚毁,只留下一个不错的海港小镇,从此远望,可以看见积雪覆盖的山脉。

傍晚,同比尔和哈斯金斯共进晚餐,讨论比利时方面的诉求。同明天要启程返回美国的马克·沙利文聊天。之后,与米勒一起校对巴黎和会中的核心文件——《国际联盟盟约》的草案(即"米勒-赫斯特草案"[Miller-Hurst draft]),一直工作至凌晨1点半。

---

① 全名惠特尼·哈特·谢泼德森(Whitney Hart Shepardson),1909—1910年获得罗德奖学金赴牛津大学贝利奥尔学院留学,"一战"时期担任美国战时航运委员会的法务代表,战后作为豪斯上校秘书赴巴黎,和会期间担任《国际联盟盟约》起草委员会的秘书,"二战"期间则出任美国战略情报局(今中央情报局)的情报处处长。——译者注

1919年2月13日,星期四

整个上午都待在自己房间里工作。11点,前往访客协会(Society of Visitors),将我的旧大衣捐给了难民。走过大桥,穿过杜伊勒里花园,返回住所。这是近一个月来我头一次因私事而外出。

当我从安静的杜伊勒里花园走出来的时候,整个人焕然一新,如同刚刚逃离监狱一般。这真是一个美丽绝伦的花园啊!尤其是冬天的时候,白雪的映衬下矗立着一排排整齐的树木,但我总是不禁同情起冬日花园中的裸体雕像。我在大街上逛来逛去,买了几条衣领子。在午餐时间回到住所去见菲利普·科尔。午餐时,科尔、比尔和我从积极角度聊了聊世界的前景。

2点45分,我与韦斯特曼(Westermann)上了一辆车,一起去参加讨论叙利亚命运的"十大国"会议。一辆小型道奇牌军车轻松地驶过法国外交部大门口的岗哨,直接开上了西边的台阶,门卫正在那里等候我们的到来。韦斯特曼曾此前来过这里,所以我们大步向前,登步梯去一楼,存放好我们的帽子与外套,然后经过一排全部装饰有红色家具和巨大烛台的富丽堂皇的房间,来到了会议室前厅。米尔纳勋爵已和他的助理们在前厅的大型壁炉前交谈多时。贝尔福进来后不久,阿诺德·汤因比先生(Arnold Toynbee)和奥姆斯比·戈尔少校(Major Ormsby Gore)走到我和韦斯特曼面前,和我俩聊了一会儿。接着,七八个叙利亚人走了进来,兴高采烈地向韦斯特曼问好。大约1分钟后,威尔逊总统和兰辛先生来了,两个矮矮胖胖的法国人——总理克里孟梭和外交部部长毕盛先生从另一扇侧门走进来,和他俩握手。后来,我在会议室里更加清楚地一睹他们的真容。房间南边的门打开了,大家一起向那边走去。国务院官员安排我们坐在房间的南边,就在威尔逊总统身后。

我估计会议室的面积有 40×60 英尺那么大,天花板很高,墙壁的下边是雕刻而成的橡木踢脚线,门上的木雕嵌板一直延伸至天花板,雕刻得栩栩如生。房间的那边有三扇大窗,窗帘是丝质的。一个大型青铜灯架挂在房屋中间一根沉重的链子上,但屋内的主要装饰是墙壁上半部分所嵌的一组哥布林(Gobelin)挂毯,挂毯上所织的画面描述的是亨利四世的家庭生活。一排高背软垫的高级座椅摆在房间里,它们的前面有几张桌子,后面则有一排普通座椅。全权代表和他们的秘书们相隔不远,韦斯特曼和我则是威尔逊先生和兰辛先生所倚重的两位专家。每当有问题冒出来的时候,我俩或许可以提供一些参考信息。韦斯特曼在巴黎和会的关键时刻确实提供了一些极有价值的东西,而我完全是一名旁观者,贡献甚微。

克里孟梭将他的桌子摆在壁炉前,背对着烟囱。他的左手边还摆了一张桌子,以供被传唤而来的证人就座。他的翻译——芒图教授坐在克里孟梭的右边靠后一点的位置,毕盛先生则挨着芒图而坐。我挨着威尔逊总统身后的墙壁而坐,必要时会靠近一些,以便能够与总统低声交流。美国代表团的旁边是英国代表团,前面坐高背椅的是贝尔福、米尔纳和比卡内尔王公,坐在后面的是莫里斯·汉基勋爵、阿诺德·汤因比先生和奥姆斯比·戈尔少校。随后走进来的是牧野男爵和另一个日本人。坐在角落里的是桑尼诺和奥兰多,身后跟着意大利的秘书人员。右手边的角落里,坐着英国和美国代表团的秘书人员。全权代表们的座位对面,则是一排叙利亚代表的座椅。在右后方的角落里,是一群法国代表团的秘书人员,正对着我们。

我的视线正好被威尔逊总统的头挡住,但透过他的肩头,我可以看到兰辛先生在做一件每次开会时都会用来打发时间的事情。他用左手在自己膝盖上的写字板上给在场的其他人画素描像。他的素描手法一流,能准确地捕捉到克里孟梭的姿态。毕盛奔拉着的小胡子以及不太方正、表情呆滞的脸也引起了兰辛的注意;他的画像看上去十分阴沉,闷闷不乐。不过,画得最有趣的还是克里孟梭的形象了。在会议室里,他不再是战争时期我们印象中的坚毅刚强的硬汉——战场上的"胜利之父"(Pere Victoire),也不是众议院辩论中的"老虎",而是一个看上去平易近人、穿着讲究的资本家,戴着一双略显浮夸的淡黄色手套。①他靠在椅背上,半躺半坐,双手搭在扶手上,眼睛望着天花板,让人误以为他不怎么听人说话。可如果有什么值得注意之处,他会立刻回过神来。这种装出来的、略带欺骗性的无精打采,可能是他在议会时养成的一种自我保护的习惯。克里孟梭有两点特别引人注目,一是他的眼睛,二是他的嗓音。他的眼睛又大又黑,流露着善意,但并非单纯。他的目光看起来是值得信任的,但又有所隐藏,这倒不是说他不诚实,而是说另有深意。因此,通过这双深邃而令人迷惑的眼睛,人们很难弄清楚克里孟梭在多大程度上赞同或者反对。另一件引人注目的是他的嗓音。我原本以为,克里孟梭的嗓音应是尖锐的、带有金属质感的,但实际上却带着一种丰富而伤感的调子,难以形容,虽不洪亮,但很有节奏,或多或少让人想起一个老人沙哑破碎的声音,具有极强的穿透力。他不是一个拘泥作态的人。在宣布会议开幕之前,他忙个不停,几乎坐不下来。在忙完一些常规事务后,他宣布:贝鲁特学院(Beirut College)校长布利斯(Bliss)将就叙利亚问题向各国代表发表讲话。随后,他从座椅上站起来,亲自将布利斯迎到自己的座椅上。布利斯相貌不凡,高高瘦瘦,典

---

① 我从不知道他戴手套的原因。阿尔伯特·托马斯开玩笑的说这是为了隐藏他的虎爪。

型的美国佬形象，一看就是个大学校长。贝尔福从一开始就对这一切感到不耐烦。有时候，他看上去好像睡着了，但一旦有人所说的言论影响到英国的利益与荣誉时，他会顿时状态上线，这说明他实际上一直在听。他在插话时，声音的最初特点是带着一种措辞温和、表示歉意的语调，但若他未得到自己想要的答复，他的声音中原本的特点便不复存在了。于是，到了后来，当一件对他而言足够重要的事情——哪怕纯属"琐事"发生时，他会发出一种与之前截然不同的声音。他不再是那个悠然自得、深思熟虑的聆听者，而是将自己的强硬表露无余，与他平时那种漫不经心的说话方式形成了鲜明对比，展露出此人的掌控力。在贝尔福插完话后，米尔纳也接着说了一些大同小异的话，语气也差不多，这倒符合米尔纳一贯的说话和处事方式。

在布利斯校长讲完后，轮到叙利亚的代表们发言了。叙利亚代表团的团长是谢克里·加内姆（Chekri Ghanem）。这是一位戴着眼镜、留着分叉的灰白色长胡子的阿拉伯绅士。他读了一篇内容冗长的陈情书，前后用了两个半小时才完成发言和翻译。就在他刚开始发言时，韦斯特曼给威尔逊总统递了一张纸条，告诉他谢克里·加内姆在过去35年里根本就不是生活在叙利亚，而是法国。这张纸条足以摧毁威尔逊总统对谢克里·加内姆这通内容冗长、沉闷乏味的演讲的全部兴趣。过了一会儿，威尔逊总统从座椅上站起来，缓步走到房间的另一边，双手背在身后，凝望着窗外，此番举动显然让法国人感到不安。克里孟梭侧身对毕盛窃窃私语，当时我坐在后排正好听到了他们之间的悄悄话。克里孟梭愤怒地问："你叫这个家伙（指谢克里·加内姆）来干吗？"毕盛摊开双手无辜地说道："我哪里知道他会这样。"

即便说得好听点，谢克里·加内姆的发言也是在浪费时间。当这个叙利亚人讲到一半的时候，他表示歉意，说也许自己发言时间太长。克里孟梭就此打断，与委员会的成员讨论是否应该继续听完他的全部发言。当他们在讨论的时候，谢克里·加内姆紧张不安地看着房间里的人，刚刚读完的几页纸不小心从指间滑落到下面那堆尚未宣读的发言稿上。最后，在克里孟梭彬彬有礼地表示他最好将发言稿宣读完后，他将所有的发言稿合在一块，往后翻了大概 3 页，继续宣读起来，显然根本搞不清楚自己之前究竟读到哪里了。谢克里·加内姆说，叙利亚人宁愿被土耳其人瓜分，也不愿被英国统治。这番言论令人备感难堪，简直是在考验委员会成员们的耐心。

他们容忍谢克里·加内姆继续讲完的原因在于，通过让叙利亚人向委员会倾诉而让其心满意足，从而满足他们调解叙利亚人这一特殊群体的需要。当你想到巴黎现有多少个这样的群体时，就会明白巴黎和会的主要任务是多么艰巨。不过，在过去的 10 天里，国际联盟事务委员会已经成功地起草了欧洲历史或者说世界历史上最重要的文件（指《国际联盟盟约》草案），并以这种倾听的方式而得到了各方的一致认可。

叙利亚人讲完后，克里孟梭正要结束会议，威尔逊总统站了起来，以一种小心试探的口吻表示：他想提醒委员会注意某些其他问题。他说，他曾向一个妇女代表团允诺，将提议巴黎和会考虑女性特别关注的问题，但他不确定委员会是否认为他有权这样做。这时，会场上出现了片刻的沉默。后来，克里孟梭说道："但我们已经在国际劳工委员会上提出了这些问题了。"威尔逊回答说，他所考虑的并不仅仅是这些。克里孟梭打断了他的话，尖锐地感叹道："啊，难道说的是女人的选举权吗？"威尔逊承认，这是他想提议讨论的问题之一。克里孟梭则表示，他个人对女人参政很感兴趣，但巴黎和会并非讨论这个问题的场合，因为它属于国内立法的范畴。威尔逊又说,他并非敦促此事,只是觉得自己有责任提醒大家注意这个问题。随后,一件有趣的事情发生了。委员会的每位成员似乎都觉得自己有责任说点什么。贝尔福率先发言,说他已为妇女选举权之事奔走很久了,而自己的妹妹福塞特夫人(Mrs. Fawcett)则是英国妇女选举权运动的主要先驱之一。[①]不过,他和米尔纳都同意克里孟梭的观点,即巴黎和会并非讨论妇女问题的地方。奥兰多没说什么,桑尼诺则表示,他曾在最艰难的政治条件下为意大利妇女争取选举权而呼吁,但他也承认,妇女选举权问题属于内政问题,不应纳入和平条约。当所有人都在发言的时候,坐在后排的日本人显然也觉得自己有必要说点什么。牧野男爵用英语讲了几句话,赞赏了女性在文明进程中所发挥的作用,但他同样认为,这里不是讨论女人政治权利的地方。克里孟梭懂英语,但听不懂日式英语。等牧野说完后,克里孟梭用一种类似于质问桌子一头的小孩子在说什么的口吻,对毕盛说:"这个小子在说什么?"克里孟梭说话的声音很有穿透力,我敢肯定被牧野男爵听到了。克里孟梭并非令人敬重之辈,但此人精力充沛,行事迅捷,总是尽可能快地推动事情的发展。无论在会议开始时还是结束时,他都没有任何客套虚礼。

在会议结束的时候,米尔纳勋爵走过来与我握手,聊聊此会,兰辛表露出些许惊讶。毕竟,除了回避不了的私人往来,他对我们这些专家总是置之不理的。

我步行返回住所。虽然才傍晚 6 点半,月亮已经升起,朦胧的亮光映照在协和广场上那湿漉漉的人行道上,让人想起埃德温·斯科特

---

① 此处有误,福塞特夫人并非贝尔福的妹妹。

(Edwin Scott)在巴黎所拍摄的电影《暮色》(*Twilight*)中的一幕。塞纳河上往来的船只很少,但当我走过大桥的时候,一艘拖船拉着一组驳船穿桥而过。两三名驳船船员操控着手中长长的船杆,以免船只撞上桥墩。还有几名塞纳河钓鱼者在河畔耐心地等待着。他们时常在那里,但我从没见过他们钓到过鱼。

下午原本有个很有意思的聚会,拉帕德(Rappard)以及英国工党的德莱文涅和巴特勒本来与我相约一起喝下午茶,并讨论瑞士的劳工方案。拉帕德是一个热情而富有同情心的学者。由于外出开会,我不得不取消这次聚会。

傍晚,同比尔共进晚餐,还有一位来自俄亥俄州的美国国会议员。他去了趟伦敦,又乘坐飞机返回巴黎。我想,总有一天我也要像他一样旅行。之后,我来到比尔的房间,向鲍曼和梅泽斯讲述了下午开会的事情,一直聊到晚上 11 点。后来,鲍曼提到,斯匹茨卑尔根备忘录应于明早早餐时间准备好。于是,我结束了今天的事情,回到自己的房间处理斯匹茨卑尔根问题,并在临睡前亲自用打字机写了一份建议书。①

工作无比充实的一天。

1919 年 2 月 14 日,星期五

今天的大部分时间都忙于日常工作。来自南斯拉夫的国际法专家帕塔米(Pitamie)博士来电,我和他有约,他想使用我们资料室中的图书。

---

① 斯匹茨卑尔根(Spitsbergen)为挪威斯瓦尔巴(Svalbard)群岛中最大的岛屿,靠近北极。该备忘录建议将斯匹茨卑尔根作为国际联盟授权的托管地交给挪威。——译者注

莫斯教授带来了西芒德教授(Simiand)，后者是法国索邦大学最杰出的教授之一，既是一位经济学家，也是一位社会学家。摩斯教授带我们去了马德琳教堂后一个不错的专门料理牡蛎和猪排的小餐馆。我们在那里聊得很愉快。西芒德教授沉默寡言，虽然很低调，但极富学术气质。

下午，待在我的房间里。国际联盟的重要会议也于今天下午召开，但参会门槛很高。①除了鲍曼以外，"调查团"中的其他成员无一参会，不过鲍曼也不过是运气好，临开会前才接到参会通知。因此，我们的工作人员都没有目睹这场终极表演。

5点钟左右，出生于叙利亚、现为波士顿唯一神教派牧师的里赫巴尼(A.Rihbany)博士为了叙利亚的利益来拜访我。他对我所讲的事情令人印象深刻。他希望美国能对近东地区有所承诺。我邀请他和比尔、韦斯特曼共进晚餐。在他离开之前，我们帮他与英国方面和布利斯博士取得联系。在他离开后，我与比尔继续讨论了国际联盟问题，并从鲍曼那里了解了今天下午国际联盟会议上的情况。

半夜12点至凌晨1点，我将外交之事抛在脑外，度过了我的巴黎岁月中最美好的时光——阅读大卫·格雷森(David Grayson)的《心满意足的冒险》(*Adventures in Contentment*)。

1919年2月15日，星期六

和比尔一起去了位于阿斯托利亚酒店的英国总部，帮助英国的利

---

① 威尔逊总统在此会上公布了《国际联盟盟约》（草案），这或许是他一生中最辉煌的一天。会议结束后，总统乘坐"乔治·华盛顿"号启程返回美国。从2月14日到3月14日，他离开美国在巴黎待了整整一个月。

比亚问题专家胡格森(Hugessen)先生制订会议计划。

晚上，应《艺术与文学》杂志的特别邀请，和索邦大学的利希滕伯格教授共进晚餐，他想和我讨论"法国战争史委员会"(French Committee of the History of the War)的工作计划。他们已经成立了一个全国委员会，与战争博物馆(Musee de la Guerre)合作，致力于保存和研究从古至今的战争史。现在，他们希望能与美国的类似机构、组织建立联系。这自然让我十分感兴趣。我们在达成建立合作的一致理解方面取得了很大进展。这次晚宴是为了欢迎胡佛先生的到来，但他不太会讲话。之后，法国商务部部长克莱门特(Clementel)作为主持人，将"荣誉军团司令勋章"授予美国供应管理局(American Supply Service)局长道威斯将军。克莱门特将绶带戴在道威斯将军的脖子上，绶带下方挂着一枚大大的勋章。克莱门特俯下身去，用法国礼仪方式亲吻了将军的两颊，这明显使将军感到尴尬。随后，他们在弗兰克·西蒙兹(Frank Simonds)的外套上别上了一个较小的装饰物。西蒙兹最近在《论坛报》(*Tribune*)和伦敦《泰晤士报》上发表的文章引起了法国人的注意。道威斯将军与西蒙兹则都做了简短的发言。

1919 年 2 月 16 日，星期日

下雨了，像三月天。在杜伊勒里花园里散步，凄清而荒凉。2 点过一点的时候，我走到了巴黎最大的礼堂——特罗卡德罗(Trocadero)，去观看法国退伍军人协会庆祝凡尔登保卫战一周年的典礼。礼堂的台上坐着一排将军，凡尔登主教和另一位演讲者发表了讲话。接着就是音

乐表演,大部分是古典音乐,以及一些莎士比亚歌曲。这些形式比我原以为的爱国主义演讲和辩论要令人印象深刻得多。法国军乐团所演奏的音乐与我国的完全不同。他们使用更多的是木制乐器,而且音乐内容更加丰富和甜美。我站在一群许多穿着军装或黑色服装的观众之中,为现场的情绪所感动。最美的一幕是法国最优秀的4位竖琴演奏家同台拉响了4架竖琴,其技法炉火纯青,如同在弹一架超大的竖琴。当他们弹起哈塞尔曼(Hasselman)的曲子《帕特鲁伊》(*Patrouille*)时,你可以听到军乐团所演奏的进行曲以及在场军人们的轻声吟唱——至少我是听到了。

1919年2月17日,星期一

上午,做了一些日常工作。午餐时,讨论了叙利亚问题。里赫巴尼博士(Dr. Rihbany)应我之邀请,会见了劳伦斯上校和柯蒂斯先生,以便通过权威渠道,从他们那里了解阿拉伯人和英国方面的计划。比尔也来一起吃午餐,柯蒂斯则请来了美国生物学家露丝·德雷珀小姐(Ruth Draper)。德雷珀小姐将于晚上在曼捷斯帝酒店举行演讲,邀请大家前去参加。我没有去,而是在茉黎斯酒店和米勒先生共进晚餐。我们讨论了过去两周发生的事情,我从中了解了起草《国际联盟章程》(*Constitution of the League of Nations*)的详细情况。米勒和我都是孤身一人,于是开诚布公地谈到了晚上11点之后。米勒是一位国际法问题专家,过着我所听说过的最艰苦的生活,大部分时间都得工作到凌晨,而且还得在第二天与办公室里的其他人一起工作。不管当天的和会会议开到多晚,他每天都会将会议记录和有待讨论的文件打印出来,并在第二天上午9点之前分发出去。

天气一直阴冷多雨。欧洲南部的冰雪比近几年都多。

1919年2月18日,星期二

一整天都待在房间里处理日常工作,下午给家人写信。晚上,步行前往杜法耶尔大楼的媒体俱乐部(Press Club),同沃尔特·威尔(Waiter Weyl)、前纽约港移民委员会专员弗雷德·豪和普林斯顿大学的马歇尔·布朗教授(Marshall Brown)共进晚餐。布朗教授之前一直在巴勒斯坦,刚从君士坦丁堡回到巴黎。在君士坦丁堡期间,他曾有机会面见苏丹,禀明实情。他即将前往布达佩斯报告匈牙利的情况。布朗和我,加上豪,一整晚都在同威尔争辩,让他不必过度担忧。威尔认为,如果我们要求德国人付出应有的代价,很可能对他们造成过大的伤害,因为德国老百姓不应对战争负责。作为美国代表团成员,豪曾在前往叙利亚途中去过意大利东南部城市布林迪西(Brindisi)。后来,他觉得自己可能会沦为某个别有用心的政府的工具,于是抗命回来了。我们沿着香榭丽舍大道步行回到住所。月光透过缓缓飘过的云朵洒在树梢上。一群美国军人也正在往回赶路,最后赶在晚上10点45分大门关闭之前走进军营。回到住所后,我又写了几封信,接着鲍曼过来轻轻敲门。我俩又讨论了近日待办事项,其间聊了聊对世界局势的看法,一直聊到半夜12点半。

1919年2月19日，星期三

上午待在资料室。与美国国会图书馆馆长普特南姆博士共进午餐。除了哈佛大学的哈斯金斯院长，普特南姆博士邀请了一些英国人，包括：英国外交部历史学家、德国问题权威黑德勒姆-莫利（Headlam-Morley）；牛津大学研究13世纪史的学术领袖、英国封锁部（Ministry of Blockade）经济学家戴维斯（H.W.C. Davis）；英国国际法组秘书、负责起草条约的塞西尔·赫斯特先生（Cecil Hurst）。戴维斯教授告诉我，英国政府计划出版一套记录战时政府各个部门运作的历史资料，他所在的部门将编撰历史资料的任务交给他。戴维斯说，他觉得，如果我们能一起想办法的话，这些政府出版物很适合纳入卡内基基金会历史出版计划中。我也希望我们能想出办法，这样一来，将会明显减少我所负责的卡内基基金会历史出版计划的未来工作任务。

我和黑德勒姆-莫利一起提议出版1904年以来英国外交政策的全部文件。黑德勒姆—莫利一直在研究这些文件，也是唯一通晓自三国协约形成以来英国外交文件的当世之人。他想将英国外交文件纳入英国议会报告出版，但他希望有一位美国学者能跟他一起做这件事。我表示可以一试，并推荐哥伦比亚大学的邓宁教授（Dunning）或芒罗·史密斯（Monroe Smith）教授参与此事。如果他俩拒绝，我本人也可参加。这将是一套极其重要的档案文件，最能反映英国在（第一次）世界大战时期的历史。我们将携手合作，制订计划。午餐后，我向上级汇报了此次聚会的情况，他们对计划内容与工作机制留下了深刻印象。

下午待在资料室。普罗西罗博士下发了英国专家送来的机密小册子。4点半，马尔科姆·德莱文涅爵士、费伦先生和比尔过来找我喝茶，我们讨论了劳工问题。当我们坐在茶馆里聊天的时候，柯里将军

(General Currie)的副官打电话找我,命令他开车将我送到丽兹酒店。因有客在场,我无法当即前往,但会尽快赶过去。①

傍晚,应佐尔加全权公使之邀,与南斯拉夫人共进晚餐。佐尔加公使的右边是我,左边是斯科特博士。在场的美国人只有我和比尔,因为杨格和鲍曼博士正忙于在午夜前准备好赔偿备忘录。坐在我右边的是茨威格(Schvegl)博士(或者拼写为 Schwegel),他是奥地利驻美国圣路易斯、温尼伯等城市的领事,能说一口流利的英语。战争期间,他曾是奥地利方面一支由 400 名阿尔巴尼亚人组成的军队的指挥官。停战协定签署后,他突然发现自己是一名斯洛文尼亚人,于是改变了自己名字的拼法。这些东南欧民族的一些事情令人费解。吃饭时,我感觉不太舒服,越吃越晕,最后什么也吃不下。一阵剧烈的咳嗽警告我很可能染上了流感。为了避免更大风险,我离开了宴席,斯洛文尼亚人为我安排了一辆葡萄牙人的车送我返回住所。葡萄牙高官的轿车很奢华。我回到住所后,赶紧去看了医生。

1919 年 2 月 20 日至 25 日,星期四至下个星期二

我待在房间里,同流感做斗争。为了防止传染,我取消了与柯里的

---

① 我和阿瑟·柯里将军(Sir Arthur W. Currie)是同乡和发小。我俩的家乡是加拿大安大略省的斯特拉斯罗伊(Trathroy),小时候曾一起上过学。我已经和他失去联系 25 年了,因为他去了不列颠哥伦比亚,我去了纽约。他到巴黎出差几天,住在丽兹酒店,听说我在克里翁酒店,就派人来找我。我们俩都追忆起昔日的童年时光,都不谈论政治或和谈。我觉得柯里作为军人是谨言慎行的,也不让我们谈话转到和会这个问题上来。就加拿大而言,巴黎和会不是军人的事情,而是加拿大总理罗伯特·博登爵士和他的顾问们的事。

134

午餐以及周日前的所有约会。这几天,我阅读了拿到手的材料,关注新闻。虽然流感搞得人很虚弱,但是在染病的头两天,我得到了很好的休养。医生说我很幸运,终于摆脱了流感。

2月22日和23日,我原本打算应法国政府之邀前往兰斯、苏瓦松等地考察,后来让安德森代我去了。星期天,比尔邀请我和大家共进午餐,其中包括米勒。我决定不冒险了,于是留在自己的房间里。截至周日,我已经读完了手中所有的外交史资料,准备再换一批资料。我还读了斯洛森给我的《笨拙》(Punch)杂志、《独立报》(the Independent)以及一些其他东西。

到了周一,我去了餐厅吃饭。不过直到周二也就是2月25日的晚上,我才真正出门了一趟。

周二晚上,我和比尔一起去米尔纳勋爵家吃饭。虽然外面雨下得很大,但我的病并没有因此而加重。原因之一是,米尔纳勋爵年纪大了,他家中的壁炉里生了一堆温暖的柴火,房间里暖和得很。

不过,当我们见到米尔纳勋爵时,让我们感到吃惊的是,他居然向我们致歉,希望我们不介意他仅仅邀请了我们两个人来谈话!我们3人安安静静的吃了一顿晚餐,聊了会儿天。

在当晚谈话的过程中,我们开诚布公,几乎不回避任何问题。比尔下午全程参加了委员会关于摩洛哥问题的会议。对于他所听到的言论,他多有批评。米尔纳勋爵表现了有涵养的英国绅士所具有的谦逊与安静,一方面十分低调自谦,另一方面也不乏对大局的掌控。我们讨论了一些关于英帝国自治领的问题和其他话题。我们所在的这座寓所是为英国首相驻留巴黎而专门改造的,我之前曾经提到过。

我们在豪宅里度过了一个静谧的夜晚:烛台散发着柔和的光芒,

炉火若隐若现地映照着挂满绣帷的墙壁,墙上挂着盖恩斯伯勒、劳伦斯、罗姆尼(Romneys)等人的画作……一切是如此令人难以忘怀。在我们交谈的过程中,我们面前的这位老者为大英帝国的政策规划着未来。

1919年2月26日,星期三

今天是我流感康复后第一次在白天外出。我走到协和广场上散散步。微风中依旧夹杂着湿气,街道的地面尚未变干。不过,空气变得更加清新了,蓝天下原先飘着一团团轻飘飘、软绵绵、带着小雨点的云朵,如今见不着了,只见烟囱直顶上天。停放着德国大炮的协和广场上插着的唯一旗帜便是美国的星条旗。因为只要我们在那里,克里翁酒店就是美国的领土。我们有"外交豁免权"。

下午在资料室工作。《泰晤士报》已将从1887年至今的全部报纸从伦敦办公室运了过来,借给了资料室。我得给这些报纸腾出地方。

英国劳工代表于昨天和前天两次来找我,为他们倡议的劳工大会辩护,坚称它与美国宪法并不相悖。随着巴黎和会的召开,有个问题日益凸显,即由于美国的联邦制结构以及国会对外交政策的掌控,美国在缔约方面处于非常不利的处境。

我忘了提及同多尔西(Dorsey)中尉进行的一次长谈。多尔西在战前是芝加哥大学教授、著名人类学家,曾周游世界,为《芝加哥论坛报》(Chicago Tribune)撰写游记。他刚从西班牙来,特别令人感兴趣的是,他谈及了西班牙对摩洛哥的看法。

我还见了一会儿霍顿·米夫林（Houghton Mifflin）出版公司教育部主管富兰克林·霍伊特（Franklin Hoyt）先生，他刚和基督教青年会一起完成实地考察回来。我们打算将调查团成员为巴黎和会所做的研究出版成书。杨格和我来负责编辑工作。我们首先要获得许可，但这应该不难。

1919年2月27日，星期四

中午，我应波兰代表团之邀参加午宴。鲍曼、杨格和我，以及莫里逊（Morison）和富勒（Fuller）这两个研究波兰的年轻人，都应邀做客。波兰代表团住在波兰富豪普拉斯基先生（Pulaski）的寓所里。普拉斯基先生是美国独立革命时期普拉斯基家族的后裔。他的寓所位于埃托伊尔街（Etoile）右侧的拉白鲁斯街（Rue La Perouse），是波兰驻巴黎委员会（Paris Committee of Poles）的总部。在场的美国人与波兰人人数相当，我们举行了一次十分正式的午宴。在午宴的最后，即上完菜和喝香槟酒之时，普拉斯基庄重有礼地站起来，大谈这个让我们相聚的历史性时刻。可是，我们中谁都没搞清楚今天究竟是个什么日子，也许我们都被当成美国代表团的全权代表了。一定是弄错了，否则普拉斯基说的一番话真是一场感人肺腑的演讲，展示了波兰民族主义运动背后的深厚情感。普拉斯基的演讲是用法语说的，翻译人员是坐在我旁边的一位同样庄重有礼的绅士。他是一名波兰小说家，曾在伦敦生活过多年，认识乔治·摩尔（George Moore）和其他有趣的英国文学大家。鲍曼坐着说了几句轻松的话作为回应，试图让气氛别那么凝重。然而，在转移到客厅继续交谈后,我们意识到这是一次正式的聚会,在场的20多名波兰领导人彼此僵硬地握手,也同我们握手。普拉斯基主持了仪式,并逐一介绍了在场之人,并要他们明确表达波兰人的不同诉求,包括对但泽地区的诉求、对波森地区的诉求、对伦贝格地区的诉求、对北部和东部的诉求。很不幸,这有点过分了。在场的历史学家还要求我们对波兰人"宽大为怀"的优秀民族性说几句话(波兰是历史上唯一从未侵害过其他民族的国家)。波兰边界线之外的域外领土的代表们则呼吁波兰独立。他们手边就是地图与统计数据。等到聚会结束时,已是下午5点半了。在结束的时候,鲍曼代表我们对波兰人回了一些令人舒服的话。随后,我们从楼梯一侧溜走,好彻底摆脱那些准备继续高谈阔论5个小时的地理学家和经济学家。杨格和我至今依然认为,获得但泽走廊并不是符合波兰自身利益的明智之举或妥当之举。

让我感到有意思的事情是,我目睹了将自己称为"波兰人"的各色人等。有一位打着白色领带、蓄着灰白胡须的新教牧师,他是来自波兰控制下的普鲁士故地的路德派教长,一脸郁郁寡欢,不时地流露出谴责罪恶的表情。另外的一群路德派牧师来自其他地区,他们试图通过虚情假意的搓手和自我贬低来表达自己的真诚虔信。其中一位长着硬朗的大脑门,另一位则是大圆脸、脸上油乎乎的。这些人申诉说"在那些地区生活的绝大多数人口是波兰人"。鲍曼的大胆反驳令他们感觉很不爽。还有一位金发碧眼、圆圆脸的撒克逊人,在纽约做生意,自称是波兰人,但名字明显是出自日耳曼语。坐在他旁边的那个人来自捷克的边疆地区,满脸胡须,精神抖擞,精力旺盛。还有来自伦贝格(Lemberg)的著名地理学家罗默(Romer),他有着像鹰一样的特征,突出的眉毛、薄嘴唇、雄狮般炸起的头发和山羊胡子更突显了他的艺术气质。还有一位金融专家，高个子，举止沉稳，像个商人，听口音可能来自美国卡罗来纳州，或者是某个说话喜欢拉长音的地方。普拉斯基本人则有着高高的额头与突出的颧骨，衬着一双深邃的黑眼睛。在场的有些人显然是纯粹的斯拉夫血统，另一些人则带有一丝鞑靼人的气质。不过，在波兰民族主义的大旗下，所有人都表现活跃。可以想象，这些人都是保守主义团体的代表，他们会遭到社会党人的坚决反对。因此，日益增长的阶级意识消弭了波兰在种族与宗教上的差异性。况且，这个国家没有明显的边界。不难预料的是，建立一个新的波兰国家将面临重重困难。

晚上7点半，与法国对美事务高级专员公署（French High Commission to the United States）的办公厅主任莫诺（Monod）共进晚餐。我向他提出了更好地处理法国外交部出版物的问题。我在这方面已取得一定进展，希望能做出一些成绩。他对此很感兴趣，表示将促使我们这些专家同法国政要进行一次会谈。之后，我和杨格、曼利·哈德森（Manley Hudson）讨论事态的发展直到午夜，想到近日所见所闻，心中不太乐观。

1919年2月28日，星期五

上午，日常工作。与《季刊》（*the Quarterly*）编辑、英国外交部的研究机构历史组组长普罗瑟罗（G.W. Prothero）博士进行了简短的交谈；后与黑德勒姆-莫利共进午餐。莫利与我就处理战时《蓝皮书》（*Blue Books*）与战前历史编撰问题聊了很久，相谈甚欢。在英国政府的倡导下，莫利将推动美国历史学家与他合作，为战前历史记录的编撰做准备。吃午饭时，我不经意间注意到一个穿着便装的年轻小伙，他高兴地转着帽子走进房间，表现得非常像个小男孩。仔细一看，原来是劳伦斯上校。他是英伦三岛有史以来最令人惊叹的年轻人，看上去不超过17岁。

从餐厅出来的时候，我遇到了英国劳工代表团，同巴尔内斯先生聊了5分钟。巴尔内斯先生说，他们不喜欢美国宪法，因为美国宪法在缔约过程中带来了种种麻烦；他还邀请我参加他们委员会即将召开的下一场会议。我拒绝了，因为我已经有两个星期没出去散步了。我独自漫步在香榭丽舍大道上，凝望着来来往往的各国汽车，尤其是那些带有英国和美国标识的车辆。英国车被刷上浅绿色的漆，明显比卡其色漆的美国车更别致。孩子们聚集在吉尼奥尔剧院（Guignol）①附近，一朵朵小雏菊在圆形广场（Rond Point）的花坛里绽放，似乎在暗示着明天就是三月天了。

1919年3月1日，星期六

上午，暂时跳过国际劳工问题，与米勒先生一同讨论中国问题的解决。

中午，与比尔共进午餐。

晚上，在克里翁酒店同贝鲁特学院校长布利斯博士共进晚餐。布

---

① 亦称大木偶剧场，是法国巴黎的一家戏院，创办于1896年。——译者注

利斯博士读过或是听说过我写的一本有关"当代宗教革命"的小书,还回忆了关于阿默斯特学院的许多往事,但他讲到的最有趣之事是关于大战的。他说,战前他认识一个来自牛津大学的小伙子,此人曾前往叙利亚研究当年十字军修筑的城堡要塞,因为当时他正在写一部关于十字军东征的历史著作。这位牛津小伙是个腼腆、安静但又古怪、大胆的人,他敢在深夜里去那些可能遭遇盗匪的地方探险,却总能全身而返。他的名字叫劳伦斯。大战期间,英国飞机将宣传小册子空投到大学校园,以便让学生们捡到阅读,里面的内容搞得土耳其人很是恼火。后来,布利斯博士有一次到雅典时,再次遇到了年轻的劳伦斯。劳伦斯微笑着问博士是否拿到了自己写的东西,布利斯对劳伦斯说:看在上帝的分上,不要再写了!然而,即便如此,他也从未想过,这位牛津大学的学生居然就是劳伦斯上校,真正的阿拉伯之主。布利斯博士是我见过的最有魅力的人之一。他向我发出访问贝鲁特的邀请,我非常乐意前往。

晚上,处理了关于满洲问题的备忘录,直至很晚。

1919年3月2日,星期日

昨晚跟布利斯聊完后,我因忙于研究中国问题以致睡得很晚。今天早上,服务员送早饭时,我以为他弄错了,送早了一个小时,当时才7点一刻。在打电话给接线员确认后,我才反应过来,原来时刻表往前调了一个小时。我实在太困了,以至于都忘记此事。

中午,和比尔、杨格、哈斯金斯共进午餐。事态的发展大体都在意料之中。后来,在我的房间里和沃林进行了一次长谈,向这位律师解释社会党人的哲学。如今,我比以往的任何时候都更加坚信,理解现代经济必须对工业革命进行历史考察。

下午,和比尔一起在香榭丽舍大道上散了一会儿步,让我想起曾经的巴黎时光。成群的孩子们在游戏中耍闹,《潘趣与朱迪》(*Punch and Judy*)节目表演周围挤满了年轻的观众,他们透着满足的笑声,和我7年前听到的一样。

晚上,来到丽兹饭店,与阿瑟·柯里及其夫人在他们房间的客厅里共进晚餐。他跟我讲述了过去4年里的战场经历。我发现,他依旧真诚坦率,毫不做作。我们回望人生路,追忆25年前。我想,在某种意义上,大家都没有被岁月磨去棱角。他邀请我去他的指挥部,和他一起在战场上待上一周。可我自然不能离开那么久,只能指望去几天。他说会派车去巴黎接我,或许会从艾比维尔(Abbeville)出发。

他给我讲述了战争最后几个月里关于加拿大军的一些事。从1918年8月8日到停战,加拿大军的4个师在西线战场上独自作战,击溃了1/4的德国军队。德军的180个师中共有47个师曾与他们交战,另外的99个师则在从法国亚眠以南到海边这一地带同英军交战。自参战以来,加拿大军队从未输掉一枪一炮,却收缴了3万多名战俘。

1919年3月3日,星期一

我一时很难按照新的时刻表起床,以至于到了上午9点,当我的老同学——美国劳工部的罗亚尔·米克(Royal Meeker)来访时,我还没洗漱完毕。米克一直在英国调查劳工状况,并深信:如果不想出现革命的话,英国必须进行重大的社会变革。我帮他联系了马克斯·拉扎德,以便他能够介绍国际劳工委员会的工作。可拉扎德染上了流感,已卧病在床6天了。

午餐很有意思。我带柯里在克里翁见了比尔、梅泽斯博士夫妇、杨格以及我之前约好共进午餐的布兰肯霍恩上尉。布兰肯霍恩和沃尔特·李普曼去年一起来欧洲开展对德宣传工作。后者现在在美国陆军驻巴黎军事情报处工作,我曾在布鲁埃尔(Bruere)家见过他。

柯里所说的话都让在场的人觉得他是个了不起的人。他的记忆力好得不可思议。据我所知,他至今仍记得自战争开始以来每天发生的事情,比如,1916年10月10日那天他们占领多少码的前线阵地,投入了多少兵力以及哪些师,等等。布兰肯霍恩说,他见过英国、美国和法国的大多数将军,但从未见过有哪位将军能像柯里一样,拥有如此出色的指挥官气质,以及对局势事无巨细的掌控力。他还说,对于两天前发生的事,大多数将军都需要参考他们的备忘录,而柯里则把这一切都记在了脑子里。

我希望能在月底前赶往前线。像柯里说的那样,我要沿着战争进程的踪迹进行实地考察。

下午,在杜伊勒里花园散了会儿步,后与比尔、安德森共进晚餐,深入考虑了一下中国方面的问题。又去桥上转了一圈,然后好好休息了一宿。

1919年3月4日,星期二

上午,待在我的房间和资料室里处理日常工作,研究伪满洲问题以及与中日移民相关的问题。

今天天气爽朗,如春日一般和煦温暖。哈斯金斯院长和我步行至曼捷斯帝酒店,同普罗瑟罗博士共进午餐。来自牛津大学的汤因比是一位才华横溢的年轻人。他一直在写一些关于土耳其和近东问题的文章。我们一起讨论了很多事情。餐厅里不像巴黎和会召开之初那么有趣了,不过加拿大人那桌上坐着罗伯特·博登爵士和他的同事们。新西兰人那桌上则坐着梅西先生和约瑟夫·沃德勋爵(Sir. Joseph Ward)。梅西先生显然把家眷也带来了,因为每次我到曼捷斯帝酒店,都看到他被年轻姑娘们围着,给人一种"一家之主"的感觉。

我从费伦那里得知,德莱文涅染上了流感。因此,尽管巴尔内斯和巴特勒已经离开巴黎,但若没有英国政府的准许,他也必须留在巴黎制定英国的方案。

午餐后,我们又沿着香榭丽舍大道步行回去。巴黎这座城市第一次像穿上了春装,出现在我眼前。小孩子们扔着五彩纸屑,如庆祝狂欢节(Mardi Gras)一般。大街对面,和我们并排走着两个身着民族服饰的希腊人。其中一人穿着亮蓝色的裤子,脚踩大军靴,头上戴着一顶鲜艳的小毡帽;另一人穿着纯白的褶皱亚麻布短裙,裙子里面看上去像是某种衬裤,所穿鞋子的鞋头上挂着鲜红色的流苏,头上歪戴着一顶俏皮的小帽子。以上就是参加国际联盟的希腊代表团成员的服装。

下午,处理日常工作。

晚上,与比尔共进晚餐,随后沿着街道散步,一直走到歌剧院那么远,想看看巴黎是否还像当年的狂欢节时一样充满着欢喜愉悦。然而,除了一些美国小伙子和与少数几个英国人外,街道上万籁俱静。由于遭到政府禁止,大街上看不到五彩纸屑。如今,越看巴黎,越强烈地感觉到这座城市给人的伤感印象,尤其是当你还记得它在大战之前的样子的话。蓝天和新月映照着埃菲尔铁塔,我俩重游协和广场,然后返回住所。

1919年3月5日,星期三

与米勒讨论了伪满洲问题,并达成共识。将细节问题交给安德森处理。①

中午,和比尔、马克斯·拉扎德和安德森共进午餐。我们讨论了一会儿中国的问题,而劳工问题迫在眉睫。4点半的时候,英国劳工部的费伦来找我一起喝下午茶,并给我带来了一份伴手礼——一本英国政府关于国际劳工立法提案的打印文件。美国劳工部的罗亚尔·米克(Loyal Meeker)当时也在场。

晚上7点半,和比尔、亨培克、戴伊以及曾在巴勒斯坦担任艾伦比将军②副官的美军耶尔(Yale)上尉,应埃米尔·费萨勒及其手下的特别邀请,一起出席晚宴。埃米尔·费萨勒住在布洛涅森林大道上的一座豪宅里,里面摆放着极尽奢华、但十分难看的半东方风格的家具。费萨勒本人也说,他很受不了如此糟糕的品位。但不幸的是,阿拉伯人认为,除非他们把自己装扮得像欧洲人,否则他们的大业将受到影响。因为人们总在谈论他们究竟是不是真正的文明开化之人。因此,埃米

---

① 伪满洲情况十分异常,中日之间必然会产生进一步冲突。我们对此存在两种不同的建议:一种建议是,将伪满洲东南部彻底割让给日本,中国通过放弃对这一部分地区的绝对主权,使日本不再索要在中国其他地区的权益;另一种建议是,参加和会的中国代表团不能屈服于日方的要求,要相信威尔逊总统反对日本侵占中国领土的行径。

② 英国陆军元帅,驻埃及最后一任行政长官。——译者注

尔·费萨勒拥有一件阿尔伯特亲王①同款的外套,脖子一圈裁剪得像牧师的衣服一般,还带着坚硬的白色衣领。他穿任何衣服都显得尊贵,他那彬彬有礼的举止足以抵消服饰的不堪。

跟着费萨勒而来的是他的参谋长,他穿着英军款式的制服。大战初期,这个年轻小伙子曾与德国、土耳其并肩作战,暗中搜集了关于他们的所有情报。后来,他从大马士革出发,穿过沙漠,加入费萨尔的队伍,带领阿拉伯军队抗击土耳其人。这个年轻人很讨人喜欢,刚毕业大概有一年时间,皮肤黝黑,如同被太阳晒伤了一般;他的兄弟也在场,是一名在叙利亚的法兰西医学院受过专业教育的医生,皮肤看上去偏白,一点也不像东方人。我夹坐在这两兄弟中间,用法语同他们交谈,因为他俩其实只会说阿拉伯语和法语。劳伦斯上校也在场,衣着便服,看上去很稚气。不过,当他用命令的语气,要求那些躁动不安的阿拉伯年轻人不要妄论政治并保证做到时,劳伦斯上校身上的稚气全都不见了。他正在解决阿拉伯人的外交问题,不想让其他的年轻人——无论他是上校还是医生——把事情搞砸。劳伦斯上校告诉我,埃米尔·费萨勒已派人返回阿拉伯,将阿拉伯马和骆驼在初夏时运送到巴黎来,届时这里将会举办一些我前所未闻的阿拉伯民族体育活动。他说,骆驼和马一样,分为比赛用的和驮东西用的两类。比赛用的骆驼跑起来比马还快,哪怕在短跑中也能跑赢马。劳伦斯上校还说,一头像样点的骆驼每天能走五六十英里;而他曾经骑着一头骆驼,一天走了130英里。他们打算让巴黎人大吃一惊后,再去美国转一圈。我还补充一点,费萨勒的晚宴是巴黎风格的,我注意到有一半的阿拉伯人能够接受喝香槟酒。

---

① 英国维多利亚女王的丈夫。——译者注

返回住所后,比尔、亨培克和我一起散了会儿步,亨培克谈了谈中国的问题。不过,我们多数人更关心欧洲。德国局势非常不妙,若某一天矛盾爆发,天知道在这个旧世界上哪里还有宁静平安之地。这里与我聊过的英国人都十分忧郁。英国爆发革命的可能性不大,但威胁始终存在。而且,无论怎样,一场巨大的社会变革正在酝酿之中。人人都如此认为。

第六章　劳工条款的磋商

1919年3月6日，星期四

与亨培克讨论中国问题，由此开始今天的工作。

11点，费伦打来电话，之后我和他一起到茉黎斯酒店看望哈佛法学院的费利克斯·法兰克福特教授，他在战时曾任职于美国劳工部中负责处理罢工问题的部门。他基本上同意我在提到英国劳工方案时所采取的观点，我也将再次讨论劳工问题，使它更加深入。

中午，同梅泽斯和比尔共进午餐。整个下午，我们都在探讨有关君士坦丁堡、小亚细亚和亚得里亚海的问题。这是一场重要的探讨，因为梅泽斯现在任职于领土问题中央协调委员会（Central Coordinating Committee on Territorial Questions）。接着，我与比尔沿着林荫大道步行返回住所，然后写完了今天的这篇日记。

1919年3月7日,星期五

上午,处理日常工作。下午,我带柯里一家在历史悠久的巴黎逛了逛。我提前做了准备,从法国对美事务高级专员公署处打听哪些地方开门,哪些地方不开。由于博物馆尚未开放,我们参观了法国大革命时期的老监狱(Conciergerie)、克鲁尼博物馆(Musee de Cluny)①和先贤祠。可先贤祠如今已经彻底关闭了,柯里特别想进去看。然后我们参观了卡纳瓦莱博物馆(Musee Carlavalet)。我给法国当局提前打了个电话,告知我们要来,博物馆的一名主管亲自接引我们进去参观展览。即便开着柯里的车,来去匆匆,我们直到傍晚6点时才结束参观。随后,他们和我回到克里翁酒店共进晚餐,然后柯里向我们一群人讲述着战争往事,直到临近午夜。我们这群人中也包括鲍曼夫妇。柯里让我挑个时间,邀请我去考察加拿大军战场。

在我外出参观博物馆期间,他们将我任命到一个专门处理条约中经济问题的委员会,担任美国代表团在一个联合机构中的秘书。这个联合机构试图在最终的和平议定中就商业贸易问题做好永久的、公正的安排。我并不情愿,表示我在理解国际金融账目问题方面十分迟钝。可首席金融专家托马斯·拉蒙特先生(Mr. Thomas Lamont)却坚持相反的观点,因此我只好试一试。

1919年3月8日,星期六

在审时度势并与英国秘书沃尔特·卡特先生(Mr. Walter Carter)

---

① 始于15世纪末克鲁尼修道院所建的一处寓所,现为法国国立中世纪博物院。——译者注

在曼捷斯帝酒店共进午餐后，我决定推掉美方秘书之职。与此同时，由于之前我曾受到任命，法国秘书长开始索要关于美国人员与方案的信息，但拉蒙特先生的一帮人已经打高尔夫去了。不管怎样，没人能把这件事扛起来，我也就索性彻底放弃。

傍晚，同比尔和沃林（Warrin）共进晚餐，沃林坚持叫上我去看戏。等我们赶到时，现代改编版的阿里斯托芬《吕西斯特拉忒》（*Lysistrata*）的第一幕已经开演，演的是女人们通过罢工来抗议雅典同底比斯之间旷日持久的战争。这种现代改编版很对巴黎人的口味，但令我很不喜欢。

1919年3月9日，星期日

上午，我推掉了美方秘书的职务。

外交的进展与战争的态势一样瞬息万变，需要争分夺秒。到了中午，我决定好好休息一会，于是开车带比尔去了凡尔赛宫。我们在雷泽瓦酒店（Hotel des Reservoirs）吃了午饭。酒店里尽是基督教青年会的代表们，他们正在凡尔赛宫开会。之后，我们驱车匆匆穿过公园，返回住所。这一路上又冷又闷，开起来十分不爽。不过，3月时节，迎面而来的凛冽湿风吹散了我们脑子里的蜘蛛网，让我们头脑清醒不少。

有人在我的房间里留了一张便条，上面写着：豪斯上校将在下午5点见我，讨论国际劳工立法问题，以回应我之前想找他谈谈的要求。后来，当我真的和他交谈的时候，我发现他已完全接受了美国代表团对劳工事务委员会的看法，即英国人的方案无法实现，因为它（指国际劳工组织）看起来像是一个"超级政府"（super-state）。我认为，事情不能这样处理。如果我们美国人觉得国际劳工立法的理念有不妥之处,那应该提出自己的主张,而不是仅仅否定欧洲人(英国人)的方案。在我看来,如果美国代表团遭到责备,说正是由于我们的固执己见而导致了世所公认的国际劳工立法计划的失败,那么威尔逊总统在巴黎和会上所展现的"民主倡导者"的形象便会大打折扣。我对豪斯上校说,英、美两国在国际劳工问题上的看法是能够达成妥协的。此外,由于美国宪法的限制,我们甚至可以在劳工问题上对美国做出特殊的让步。豪斯上校将此事交付给我,让我与美国新闻记者协会主席贝瑞少校(Major Berry)联系,后者在巴黎期间一直是豪斯上校与美国劳工领袖之间的联络人。

我顿时忙碌起来。我改变了去马克斯·拉扎德家喝茶的原定计划,而是派人叫来罗亚尔·米克,和他一起研究劳工问题,直至晚餐时间。之后,我们去曼捷斯帝酒店找英国人,和他们共进晚餐,一起修改文本,直到晚上11点,才又步行返回住所。无论白天是晴是雨,巴黎一到晚上便雨消云散。忙完晚上的事情后,你可以在星空下逍遥地散步回家。

1919年3月10日,星期一

一整天都在同法兰克福特、詹姆斯·布朗·斯科特(James Brown Scott)及英国人一起忙于研究劳工方案,并且写出了似乎尽如人意的修订稿。

下午4点半,南斯拉夫的佐尔加博士来找我,提出想琢磨下如何调整奥地利与南斯拉夫之间的边界。

接着,美国驻耶路撒冷总领事格雷兹布鲁克博士(Dr. Glazebrook)打来电话。作为协约国在巴勒斯坦地区的代表,他在战争期间负责救济难民的工作。他向我描述了天主教徒、东正教徒、亚美尼亚人、科普特人等群体的名望人士和犹太教各派的教长们是如何在他面前放低身段,恳请救济的。格雷兹布鲁克博士留出一些钱救济穆斯林,结果,奥马尔(Omar)清真寺的大穆夫提(Grand Mufti)对他说:穆斯林们在一个星期五聚集在清真寺为他祈福,他成为唯一在奥马尔清真寺得到穆斯林祈福的基督徒。格雷兹布鲁克博士则回答:历史上曾有一位基督徒获此殊荣,那就是恺撒大帝。这位大穆夫提接着说:恺撒自己曾说他是"弥赛亚"(即救世主之意),因为穆斯林不把他当作基督徒。格雷兹布鲁克博士对我说:之所以土耳其未能成功地将一战变成一场基督徒与穆斯林之间的"圣战",是因为阿拉伯人的思维极具逻辑性,他们认为,如果要对不可信任的英国人开战,那就必须把德国人拉到自己的这艘船上来。

我约马克斯·拉扎德共进晚餐。因为当时他在法国劳工部工作,我又带他去了英国总部。在那里,我与巴尔内斯先生以及刚刚从伦敦返回的英国劳工代表团全体成员开了个晚间会议。又是一个漫步于香榭丽舍大道的惬意之夜,看到路上停放的那些德军大炮,我开始识别出其中的不同种类了。

1919年3月11日,星期二

上午9点前,与美国劳工代表团成员开会;10点,与冈珀斯去参加劳工事务委员会的会议,我是以美国劳工问题专家的身份参会的。由于冈珀斯和巴尔内斯消磨了两个小时的时间来讨论次要问题,我请他俩将针对英方提出的劳工方案的主要讨论再往后推迟一天。之前,各国代表团利用10天的休会时间返回国内,到政府和民众中了解他们对所草拟的劳工立法的态度。现在,各代表团都将反馈结果提交至劳工事务委员会,于是有了今天这场十分有趣的会议。吃过午饭后,我一整个下午都在忙于草案的修订工作,并派人去请法律顾问前来帮忙,尤其是法兰克福特教授。下午5点半,我将定稿的修订案拿到冈珀斯的办公室,一直讨论到晚上7点后,但我仍未能表明自己的观点。

法国政府向美国代表团部分成员提供了晚饭,地点是在杜法耶尔大楼内专门为协约盟国媒体留出的俱乐部房间内。我穿上正装,赶到后才发现,原来是一场极其隆重盛大的晚宴。

我在楼梯的顶端站了一会儿,美国远征军总司令潘兴将军走了过来——这是我第一次见他。韦斯特曼之前在美国就认识了潘兴将军,丁是将我介绍给他。我俩愉快地聊了一小会儿。他说话很和气,一点也不冷淡,也没有高高在上的样子。他不会居高临下地同你说话,眼睛里还闪着愉快的光芒,这是留影机拍摄的动态画面无法捕捉到的。当我站着同他说话的时候,我注意到有一名法军军官正望着大厅的那头,素描一幅人物画像。我立刻认出这是福煦元帅(Marshal Foch)的画像。等到潘兴将军离开去找别人说话后,我聚精会神地欣赏起那幅名人画像来。那位法军军官所画的福煦元帅像是我见过的最惟妙惟肖的画像。寥寥数笔,他就抓住了人物的特征,生动而不夸张地刻画出人物的表情。顺便说一句,这位法军军官的外套上佩戴着满满一身的荣誉勋章,但我不知道他是谁。福煦元帅给人的第一印象是一个深沉的人,眼神时而蒙眬,灰色的眼眸颇似英国的道格拉斯·黑格元帅。事实上,这两个人的眼睛看起来都很像苏格兰人。后来,在福煦元帅说话的时候,他的嗓音里似乎藏着一团火。但那并非精力充沛的年轻人响亮的声音,而是一个老者疲惫的声音。嘴角微微下垂的小胡子是福煦元帅与黑格元帅的另一个相似之处。我觉得,脸上的小胡子和浓密的眉毛使他们看上去并没有实际那么精干和充满力量。布利斯将军也在,他和拉蒙特先生(Mr. Lamont)坐在一起。他那胡子的形状、眯起的眼睛和干瘪的皮肤,让他看起来倒像是一个中国人。朱塞朗(Jusserand)、塔尔迪厄、兰辛和其他人也都在。夏普大使念了一小篇发言稿——他是我在公共场合见过的最不起眼的人。接着,福煦就美国为战争胜利做出的贡献发表了激动人心的讲话;兰辛也做了最为精彩的发言,并表示要严厉而公正地对待德国,且要立刻采取行动。我与伦敦《泰晤士报》的编辑威克汉姆·斯蒂德说了几句话,他说他一直在找我,希望我们能够再次共进晚餐,于是我们约在了下个星期。

晚宴结束后,我沿着香榭丽舍大道返回住所,还约见了刚从英国劳工部晚宴上回来的费伦和巴特勒。我们安排让英国人加班加点,一天后再休息。

1919 年 3 月 12 日,星期三

劳工事务委员会在瓦兰尼斯大街 80 号(80 Rue de Varennes)的英国劳工部办公室召开会议。会议厅的墙壁上挂着一幅橡木画板——描绘工农业生产的巨幅油画。主席座位后面有一个 17 世纪风格的大型壁炉架,壁龛里嵌着一尊大理石雕像,壁板则是黑白条纹的大理石板,

最为光鲜亮丽。

吃午饭的时候,我们仍然在讨论劳工问题。下午,美国海员工会主席安德鲁·弗鲁塞斯(Andrew Furuseth)来访。他到我的房间来了解劳工事务委员会的工作。他为海员付出的心血超过了其他任何人,也是推动《拉福莱特法》的功臣。他一开始讲述了一点法国大革命史以及资本主义与世界大战的关系,尽管在历史细节上存在纰漏,但充分说明历史学方法是能够有助于阐释现实社会中的宏大问题的,因为他颇具智慧地从这场战争中吸取了主要教训。他虽然年龄大了,反应迟钝,但是为人真诚,富有魅力。

与弗鲁塞斯先生的谈话被来自红十字会总部的约翰·金斯伯里(John Kingsbury)和马萨诸塞州农学院的院长巴特菲尔德先生(Mr. Butterfield)的电话打断了。巴特菲尔德先生迫切希望国际联盟能下设一个代表农业的组织机构,还准备了一份有待引起相关当局关注的备忘录,提出了许多建议。我们沿着塞纳河畔边走边聊,讨论了这些建议。我建议由意大利牵头,罗马的国际农业研究院可以作为新的国际性农业组织的核心。我们决定将这件事交给比尔,因为他第二天就要去见一位意大利政府的代表,届时可向其转达。

春天来了。栗子树发芽了,香榭丽舍大道上的杜鹃花也开了。4月的天空,云淡风轻。

傍晚,我邀请英国外交部历史学家、英国代表团成员黑德勒姆-莫利与我共进晚餐,同时叫上了比尔。我们之前约了很久了。一整个晚上,他们都待在我的房间里,我也因此不再惦记着劳工问题,转而和他们谈论起欧洲边界问题。后来,我再次提出了出版自三国协约形成以来英国外交部的所有档案文件的计划。黑德勒姆-莫利是一个沉稳、博学的人，知识丰富，平易近人，还很幽默。我希望以后在伦敦还能和他常常来往。他离开后，我打电话联系了英国人，安排明天的计划。

1919年3月13日，星期四

尚未等到冈珀斯，我便和普雷斯顿·斯洛森（Preston Slosson）一起去开会了，所以在会议开始前一直没有看到他。会议地点改到了巴黎大主教的故居，现在已被政府部门征用了。我们在曾经作为礼拜堂的地方会面。当会议开始的时候，冈珀斯先生从房间楼下一角给我打来电话，说他向委员会介绍了我，让我代替罗宾逊先生进行投票，而我当时还想着继续装糊涂。这实在非我所愿，因为我不想被卷入不由我承担责任的投票，可是又身不由己，避之不及。

中午，我遇到了比尔，他刚刚结束了同意大利人的会谈，回到酒店。这次会谈十分成功。

下午3点，我再次回到劳工事务委员会开会，一直开到6点才结束。随后，冈珀斯和他的同事们带着我驱车驶上香榭丽舍大道，返回克里翁酒店吃晚饭。

傍晚，同比尔、亨培克和梅森上校（Colonel Mason）共进晚餐。吃完晚饭后，我与比尔、法兰克福特和谢泼德森一整晚都在我的房间里研究劳工协议的文本。比尔提出的一个绝妙建议解决了一大难题，我们在另一大难题上也达成一致，由法兰克福特起草文本。因此，我几乎没有承担任何与文本相关的实际工作。不过，若非我妥协让步，这件事永远也不可能完成。今晚的工作早早结束，十分愉快。

1919 年 3 月 14 日,星期五

美国驻伦敦大使馆的威廉·巴克勒先生(Mr. William Buckler)来电,向我们保证在劳工草案问题上与英方保持联系大有好处。

来不及等冈珀斯先生,我便和斯洛森便驱车前往巴黎大主教故居参会。劳工事务委员会的会议从上午 10 点开到了 11 点,主要讨论了明年秋天在美国华盛顿召开第一届国际劳工大会的议程。会后,我回到克里翁酒店,与比尔、梅泽斯、我方的意大利问题专家托马斯少校(Major Thomas)以及意大利代表团的皮亚森蒂尼先生(Signor Piacentini)共进午餐。皮亚森蒂尼先生曾在意属非洲殖民地工作,战争期间身在阿尔巴尼亚。我们与他一起详细地讨论了意大利对亚得里亚海和非洲主权声明的修订问题。下午 3 点,我又回头考虑劳工事务委员会上提出的"国际劳工大会"问题,并起草劳工宪章,一直忙到 6 点 45 分,然后与拉扎德驱车回到巴黎大主教故居的宴会厅里,在那里口述撰写材料,直到晚上 10 点。之后,我回到克里翁酒店,又碰到了英国代表团的费伦,两人聊到很晚。

1919 年 3 月 15 日,星期六

今天起来很早。不到 9 点,我已驱车上路前往格兰德酒店(Grand Hotel)找冈珀斯先生,讨论起草委员会完成的草案,并告知他今天的会上该怎样推动。有人将我引到冈珀斯先生的房间门口。当我敲门的时候,一阵困倦的声音传了过来,宣称房间主人不见客。10 分钟后,我又返回克里翁酒店,与美国海员工会的安德鲁·弗鲁塞斯争论,力图向他

说明:国际劳工立法并不一定意味着他长期以来为改善美国海员命运而努力争取到的成果会付诸东流。可我最终也没有说服他。

在今天的会议上,他们起草了第一届国际劳工大会的计划方案。我成功说服他们将童工问题作为一个专门项目纳入会议计划中。现在,它与8小时工作日问题以及有关女工的规定一起,被列入了会议议程。我尽可能地将我起草的第一份计划拿到这次会议上,它也得到了与会各国劳工代表团的认可。

中午,与拉帕德教授、英国海外贸易局的彭伯利少校(Major Pumpelly)共进午餐,相谈甚欢,主要讨论战争所产生的经济后果。

下午,继续推进文本工作。今天春光明媚,我与梅泽斯博士前往杜伊勒里花园漫步,他在那里发现了4尊十分精美的儿童奔跑姿态的小型雕像。它们是我见过的最为小巧别致的雕像了。随后,我们在附近溜达,遍寻历史景点,发现了圣罗氏教堂(Church of St. Roche)。当年,拿破仑第一次镇压巴黎群众起义时,曾炮轰这座教堂。时至今日,它依旧保留着被炮轰后的残破样子。一路上,我们只谈历史与艺术,闭口不谈和会之事。

傍晚,在茉黎斯酒店与摩根公司的托马斯·W.拉蒙特(Thomas W. Lamont)夫妇共进晚餐。英国财政部的约翰·梅纳德·凯恩斯先生和法国金融集团中最有活力的成员莫奈先生(M. Monet),也参加了晚宴。他们刚从布鲁塞尔回来,凯恩斯还在那里主持了一场与德国人之间的会谈。德国人在会上被迫放弃了自己的战舰。凯恩斯所讲述的会上的事情十分有趣。在这个无奇不有的世界里,似乎无人认为德国海军最终竟向一位财政部官员投降是一件怪事!不过,制裁确实是一种比较可怕的经济武器,正如德国出现的饥荒所证明的。凯恩斯先生非常幽默。

1919年3月16日，星期日

上午，同罗宾逊、海员工会的弗鲁塞斯和弗林(Flynn)待在一起。经过大量的讨论，他们通过了我在草案中所给出的建议。中午，与比尔、杨格共进午餐后，我将草案拿到马克斯·拉扎德在讷依小镇的家中，他指出了让法国人接受这一草案的困难之处。他的花园里种着番红花，草坪上盛开的雏菊散发出亮丽的光泽，玫瑰花丛已含苞待放，果树上的果实也快要长出来了。坐在他的办公桌前，透过长长的法式窗户向外面的草坪望去，一幅静谧的田园风光展现在我的眼前。即使只是从克里翁酒店到这里待了1个小时，也让我的精神得到了极大的放松。

为了不耽搁劳工文本的进一步起草，我提前离开了讷依小镇，驱车回到克里翁酒店，急忙起草了作为妥协方案的新文本，好让法国人也满意。凌晨1点刚过，文本副本就已通过油印机印制出来了。

1919年3月17日，星期一

今天或许是我一生中最忙碌的一天。早早起了床，不到8点45分，便已赶往奥赛码头（法国外交部），会见詹姆斯·布朗·斯科特博士。我向身为国际律师的斯科特博士说明了摆在我们面前的困难和已有的解决方案，请他同意，最后成功了。8点45分至10点，我将所有的备选方案提交给罗宾逊先生，并帮他从我手中的各种方案中选择了一个糅合了诸多要点的方案，好让他理解问题的所在，以便他能够向别人说明。在会上，他对此一一做了介绍，并声明这些建议出自我，还将他的椅子让给了我，让我继续慷慨陈词。效果很好，因为巴尔内斯先生承认，我已说服了他，新方案的精髓比此前提出来的方案更好。

午饭吃得十分匆忙，因为我们得为下午3点召开的委员会会议做准备，将用英语和法语编写的油印文件备齐。为了推动工作进展，我们成立了一个小组委员会，其成员包括马尔科姆·德莱文涅爵士、马海姆教授和罗宾逊先生，由我担任研究顾问。

我在巴黎和会上的最期盼之事终于梦想成真了，即整个和平条约中涉及改善全世界劳工状况的那部分条款。今晚，我总算感到大功已成。

傍晚，与杨格、比尔、雷·斯坦纳德·贝克和斯威特瑟共进晚餐。吃完晚饭后，与安德森一起撰写文本。晚上9点后，沃尔特·威尔顺道来访，一整晚都在谈论达尔马提亚问题。这次意大利之行对他来说获益匪浅。

1919年3月18日，星期二

上午，在克里翁酒店罗宾逊先生的房间里召开小组委员会会议，内容是起草联合协议。这是自我接手此事以来所经历的最接近谈崩的一次。我拿上大衣，准备转身离开房间，这时那个碍事的成员让步了。最后，我们谈妥了大部分的事情，分歧只存在于一个要点上。我对明天委员会的会议充满期待。经过了10天的辛苦努力后，我很高兴看到局面可以得到挽回的希望。

中午，同比尔、弗兰克·西蒙兹共进午餐。弗兰克·西蒙兹是我见过的最聪明和健谈的人之一,他犀利地点评了美国和谈代表团中的一些专家,但我们乐于听到他的点评。为了维持小组委员会的内部和谐,我们一下午都在做最后的努力,到了大概4点半,总算成功了。最后的结果是,我们认为需要对原方案做较大的改进。尽管此事的成功应归功于参与谈判的每一位成员,但在吃晚饭之前,英国和法国代表团在获知消息后打来电话向我祝贺,让我感到十分高兴。现在,英语和法语的草案文本已经准备了,以备明天的最后一场会议使用。

与霍顿·米夫林出版公司的霍伊特先生共进晚餐,我与他一起策划了更多关于巴黎和会历史及其对美国所带来的影响的图书。我们是在杜伊勒里花园对面的一家安静的小馆子里用餐的。

1919年3月19日,星期三

前阵子,不记得具体是哪天了,我们在委员会会议上通过了劳工方案。

今天早上,我碰到了美国海员工会主席安德鲁·弗鲁塞斯先生,感觉他对我们正在做的事情深表疑虑,因为他担心保守的英国有一天会拉着美国参议院一起放宽保护海员的立法。在上午辩论的间隙,我好好思考了如何在即将成立的国际劳工组织中保护海员群体。按照法方的建议,这是可以做到的。我为罗宾逊先生提供了一些辩论的要点,并让安德森先生带到辩论现场。马尔科姆·德莱文涅先生提交了劳工事务委员会的联合报告。由于我提前给每位代表分发了法语和英语的文本,我们在两个小时内结束了辩论并举行了投票。等到我的手表显示

12点钟的时候,委员会接受了这份报告,我们最后10天的工作最终圆满地画上了句号。

在下午的会议上,整个公约草案都被通过了。妇女代表团提出的修改建议也得到了考虑,但在措辞方面有细微的改动。下午5点半,投票正式开始:11票赞成,1票反对(不是反对我提出的观点),1票缺席,2票弃权,获得了2/3多数,最终通过。考虑到事关重大,这次投票是通过唱票的方式来表决的。随后,会议对劳工宪章的条款进行了一些讨论,摆在我们面前的下一项工作,就是将其纳入和平条约,或是将其与国际联盟联系在一起。我预感还是会由我来处理这些问题。

至此,我才有可能更加充分地描述一下我们开会的地方。举行会议的地方是大主教的前礼拜堂,曾经用作宴会厅。我一直不清楚这里举办过什么样的欢快宴会。现在看来,这座建筑在被大主教接管之前,属于一个不亚于蓬巴杜夫人①的权贵。所以,在这里,你能体会到法国历史的沧桑变迁,从蓬巴杜夫人一般的权贵到大主教,从大主教再到法国劳工部。房间长约50英尺,长宽比例十分和谐,门框上装饰着漂亮的小浮雕。墙壁上的木雕大多刻着水果和其他代表物产丰饶的东西。会议结束后,我参观了其他的一些房间,几乎没有看到比宴会厅更好的房间。法国劳工部部长的府邸就在此处,他的个人办公室便是会客大厅,内有精美的挂毯和旧时家具,整个房间和枫丹白露的房间一样漂亮。透过窗户,你可以看到一个静谧的花园,两侧有古老的石墙;在更远处的绿色土墩的映衬下,一组雕像矗立在园中。前景处有一座小喷泉,流水正从一堆贝壳上涌出。树上的叶子还未长出,所以能够看到远

---

① 18世纪法王路易十五的情妇。——译者注

处的公寓楼。到了夏天，这里定是一片安静优美的景致。

晚上，与巴尔内斯先生一起去马克斯·拉扎德家吃晚饭，顺路带上比尔前往曼捷斯帝酒店。在曼捷斯帝酒店，我不得不拒绝了阿拉伯探险家格特鲁德·贝尔小姐的共进晚餐之邀。之前，劳伦斯上校曾邀请我和比尔见过她。拉扎德家举行的是一次安静的家庭聚会。吃完饭后，我们早早离开，赶回克里翁酒店参加豪斯上校举办的招待会。这次招待会邀请了所有的高官政要，但由于我们回到酒店时已经很晚了，于是从一扇旋转门进入，劳合·乔治则从另一边走了出来。来到楼上，我们看到贝尔福正在穿外套。最后，我没有进入招待会场，而是跟着比尔去了他的房间，在那里度过了余下的夜晚时光。

1919年3月20日，星期四

上午和下午就劳工宪章事宜各召开了一次会议，两次会议之间还出现了代表美国海员的激烈游说。今天的工作很辛苦，开始得很早但结束得很晚。就目前的情况来看，美国劳工组织对欧洲外交官心存怀疑，若没有后续的改变，他们的反对将会令我们的整个工作大打折扣。

1919年3月21日，星期五

我再度成为劳工事务委员会的专员，继续讨论劳工宪章事宜。法国政府在杜法耶尔大楼为我们代表团中的一些人安排了午宴,好让我们见见最重要的大腕柏格森教授(Professor Bergson)。安排此次午宴的莫诺德先生(M. Monod)说他以前见过我,还记得我,但我觉得他不过是官场上的逢场作戏,并非真心实意。这是一场盛大的午宴。现场大约有20多个人,包括比尔、哈斯金斯和鲍曼,以及刚刚到场的麦克法官(Judge Mack)、法兰克福特、美联社社长梅尔维尔·斯通(Melville Stone)等。

下午的会议在瓦伦内斯大街上的法国劳动部大楼召开。在弗鲁塞斯先生所感兴趣的问题上,我们再度发现了美国人与欧洲人观念中的一系列分歧。辩论一直持续到6点,然后才离开,脑子里一直在想究竟如何才能将这件事理顺。

晚上,比尔叫上菲利普·科尔,到杨格的房间里共进晚餐。科尔对目前欧洲局势的看法十分悲观;但令我印象深刻的是,尽管他对事情感到悲观,但他依然保持着个人的乐观精神,与他对事情的看法截然相反。他走后,比尔解释道,正是科尔的宗教信仰,令他始终对事情的最终解决充满自信心。

1919年3月22日,星期六

今天的会议是劳工事务委员会的决定性会议。我整理了自己对美方提交的修正案的各种意见,与冈珀斯、安德森和斯洛森一同驱车前往会场。其他国家的代表们都注意到我们的态度是严肃的,于是提议加入我们所主张的一些内容。几个小时后,为了使措辞投我们所好,会议对文本进行了修订,满足了我们的要求。我和冈珀斯先生暗暗地相互庆贺,因为文本中加入了对我们而言最重要的一项条款。接着,我们又处理了其他的一些条款,会议延长至下午1点半。我们完成了劳工事务委员会的所有议程,然后散会离开了。下周一,我们会再开一次会,听取秘书关于劳工事务委员会全部工作的总结汇报。星期二,该报告将被提交至"十人委员会"。

大致情况是这样的:两周前,由于分歧太大,我们处于破裂的边缘。第一周,我们成功地说服英方解决了我国的宪法难题;第二周,劳工事务委员听从了美国劳工组织的要求,并满足了他们的要求。如今,皆大欢喜,圆满收工。我准备重新着手外交史研究了。吃过午饭后,我在酒店的走廊里遇见了弗鲁塞斯。虽然就在两天前,他以最平常的语言表达了对我所做的一切的不信任,但在今天下午,他对我说:就个人而言,他很乐于让我成为美国海员工会的荣誉会员。

下午,比尔、杨格和我开上一辆属于克里翁酒店的车出去兜风。我们沿着通往奥尔良的路,向南开了5英里。这条路的路面是鹅卵石铺成的,十分难走。接着,我们驶入一条两旁种着高大树木的、优美的乡间小路,在风景宜人的乡村原野中一路飞驰,随后沿着长长的山坡,穿过了一片人迹罕至的森林。

我们从西边稍远的另一条路往回走,来到位于一座山顶上的查迪伦要塞(Chatillon)。1871年,驻守巴黎的法军曾试图从这里突破德军的防线。我们从山上俯瞰着巴黎西南部和塞纳河谷。这是一片宽阔而美丽的盆地,远处则是圣克劳德(St. Cloud)山脉。最后,我们穿过山下对面的平民区返回了巴黎。

1919年3月23日,星期日

吃过早饭后,我步行来到了法国国家图书馆。已经有一个星期没来过了,我觉得没有必要再匆匆忙忙的,因为一切都已经安排妥当。之后,我与费利克斯·法兰克福特沿着香榭丽舍大道散步,他对劳工事务委员会的成果感到十分满意。普罗瑟罗博士过来吃午饭。他是世界上最有影响力的意见杂志之一的《评论季刊》(*Quarterly Review*)编辑。后来,我和比尔驱车前往曼捷斯帝酒店,又去了布洛涅森林。我们漫步在公园小径上,公园里开始展露出春天的迹象。可是,当得知匈牙利爆发骚乱的最新消息后,我俩都感到十分郁闷。如果骚乱在未来的一段时间内继续蔓延,我们的和约可能会成为一张废纸。简而言之,我们感到了好像自己的工作遭遇不顺一样的沮丧。

我回到曼捷斯帝酒店与劳伦斯上校喝了杯茶。哪怕在说起关于解决近东问题的最为严肃的主张时,他也会流露出一股按捺不住的幽默感。贺加斯(Hogarth)也在那儿,他是一位杰出的考古学家。看到他穿着英国海军制服,我感到极不协调。晚宴是在鲍曼的房间里举行的一场安静的家庭聚会。结束后,我们同纽约《国家》(*Nation*)杂志的奥斯瓦尔德·维拉德(Oswald Villard)聊了一个晚上。他在德国待了一个月,刚刚回到巴黎,向我们生动地讲述了德国贫民所蒙受的难以想象的灾难。如果他讲的事情只有1/10是真的,那么他们(指德国人)已经受到了沉重的责罚了。他确信,德国军国主义已经完蛋了,只要法国人能够被引导着善待德国人,以避免激起他们内心的恶,善良的德国人民将心向和平。在慕尼黑的时候,他还出席了德意志帝国议会,目睹了艾斯纳遇刺。他对此做了生动的描述。

1919 年 3 月 24 日，星期一

今天上午下雨了，太阳到了临近晌午的时候才出来，晚上的时候又下起了雨，不过天气回暖，树枝也发芽了。上午 10 点，劳工事务委员会召开了最后一次会议，我们听取了英国代表团秘书巴特勒先生的总结报告。整个草案最终获得通过，委员会继而解散，大家相互致谢，并高谈阔论起劳工事务委员会在社会福利运动历史上的伟大意义。大家还对力挽狂澜的小组委员会成员的工作致以敬意，每个人都在由衷地庆祝，将过去的困难抛在脑后。我们四处走动，相互握手，以至于忘记了时间。毕竟，我们的报告还未提交至大会。

中午，同国务院的利兰·哈里森先生（Mr. Leland Harrison）共进午餐。我向他争取到在全体会议上对我们的报告的支持。我在法国劳工部待了一下午，对报告文本进行了最后的编辑整理，今晚将它交给政府文印办公室。巴尔内斯先生本来要和我共进晚餐，但他应邀前往剧院看戏，周四后才会有时间。

当我的秘书在法国劳工部里打字时，我站在阳台上，得以享受片刻的安宁。我望着花园里翠绿的草坪，树上的新芽也传达出盎然春意。鸽子在高处的枝头上筑巢，又飞到荣军院圆顶上方的十字架尖端。巴黎和会似乎还有很长的路要走。当我写下这篇日记、抬头望着克里翁酒店的屋顶线时，一名美国卫兵正扛着枪在平坦的屋顶上来回踱步。

1919 年 3 月 25 日，星期二

上午，前往阿斯托利亚酒店，与巴特勒、费伦一起审阅了劳工事务委员会的报告。将文稿交给印刷工后,我又前往比利时代表团总部所在的洛提酒店(Hôtel Lotti),与马海姆教授共进午餐。这家酒店位于巴黎大陆酒店旁边,虽然规模不大,但十分漂亮。马海姆教授即将返回列日(Liége),他是比利时列日大学的经济学和法学教授。他希望10月份能前往美国参加国际劳工大会的第一次会议,并在美国大学里做一些讲座。他是一个性格沉稳、举止得体的人,也是劳工立法运动最早的发起者之一。

下午,我阅读了一些证词,并放松了一下。卡布里尼(Signor Cabrini)是巴黎和会委员会中的一名意大利代表,他本来要与我共进晚餐,但后捎话说他重病在身,不能来了。弗兰克·沃林用法语写了一首诗来赞美我在劳工谈判中的作用。吃过晚饭后,艾尔斯上校、托马斯少校、比尔、沃尔特·威尔和我继续前一天晚上的讨论。我们很晚才散去。之后,我陪着沃尔特·威尔一起散步返回他所住的酒店,两人逍遥地漫步在林荫大道上。毕竟,在我所遇到的人当中,很少有人像沃尔特·威尔那样态度公允、视野开阔。

1919年3月26日,星期三

天空依旧阴沉,春天姗姗来迟。上午9点,乔治·贝里少校(Major George Berry)来我房间向我道别,还邀请我去他在田纳西的家相聚。他会和冈珀斯及其他劳工领袖一起返回美国。印刷机在上午9点15分之前将委员会所需的文件印好了。我赶到法国劳工部,让方丹先生同意一处修订,再同英国人交换了文件。我向冈珀斯一众告了别,他们在中午时离开了。

巴黎和会的第一篇章就此结束了。现在我想着手于外交史研究。可这个周末,我和比尔要去蒂耶里堡(Chateau Thierry)和苏瓦松。

革命之势正在高涨。在巴黎,大部分人都认为,匈牙利的革命只是个开始。

1919年3月27日,星期四

中午,我邀请方丹先生共进午餐。他是一个沉稳的法国中年男子,在巴黎担任法国劳工部部长已有多年。

吃过午饭后,我去梅泽西博士那里,看了他围绕君士坦丁堡和博斯普鲁斯海峡问题所做的外交史研究。不过,我的结论是:尽管我看到这些研究十分高兴,但它们并不像我之前做的事情那样属于真正的学术研究。接着,我又来到米勒先生的办公室,看看他在忙些什么。我发现他正在修改《国际联盟盟约》的文本,因为大家都认为它需要进行修订。他立刻交给我一项工作,于是我又忙了一整个下午,这意味着需要对原有文本进行较大改动。

直到晚饭时间以前,我一直都在处理文本事宜。但我不得不停下来,赶去接巴尔内斯先生,因为我邀请他与我共进晚餐,以便和我现在的同事们一起全面讨论劳工问题。

我们在杨格的房间里聚餐,陶西格教授、哈斯金斯和惠特尼·谢泼德森在场,巴尔内斯先生来了,也带来了他的秘书霍奇森先生(Mr. Hodgson)。在我过去编辑《大英百科全书》的时候,霍奇森先生也曾为此出过力。我们讨论的主要话题是劳工宪章,而非劳工组织。因为国际劳工组织的章程条款已经历过认真的起草和热烈的讨论,无须再辩了,劳工宪章则没有。

1919年3月28日,星期五

一有机会见到马尔科姆·德莱文涅爵士和巴尔内斯先生,我就立刻赶往曼捷斯帝酒店。今天上午,我们一直在讨论马尔科姆爵士对劳工宪章的修订,他的修订是昨天晚上我与巴尔内斯聚会的时候完成的。至于国际劳工大会与国际联盟之间的关系,我有一些建议,于是通过贝克先生(Mr. Baker)转交给罗伯特·西塞尔勋爵,他是勋爵在劳工事务方面的手下。我与巴尔内斯和霍奇森沿着香榭丽舍大道返回住所。路上到处都是美国大兵,人数之多实在令人吃惊。

吃过午饭后,我前往法国劳工部与方丹先生一起安排劳工宪章的修订工作。我见到他时,他正在一间曾是他的办公室的旧厢房里工作,透过房里的窗户可以俯瞰外面的小园子。马克斯·拉扎德在那里,我们把事情搞定后,我开车带他去了他以前在巴比伦大街(Rue de Babylon)的旧宅子。他现在将这座旧宅子留给法国反失业协会(the French Association Against Unemployment)使用,并投入巨资支持该协会的运作。他带我走到楼上,让我看看窗外的风景。原来有一间小屋子,守卫着奥尔良家族的豪宅大门。奥地利大使馆后来得到了此处的房产。这里有大约4英亩的树林、草坪和花园,布局精美,位于巴黎最时尚的地区中心。人们都想知道,哪位美国百万富翁将会成为它的下个主人。街道对面是一所修女院的园子，虽然差不多，但种的都是蔬菜。戴着白色帽子、穿着蓝色裙子的修女们正在和园艺工人们一起忙于田间的农活。我想，巴黎城中应该没有别的房子能像马克斯·拉扎德的宅子一样拥有田园般的风光吧。

傍晚，与林肯·斯蒂芬斯、杨格和陶西格共进晚餐。斯蒂芬斯是直接从苏维埃俄国回来的，他和布列特被派到那里，与列宁有过一番交谈。这是我在巴黎度过的最有趣的一个夜晚。列宁他们将自己描绘为强烈的民族主义者，斯蒂芬斯将他们描绘为布尔什维克主义者，我选择称他们为布尔什维克主义者。

1919年3月29日，星期六

我拜访了罗马国际农业研究院的德拉戈尼（Dragoni），提议将该研究院纳入国际联盟，作为其下属机构。德拉戈尼是意大利人，相貌不凡，说着一口流利的英语。我邀请他周一晚上与马萨诸塞州农学院的巴特菲尔德共进晚餐。巴特菲尔德现为美国陆军农学院波美（Baume）①分校校长，因此我请金斯伯里（Kingsbury）发电报给他，邀他前来参加周一的会面。

吃过午饭后，我接到伍德斯托克的奥威尔·皮茨中尉（Lieutenant Orville Peets）的电话，立刻开车去见他。我发现他与詹金森上尉（Captain Jenkinson）在一起。詹金森上尉与基督教青年会一起经历了阿尔贡之

---

① 波美为法国中部城市。——译者注

战,且整场战役他都在前线。他说,当时激战甚酣,枪管发热,烫得能煮热咖啡。他躲在壕沟里,居然毫发未伤。皮茨中尉离开基督教青年会,加入了军队,现为一名情报人员。我会尽力让他加入军队教育委员会来讲授艺术。

下午3点,我在法国劳工部同编委会一起编撰总结报告的最终文本。结束后,我漫步在巴黎安静的街头,经过拿破仑墓,来到巴斯德雕像前。我的目光从巴斯德纪念碑顺着长长的林荫大道,望向拿破仑墓,两相对比,令人惊叹。返回克里翁酒店的时候,我碰见了劳伦斯上校,我请他到我房间喝下午茶,讨论教育与近东问题的关系。比尔很快加入了我们的讨论,他还邀请劳伦斯、我、布利特夫妇和拉帕德教授共进晚餐。布利特对苏俄很感兴趣,他对于戏剧性事件和新闻有着记者一般的洞察力,他向我们呈现出一幅生动的画面。如果布尔什维克主义愿意做出妥协,情况就不像人们所描述的那样绝望,布利特认为它肯定会妥协的。

1919年3月30日,星期日

这是我在前线的第一天。清晨6点半,我坐在协和广场4号的军人食堂吃早饭。他们占用了一家知名餐厅的厨房,餐桌摆在了架有顶棚的庭院里,每天大约能接待600人。我喝了咖啡,吃了烤煎饼和炼乳粥,这些都是用军用锡碗盛着的。

今天非常冷,事实上是我们经历的最冷的日子之一。外面是真正的暴风雪,北风凛冽,呼啸而过,大雪断断续续地下了一整天。尽管如此，我们驾驶着凯迪拉克牌汽车在外面跑了250英里，大部分时间都是行驶在坑坑洼洼的路面上。有一些坑洼是军用运输车辆压出来的，还有一些坑洼是被炮弹炸出来的，略加修补。我们的司机此前曾在夜晚没有灯的情况下驾驶着卡车行驶在前线上，也曾载过别的考察团参观前线，可谓经验老到，因此，当他以每小时50英里飞驶时，我什么都没说。不过，有一件事我很不习惯，那就是我们的车下山时犹如滑雪橇一般。司机似乎觉得，如果把车头顶着路猛开，车就不会摆动了。不管怎样，我们最终安全通过。坐在车上，真是感觉路远迢迢啊！

上午8点，我们驶出巴黎城门，沿着长长的大路驶向莫城（Meaux），这是一条通往兰斯和凡尔登的军用公路。我们离开克里翁酒店的不到1个小时，便穿过了一片甜菜地，远远地望见两三千米外的一个名叫蒙蒂翁（Monthyon）的小村子。1914年9月5日中午，马恩河战役正是从这里发出了第一声炮响。眼下的这片甜菜地十分开阔，既长又宽，没有杂草覆盖，地势十分平坦。摩洛哥旅团曾在这里发起了冲锋。甜菜地外的东北方向地平线上，有两座小村子，村边有一片树林，那里正是德国冯·克鲁克（von Klunk）军的位置。他们正在向马恩河进发，在此停下来，以阻挡来自侧翼的进攻。德军将防线隐藏在这片多树而破败的乡村地区，但法军在发动战役的头一天就迫使他们撤退了。我们沿着一条乡间小径穿过了战场的中央地带，前面就是讷夫穆捷（Neufmontiers）村。德军曾在村子前面的一条小溪后架起了机关枪。村外的山上则是庞莎尔（Penchard）村和那片小树林，在此可以俯瞰讷夫穆捷村。田地已经被农民们重新翻耕过，但地里还是能看到许多坟墓。法国阵亡战士纪念协会（Society for the Memory of Fallen Soldiers）在每座坟前都竖起了一个小小的十字架和墓牌，还在坟头上插上一根棕榈枝。这些棕榈树都被风吹弯了,下面的半截则被雪盖住,令这片曾经的战场平添了许多凄凉。不过,除了地里的坟墓,这片乡村地区基本上恢复了战前的面貌,因为第一次马恩河战役所留下的痕迹比较少。如今,农民们在田间辛勤地耕作,谷仓被重新封住了顶。我们接着去了尚布里(Chambry)。1914年9月6日和7日,德军从法军手中夺得此地。在村舍周围的高大石墙上,留下了曾经发生的激战的痕迹。在瓦雷德斯(Varreddes)村,我们突然发现已经到了马恩河河谷平原的边缘。随后,我们爬到了河谷的上面,头一次意识到谷底有多深。马恩河河谷北边的平原更像是高原,马恩河从中流淌而过,河边都是陡峭的山丘和遍布的树林。站在瓦雷德斯上方的山上,我们可以鸟瞰马恩河上的桥梁和村庄。瓦雷德斯大桥在战争期间被炸毁了,我们只好通过临时搭建的铁索桥,来到马恩河南岸的特里波特(Trilport)村,驶上通往蒂耶里堡的主路。这条路顺着马恩河蜿蜒向前,沿途风景如画。

  如果我没记错的话,英军是在拉费泰苏茹瓦尔(La Ferté-sous-Jouarre)渡过马恩河的。我们也来到这里,从此渡河,回到马恩河北岸。我们沿着一条斜坡路开了大概10英里,进入了一片树林,在路边发现了一小排坟墓,上面插着美国国旗。这里是第二次马恩河战役中的美军阵地。1918年6月,德军再次进攻巴黎,在此被击退。路边的小树林里有一些小型壕洞。在山头上,路旁的大树都已被砍倒。这里曾经发生过激烈的战斗。我们在接下来半小时里走的路,美军花了约1个月的时间才走到。美军大炮曾炮轰山头,炮火的痕迹清晰可见。沃(Vaux)村坐落于下一处横断山谷中,如今已化为残砖烂瓦,只剩下几面墙壁没有坍塌。不过,在其中3间被炮火摧毁的房子里,我们发现有些老百姓回到了原来的家园,但生活状况十分不堪。

我们沿着一条小路，穿过树林和田野，从沃村来到布勒什（Bouresches）。布勒什对面的西面山坡上现在是一处美军公墓，内有一座纪念教堂，风景优美。我们眼前便是著名的贝洛林苑（Belleau Wood），它位于一座大约3英里长、1英里宽的岩石山上。田野里的弹孔、铁丝网和路上的弹片，都是曾经的战争的见证。树木要么被劈成了几段，要么被拦腰炸断，茂密的灌木丛掩护着堑壕和壕洞，战争的痕迹依然可见。和这里相比，半个多世纪以前尤利西斯·格兰特将军在攻打里士满时（指美国内战）所留下的伤痕不值一提。一些埋得不深的坟头被炮弹炸开了，从此便无人问津。那些都是德军士兵的坟墓；路边所见的法军和美军士兵的坟墓看上去情况好一些。我独自漫步在树林里，感觉这地方寂静得出奇。过年的鸟儿们回来了，开始为了迎接春天而寻找巢穴。我们从贝洛林苑前往蒂耶里堡，经过了西面山坡上的德军壕洞。站在这处制高点，我们可以俯瞰山下风景如画的城市和马恩河的全景。蒂耶里小镇的上方有一座废弃的古堡。趁着司机修补轮胎的间隙，我们有时间去参观一下它。之后，我们径直向北，穿过树林密布、延绵起伏的乡村，来到布雷西村（village of Brécy）。我们在这里拐到了一条位于铁路线下方的乡间小路，发现了一处从单轨铁道延伸到树林里的小山坡。这里曾是德军炮轰巴黎的远程大炮的炮台，轨道开关就在树林里不到200英尺之处。铁轨的路枕之间间间断断地嵌着一些箱子，后来我们看到其中的一个箱子里种着一棵小树，顿时明白了它们的作用。原来，德军白天沿着铁轨在箱子里种上小树，晚上再将它们挪走，从而使法军飞行员白天看不清炮台的位置。这座炮台方圆约20英尺，支撑炮筒的炮架可以借助滚珠轴承而移动，还带有气动阀门。整架大炮是一套高度精密的机械设备。我捡起一些螺母和螺栓，在木头的边缘还捡到一个弹壳,可能是发射榴弹后留下的。铁轨沿线仍留有许多弹药和军用物资,但没有任何战争的迹象。田地里已经有人耕种了,一片欣欣向荣的乡村景致。

现在大概是下午3点,我们继续向法瑞恩塔德努瓦(Fère-en-Tardenois)镇进发。小镇面积不大,但被毁大半。我们沿着乡间公路往东走,来到了坐落在广阔田野中的一处小坡上的美军公墓。整片墓地里大约有500座坟墓,绝大多数都是无名烈士墓。不过,我们在其中看到了乔伊斯·基尔默(Joyce Kilmer)的名字,他是一名诗人,也是哥伦比亚大学校友。尽管当时已临近傍晚,我们还是决定在天黑之前看一眼兰斯城。于是,我们在确保安全的情况下加快了速度,途经好些被毁的城镇,沿着风景如画的乡间公路,经过了罗米尼(Romigny)、维尔恩塔德努瓦(Ville-en-Tardenois)、布利尼(Bligny)和帕尔尼(Pargny),最终于下午5点半抵达兰斯。

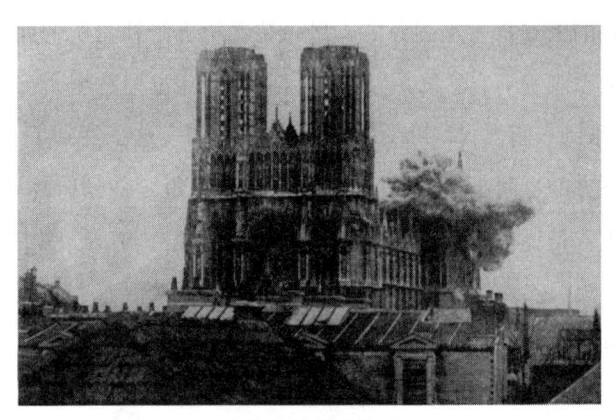

兰斯大教堂遭炮轰

兰斯已是满目疮痍,废墟一片,令人震惊。我们之前也见过废墟,但当我们驱车来到兰斯大教堂门前时,发现它已完全没有了从前的影子。教堂废墟所透露出的悲凉感,我实在难以言表。眼前的房屋都被炸飞了屋顶,只剩下残垣断壁,无形中增添了更多的悲凉。在某种意义上,兰斯大教堂比以前更加壮美了。过去,它拥有着完美的和谐和丰富的细节,让人们难以体会融合其中的建筑与雕塑的丰富多样。现在,它变得支离破碎,使人们将目光聚焦于那些残存下来的细节,因此更加惊叹于它的高大宏伟。教堂大门口的许多雕像也被炸得粉碎,超出了我的想象。其他那些尚未被毁坏的雕像则被人们用沙袋保护起来。令人感到惊奇的是,墙顶周围连接飞拱的柱廊里的细长石柱完好无损,塔楼也没有被毁。中殿的拱顶上有许多大窟窿,从墙体上掉下来的残砖烂瓦被堆在一块,一堆堆地在教堂基座上围了一圈。大门口架起了一道围栏,将参观者挡在门外。门前原来有一座圣女贞德的雕像,如今它被安全地挪至别处,但并未换上其他雕塑。靠近教堂基座的地方有一处弹坑,曾有一枚德军发射的炮弹在此坠落爆炸。我们在兰斯城只待了半小时,因为车上只剩一个完好的备用轮胎了,最好不要跑太久的夜路。

我们小心翼翼地穿过遍地都是成堆废墟的兰斯街头,找到了一家小餐馆。餐馆没有天花板,就是在残存的墙体上搭上了临时顶棚。我们在此大快朵颐,吃了泡菜和香肠,喝了一点兰斯产的葡萄酒,十分丰盛,每人花了6法郎。餐馆老板是波兰人,他是停战后第一个回到兰斯的人,就为从旅客身上赚些钱。

之前我们进入兰斯的时候,天正下雪,视野不清。从兰斯返程的路上,我们的视野好多了。一路上至少有好几英里,我们穿过了真正的"无人地带",途经德军在发动最后攻势时在兰斯城西边挖掘的堑壕。带刺铁丝网沿着空旷的田野肆意延伸着,地里到处都是弹坑,大多是些小坑。我们在兰斯城西边的一座小山上行驶,我想它可能就是战史中所记载的"兰斯山"吧。我们转头眺望山下的原野,远方的教堂高塔矗立在鬼魅般的兰斯城中。回望那横亘其间的悲凉景象,便是兰斯城留给我们的最后印象,正如初见它时那般鲜活。

我们从多尔芒(Dormans)出发,一路沿着马恩河河谷前往莫城,行驶在为法国守军提供后勤补给的主干道上。这条路是交通要道,因此维护得很好,路面上没有我们在北边的路上遇到的大坑。此处的城镇没怎么受到战争的影响,但也呈现令人沮丧的荒凉景象。现在是周日晚上,但大多数房屋都大门紧闭,在街头看不到几个人。不过,今天确实天气阴冷,寒意刺骨,冻得人浑身不舒服。我们顺着马恩河南岸行驶大约50英里,时不时地看看水面上泛起的粼粼波光。我们到达莫城的时候,天色已晚。莫城是一个不小的城市,狭窄的主街道不远处就是大教堂。教堂建筑精美,令人印象深刻。随后,我们打开车灯,沿着长长直直的公路向巴黎驶去。

路的两旁种着大树,十分整齐,延绵数英里。在这样的路上开夜车,实在是一种独特的体验。树干被车灯的灯光照到后,看上去像是一堵阴暗的墙,让人感觉我们的车正在以50英里的时速穿过一条长长的画廊。在位于乌尔克(Ourcq)战场南部边缘的一座荒山头上,我们的车第三次爆胎了,旁边只有一座废弃的甜菜加工厂。后面的路还远着,就在我们刚刚装好最后一个备用轮胎时,有辆车在我们的后面停了下来。车上跳下来一名穿着卡其色美式军装的司机,他向我们走来,我们则请求他再给我们一个备用轮胎。他二话不说,转身就拿给我们。这个小小的插曲让人觉得,美军在法国真是无处不在。

晚上10点,我把纪念品拿回办公室,擦拭掉大衣上的尘土。

1919年3月31日，星期一

上午，一个由美国女工组成的小型代表团等着我，工会联盟(Trade Union League)的玛丽·安德森小姐(Miss Mary Anderson)和罗斯·施耐德曼小姐(Miss Rose Schneidermann)也在其中。她们从美国赶来得太晚，最起码没赶上起草《国际劳工组织公约》的初稿。我们聊了很久，相谈甚欢。我很高兴她们认可我所做的工作，只提出了几个小小的建议。

原本打算邀请罗马农学院的德拉戈尼共进晚餐，但由于巴特菲尔德一周都不能从波美赶回来，所以我们就推迟了。

今天大部分时间都很忙。我试图确保这份劳工报告能受得到整个巴黎和会的关注，且能够在全体会议上被接受。大家都在忙着自己的特定工作，因此对它没什么兴趣。全权代表们则疲于应付来自不同部门的一大堆例行公事。

晚上，我去了曼捷斯帝酒店，汇报今天在美国代表团中游说的结果。我发现，我的英国同事与我拥有着几乎同样的心境：对我们的工作既感到兴奋又感到不确定。我们不知道，劳工问题究竟会在巴黎和会上占有一席之地，还是会因政治利益或领土争端的得失而被雪藏。

1919年4月1日，星期二

在催促了好一阵子后，我们终于摸清楚，今天下午的外长会议究竟是听取了劳工报告的全文，还是根本就未纳入议程。上午，在克里翁酒店的一楼，我在兰辛先生的办公室同他开了个小会。他的房间和法国外长毕盛的几乎一样雅致。对于劳工问题，他也表达了与毕盛差不多的认识。不管怎样,我们赶在外长会议召开之前就摸到了情况。下午3点,我与国务院的哈里森先生(Mr. Harrison)驱车前往奥赛码头(法国外交部)。罗宾逊先生、巴尔内斯先生很快也陆续抵达,随后我们4人一起进入了会场。

"十人委员会"已经解散了,现在是"四人委员会"即威尔逊、劳合·乔治、奥兰多和克里孟梭,他们在威尔逊的府邸单独开会,以尽快达成和平协议。这样一来,(英、法、美、意、日)五国外长就能另外开会了,这就是我们参加的会议。会议由毕盛和塔尔迪厄共同主持,参与者还包括兰辛、贝尔福、桑尼诺和日本代表牧野男爵。

四巨头合影

从右往左分别为:威尔逊、克里蒙梭、劳合·乔治、奥兰多

会上的讨论实在令人沮丧。巴尔内斯先生请求和会召开一次全体会议,以便向各国政府展示劳工事务委员会的工作成果;如果不能召

开,他希望将我们的报告完整地提交至巴黎和会。主要的反对者是兰辛先生,他对我们所完成的工作毫无兴趣。在他看来,这有违外交做法,可能导致未来几年就必须加以进一步的调整,也让外交部门难以执行。桑尼诺男爵也强烈反对。奇怪的是,贝尔福先生并不像其他外交官那么保守,他还表示自己比其他外长更加重视劳工问题在巴黎和会中的政治地位。然而,今天下午会议的结果几乎是我们整个工作中最令人失望的环节。僵化的思维令外交部门在推动巴黎和会上劳工问题的解决方面表现得异常迟钝。

我带着巴尔内斯和马尔科姆·德莱文涅到我的房间喝下午茶。两人都说,他们非常想喝下午茶,因为外长们不愿意像巴尔内斯所希望的那样,对劳工事务委员会予以足够的重视。巴尔内斯是我在巴黎见过最热情的英国人。马尔科姆爵士对我说,如果我没有带他回来喝茶,他会回到自己的家中不合时宜地大哭一场,就像他年少时那样。不过,我倒认为,在我们的方案尚未公之于众之前,听取别人对它的批评总好过另取新的方案,因为劳工条款是在会议结束前匆匆提出的,确实不太完善。另外,关于妇女在劳工组织管理机构中的代表权问题,还有一些要点需要修改。我们应在这份文件被和会正式采纳之前,彻底落实以上问题。

晚上,我又赶到曼捷斯帝酒店去拿所需的文件副本,好让雷·斯坦纳德·贝克将它们发给美国媒体,刊登在报纸上。

1919年4月2日,星期三

早上,与奥斯特豪特上尉(Captain Osterhaut)共进早餐。他是我在哥伦比亚大学的学生,一直担任着美国代表团的信使之职,整个冬天都在中欧地区来回奔波。他关于中欧局势的描述,让人迫不及待地想要赶紧签署和平条约。他从军需部给我弄了一个军用箱子(我当然付了足够的钱)。我在参观前线和战场的时候收集了很多纪念品,比如在伊普尔的街头捡到的机关枪弹盘以及被压瘪的子弹、头盔和弹夹等,可谓应有尽有。我想用那个军用箱子将这些纪念品全部邮寄回家。我估计,在200万美国远征军中,每个人都正带着我寄的这些东西返回美国。

上午,我处理了一些劳工问题。巴尔内斯仍不放弃,努力为劳工报告争取召开一次全体会议。他给劳合·乔治写了一封言辞激烈的信,批评了"十人委员会"的所作所为,更确切地说,是他们的"无所作为"。不过,他也指出,将这件事呈交给总统和首相们处理倒是个好办法,因为"四人委员会"比外交部的官僚们更能理解他们工作的价值。现在可以预料的是,此事还得往后推3天,但劳合·乔治也不想让劳工问题的解决陷入彻底失败的境地。

中午,与意大利代表团的皮亚森蒂尼(Piacentini)和英国代表团的艾克斯·道格拉斯(Akers Douglas)共进午餐。我们同比尔一起讨论了关于摩洛哥问题的谈判情况。下午,与挪威下议院议长、前司法与社会改革部部长约翰·卡斯特伯格(Johann Castberg)促膝长谈。他来到巴黎,就是要维护挪威在巴黎和会上的利益,且对劳工问题尤其感兴趣,是一个十分和善、才华出众的人。他似乎对我们所做的事情感到非常高兴,还说这是整个巴黎和会中最重要的一件事。他对《海员法案》(Seamen's Act)也很感兴趣,我从他那里得知,原来弗鲁塞斯去了挪威。

下午,我和比尔步行前往卢浮宫博物馆,在此参观了一个小时。卢森堡画廊(Luxembourg gallery)的绘画展、雕塑展和最新藏品展是开放的,但并未看到早期绘画大师的作品。我们穿过卢森堡花园,优哉游哉地返回克里翁酒店。回到房间后,我接到了《权力的问题》(Problems of Power)一书的作者威廉·富勒顿(William Fullerton)打来的电话。他正考虑为霍顿·米夫林出版公司撰写一部克里孟梭的小传,这也是我和霍伊特先生策划的系列丛书之一。

1919年4月3日,星期四

中午,我们邀请了英国代表团的布兰德(R.H. Brand)共进午餐,他是代表团中的财务人员。英国政府采取了大刀阔斧的改革,对个人所得和资本征收重税,以期渡过难关。尽管如此,今天的谈话总体上是令人感到悲观的。布兰德说:英国的银行家们要求政府对资本提高税率,虽说这样做会承担比其他国家更高的风险。英国这种高瞻远瞩的做法与我们其他盟国的做法形成了鲜明反差,其结果就是,英国在一定程度上能够承担其义务,而其他盟国却濒临破产。

今天花了一些时间写信。喝下午茶的时候,帕特·加拉格尔来到比尔的房间,我们讨论了日本问题。这位满嘴跑火车的爱尔兰《先驱报》(Herald)记者一直是我们这些住在克里翁酒店的业余外交官们消解疲惫的乐趣之一。他在远东待过几年,总是比我们先打听到一些小道消息,所以我们很喜欢跟他聊天。

晚上,我邀请沃尔特·威尔共进晚餐,还带他去基督教青年会看了一场士兵演出剧。剧名叫《大兵休假》,内容属于恶搞类型,大多是在恶搞军官。其中的一个笑话就会让人明白笑点在哪里。在观众们坐定后,一名宪兵从过道上走下来,将一名二等兵从座位上拖了起来。士兵反驳说那个座位是他的,但宪兵责令他离开,并在随后的争吵中告诉他这个座位是预留给一位军官的。随后,士兵们让步了,他对着观众们抗议道:他还是头一次知道军官要抢着坐士兵们在"前面"(一语双关,也指"前线")的位置。还有一个笑话是这样的:话剧的主要表演者假装看见了一个貌似难过的人,并认出他是一名军官,于是问他为何伤心。那人答道,他就要失去自己拥有过的最好工作了。后来,还有一个装成潘兴将军的人走上舞台,大兵走过去和他握手,亲切地将他称作"杰克"。①这些都是简单寻常的幽默和平平无奇的表演,但我认为这是我在巴黎见过的最重要的事情之一。因为,世界上没有哪支军队敢拿自己的军官这样开涮,其中的一些军官当然也在现场观看演出。②

1919年4月4日,星期五

上午,我带着两位美国女工代表——罗斯·施耐德曼和玛丽·安德森,前往曼捷斯帝酒店会见巴尔内斯先生和英国代表团。她们想对《国际劳工组织公约》进行修改,但我们决定维持既定文本,因为其中明

---

① 潘兴将军在美国军队中的外号是"黑桃杰克"(Black Jack)。——译者注

② 晚上休息的时候,巴尔内斯正在忙于争取大英帝国代表团对他的支持,以实现我们就"劳工条款"召开全体会议的要求。劳合·乔治向巴尔内斯表示,他毫无保留地接受我们在劳工问题上的请求。而且,正是这位首相要求不太情愿的英国代表团在和会上提议召开全体会议。主要的反对者是自治领的代表们。劳合·乔治不得不反复敲打他们:若他们不合作,拒绝将《国际劳工组织公约》草案写入和约,那么他们的保守态度会助长布尔什维克主义在整个欧洲的蔓延。第二天,巴尔内斯先生告诉我,克里孟梭先生也支持我们,希望《国际劳工组织公约》能被全体会议采纳。

确承认女工。

中午,比尔带奥古斯丁·伯纳德(Augustin Bernard)与我共进午餐。他是一位研究殖民地史和摩洛哥问题的法国学术权威,思维敏捷,视野开阔。

1919年4月5日,星期六

上午9点半,我们在豪斯上校的办公室里与他合影。

中午,在方丹先生的寓所与他共进午餐,还会见了历史学家瑟诺博司(Seignobos)。方丹这人真是越来越令人喜欢。他学识渊博,墙壁上挂满了画,其中还有两幅他和他女儿的精美画像。这幅画由卡里尔(Carrière)①所绘,凝聚了卡里尔对色彩和阴影的细致处理以及对面部特征的非凡诠释。瑟诺博司是个小老头,语速很快,言辞激烈,对我们的劳工工作备感满意,似乎比我们更加尊重这份事业。我们的劳工事务委员会中还有一位波兰人,即波兰最高法院(the Supreme Court of Poland)的帕特克先生(M. Patek),也是一位才华出众的律师。方丹有3个儿子、1个女儿,3个儿子都20多岁,身着军装,女儿学医。

今天是一个美丽的春日,所以我步行返回酒店。下午没做什么工作,只是在5点半的时候开车去了丽兹酒店。有一位妇女选举权运动的代表(她是一位银行家的妻子)之前邀请我同她和那两位美国女工代表小聚。我在丽兹酒店见到了她俩,但做东的女主人不在。于是,我们

---

① 欧仁·卡里尔(Eugène Carrière),19世纪末法国象征主义画家。——译者注

干脆离开了丽兹酒店的茶厅,从上流社会的正式茶会中逃出来。我转而带她俩去了街角的"史密斯父子"英式小茶馆,随后又去杜伊勒里花园散了会步。两位美国女工代表即将返回美国,准备为实现我们的劳工计划而努力奋斗。

晚上,安安静静地吃了晚饭(雷·斯坦纳德·贝克很郁闷)。吃完晚饭后,我和艾尔斯上校去了我的房间,查看战场地图,计划明天的行程安排。

第七章　埃纳河战场之行

1919年4月6日，星期日

我们离开巴黎的时候，正值清晨，天气寒冷，城里城外都弥漫在朦胧的白雾之中。我们沿着和上次一样的路线再次穿过乌尔克战场，但雾气的阴霾令人难以看清北方平原上那些远处的村庄。眼前的风景不像一周以前被积雪覆盖时那样轮廓清晰可见。我们到达尚布里后，没有像上次那样往南驶向瓦雷德斯所在的马恩河谷地，而是往北驶向埃特雷皮伊（Etrepilly），一条小溪顺着山腰流淌下来，穿过了平原。在山顶上，一簇簇的十字架被立在麦田里，表明这里正是发动攻势的法军在马恩河战役的最后几天被击溃的地方。随后，我们驱车继续前行，经过一片开阔的田野，进入了另一片河谷地区。河谷中流淌着乌尔克运河与一条差不多的小河，两者在利吉（Lizy）交汇。乌尔克战场之行到此就结束了。随后，我们穿过乡野，来到蒂耶里堡，再前往兰斯。

在上周的返程途中，我们沿着马恩河河谷朝着另一个方向行驶，让我更加深刻地感受到了战争的遗痕。对面山坡上的每一块地几乎都被人用粉笔标识出曾遭炮击的记号。小河对岸的每个村庄的墙壁上都留有炮弹轰击后的弹痕。在多尔芒，我们经过一条既长又宽的乡村街道，街道两边停满了法国军车。这里的房屋都遭到严重的破坏，桥边的房子被夷为废墟。不过，村民们都回到镇上了。我还看到许多刚刚从前线返回的法军战士，他们都是战争鲜活的见证。忘记说了，在前面的旅途中，我们还见到一群群从雾中走出来、沿路行军的法军战士，还在一些地方见过驾车的德军战俘。

大概11点的时候，我们抵达兰斯，和罗马尼亚王后（Queen of Rumania）以及她的随从在同一时间参观了城中废墟。兰斯如同庞贝古城一般死气沉沉，满目疮痍，让人想起了古代城市的遗址。事实上，从兰斯到苏瓦松的这一路上，我们一直有一种印象，那就是以为我们从现代世界穿越到一个已经消失的古代文明。上个星期日，我曾说过，兰斯的情况比马恩河战线更惨、更可怕。这个星期日，我们从兰斯出发，继续深入荒凉的战场。转头回望，我感觉到，兰斯不过是这片荒凉大地的一个缩影。离开兰斯后，我们沿着埃纳河前线，前往拉昂（Laon）。车行驶在一条笔直的快速公路上，这条公路穿过一片曾经十分繁荣兴旺的农业区，如今已是一片荒凉的无人地带，延绵有15—20英里。穿过这片无人地带后，我们看到了延绵不断、粉白色壕壁的堑壕。堑壕一直延伸到我们视线所及的远方，四面八方都是彼此缠绕的铁丝网。眼前一片死气沉沉，万籁俱寂。我们在一条堑壕边稍息一会，吃了午饭，唯一的一丝生机便是草地上一只云雀的鸣叫声。

在即将离开的时候，我们遇到了一群从兰斯方向那边沿路走过来的难民：3个中年男人、2个中年女人和3个孩子。他们或头顶、或肩扛、或车载着数筐食物,步履蹒跚地走着。在爬过一段坡后,他们会心地笑了起来,还唱起了歌。他们应该是快到家了。我们也离开了。不一会儿就来到了一条小河边,河上有一座临时搭建的简易桥梁。我问桥上的一位老太太,此处离贝里欧巴克(Berry-au-Bac)镇还有多远。她朝不远处的一堆砖石废墟摆了摆手,用一种令我们都十分惊诧的语气说:"贝里欧巴克就在这里啊!"我们眼前的墙壁都不过六七英尺高,没有一堵墙面是完好无缺的。除了这位老太太,此处空无一人。桥下的小河就是埃纳河了。我们过河后,驶向曾被德军占领很长时间的丘陵地带。

经过贝里欧巴克后,我们向西拐到了一处荒凉的山坡上,往上就是克拉奥讷峰(height of Craonne)。这座小山峰高约四五百英尺,山上的白垩岩已被炸得粉碎,被风一吹就随风而散,满目疮痍,草木不生。通向克拉奥讷峰的山路已经修好,可供车辆通行。沿着山坡快开到头的时候,一些突出的土堆和石头堆挡住了我们的去路。我们恍然大悟,这里就是曾经的克拉奥讷镇,它已沦为一片废墟,情况比贝里欧巴克和兰斯更糟糕。地上什么都没有,而地下到处都是在战时被用作壕洞的地窖。我沿着昔日的乡村街道走了大约100英尺,钻进山坡上的一处壕洞。壕洞内通道很窄,挤不下多少人。山坡下有许多铁棚子,内有床铺。其中的一间铁棚子内有炉灶,应为厨房;其他的铁棚子则配备有满足生活便利之需的电灯和小火炉。不过,这些铁棚子的条件实在太简陋了,在里面过夜都很勉强,更谈不上在这个荒凉的山坡上度过整个寒冬。地上随处堆放着被缴获的德军头盔和其他战利品。

我们从克拉奥讷镇继续往山上去,来到了呈东西向、与埃纳河平行且相距约两三英里的山上平顶,这里就是著名的天然堡垒——"Chemin des Dames",意为"贵妇小路"。法国的山路很多是用车轮轧出来的。

我们原本打算沿着"贵妇小路"走完整个山顶,但实在看不清路,因为地面上的车轮印大多消失了,尤其是在偏僻荒凉的道路东头,那里满地都是弹坑。即便你能硬着头皮沿着原有的车轮印继续走,也大有迷路的风险,毕竟,满地弹坑看上去都一样,让人根本搞不清东南西北。

我们经过了乌尔谢(Oulches)、瑞米尼(Jumigny)和佩西(Paissy)等几处废墟,沿着村中小路在山岗上转了一圈。我从未见过这么奇怪的村子,每间房子的后面都有一个由采石场矿工挖出的洞穴。法军和德军曾争相占领此地,用作防御要塞。村子里的路很窄,一直延伸到悬崖边。我们将车停在悬崖边,往山下望去,大约有100英尺深。后来,我们沿着南麓山坡又走了一段路,然后朝着埃纳河方向往下走。

下山后,我们来到了埃纳河边的河谷地区,沿途路边都是堑壕。曾几何时,这里正是战争的最前线。对我来说,这片河谷不如马恩河谷地有吸引力。大部分路段都是泥泞,山岭更加崎岖陡峭。我推想,即使在战前,此处的农田也比不上马恩河谷地,因为后者的农田紧邻河畔。在昔日拥有3 000多常住人口的瓦伊(Vailly)镇,一位穿着讲究的居民告诉我们,相比较而言,镇上的房子被毁坏得并不是很严重,但如今只有150人回到镇子上居住。在比西勒隆(Bucy-le-long),有一群法国后勤部队士兵在街道上溜达。他们的工作职责通常是驾驶机动车和修建道路。

下午五六点,我们抵达苏瓦松(Soissons)。该市所遭受的破坏要比兰斯轻一些,但大教堂被破坏得很严重。教堂南楼的高塔只剩下一根细长的石杆,看上去摇摇欲坠。教堂正厅的整个天花板都坍塌了。虽然还有一些地方完好无损,但整个教堂已经被破坏到根本无法修复的程度了。

离开苏瓦松后,我们沿着南边的山路朝维莱科特雷(Villers-Cotterets)驶去。从山上可以回望苏瓦松,它就坐落在埃纳河谷的斜坡脚下。我们朝西南方向驶向巴黎,途经一条从南边汇入埃纳河的小河。这片河谷地带既宽又深,两边都是山岭,德军曾在此固守。一路上,我们看到了许多步枪射击孔和机关枪堡。来到山顶后,我们俯瞰着从马恩河延伸至此的辽阔平原,不仅目睹了激烈的战斗留下的痕迹,还看到有6辆坦克停在路边,但已被炮弹炸成了残骸。它们是福煦元帅在8月18日向德军侧翼发动进攻时所使用的法军坦克,法国正是因此战而获得最后的胜利。不过,苏瓦松的南部地区已经恢复了原来的面貌,农民们也重新开始耕作,这些坦克留在寻常可见的农田中,实在令人感觉不太正常。我们继续前行,驶入维莱科特雷森林,此地正是法军将领夏尔·芒然(Charles Mangin)伏击德军侧翼的藏兵之地。我们沿着林中小路穿行了十几英里。这条小路在地图上都被标识为"不适合驾车",但在重修之后,路况还可以,我们的车得以55英里的时速急驶而过。

从维莱科特雷到巴黎之间,是农田遍野、村庄棋布的平原。我们经过了克雷皮(Crepy),沿着一条笔直的小路朝桑利斯(Senlis)镇驶去。桑利斯是1914年8月德军攻入法国后所占领的最后一个法国市镇。他们烧毁了镇上的一条街道,并因遭到袭击而枪毙了该镇的镇长,不过教堂保存完好。夜幕即将降临的时候,我们驱车来到了教堂边,在此稍停片刻。教堂里正在举行一场宗教仪式,一群身着白色衣服、头戴白色面纱的年轻女子正在行"坚振礼"①,她们身前的祭坛也点起了火。参加礼拜的中老年妇女基本上都在默哀。

---

① 又译坚信礼,基督教仪式,通过按手礼和向前额敷油坚定已受洗者信仰的仪式。——译者注

离开桑利斯后,我们沿着数英里的林荫路穿过了尚蒂伊(Chantilly)森林,途经勒布尔歇(Le Bourget)机场,于晚上7点半左右抵达克里翁酒店。这一路总行程接近300英里,其中有200英里都在昔日的战场。

1919年4月7日,星期一

昨天晚上,刚到酒店,鲍曼的秘书斯托克(Storck)就告诉我,我主管的资料室的一名助理——弗雷里(Frary)突然去世了。上个星期日,他去前线考察时患上感冒,后死于急性病毒性肺炎。弗雷里年轻有为,性格开朗,慷慨大方,在美国代表团内交友甚多。他的去世对我们中的绝大多数人都是一个沉重的打击。我们在美国人教堂为他举行了葬礼。

今天,又有人向我报告,资料室的另一名工作人员——哥伦比亚大学图书馆前馆员佛罗伦斯·威尔逊(Florence Wilson)小姐也患上了重病。医生诊断她得了麻疹,并要求将她转移到陆军医院。调查报告表明,那家医院令所有人心惊胆战,而且没有专门照料女病人的设施。于是,我和伯利中尉(Lieutenant Berle)忙活了一下午,从红十字会总部赶往他们在帕西(Passy)的主治医生处,将医生带到威尔逊小姐的寓所。在医生最终确定诊断结果后,我们将他送到巴斯德研究所(Institut Pasteur)。在路上,我向他打听了法国当前的医疗卫生条件情况,结果并不令人放心。医生在巴斯德研究所找到了最后一张空床铺。就这样,威尔逊小姐被人从她那古朴典雅的旧寓所里,顺着陡峭的螺旋楼梯抬下了楼,然后躺在担架上,被救护车送到了医院。

1919年4月8日,星期二

上午,待在房间里口述书信,安排弗雷里的葬礼事宜。

下午2点,葬礼举行。仪式很简单,但令人印象深刻。100多名工作人员参加了葬礼。

葬礼结束后,我和鲍曼以及帕特森少校(Major Patterson)沿着塞纳河畔散了会儿步,让大家暂时换下脑子,把和会之事抛在一旁。孩子们在公园一般的大街上玩耍嬉戏。即便漫步于这样的大街上,战争也总是萦绕在我们的脑海中。此时此刻,天空清澈湛蓝,远处有一名胆大的飞行员正驾驶着飞机在空中炫技,时而飞来,时而飞去,时而像树叶一样突然从空中掉落下来,再来一个俯冲和攀升。看了他的表演,我们的紧张情绪稍有缓解,心情愉快地回到了酒店。

下午4点,我在方丹的办公室参加了代表会议,考虑本周五召开的和会全体会议的计划安排,届时将在会上提交劳工条款予以讨论。日本人已经收到了来自国内的命令,要求他们对条约稍作修改后再签字。①因此,包括不太情愿的印度在内的整个大英帝国必须与我们协调一致。我们期望劳工条款得到各方的一致同意。

与米勒共进晚餐,然后一晚上都在和他讨论将来的计划。由于近期发生的一些事情,巴黎和会上出现了一股强烈的消沉低迷情绪。我认为,主要原因在于我们不清楚自己正在做些什么。米勒对事情的了

---

① 日本在接受条约中的劳工条款方面所面临的困难相比美国要大得多。就劳工的实际情况而言,虽然日本的劳工状况好于亚洲国家的平均水平,但仍远逊色于委员会中的其他国家。然而,日本谈判代表在讨论中常常感到尴尬,因为他们不得不承认日本生活水平较低这一事实;同时,在国际联盟事务委员会中,他们又坚持要求种族平等。他们的尴尬往往是以沉默而非严正抗议来表现的。显然,日本谈判代表真诚地努力寻找一种合作方式,从而赢得了各方的尊重。不过,他们明显是在国内的严格命令下行事的,有好几次,当问及他们的意见时,他们都以与东京的通信中断为由来避免回答我的问题。

解比一般人更多；同他交谈让我感觉到，人们对巴黎和会的许多批评欠妥。米勒还给我看了《国际联盟盟约》的新草案，我很高兴地看到，他们接受我关于各条款排列顺序的建议，但并没有按照我所极力希望的、将定期召开会议作为国际联盟机制的一部分。

1919年4月9日，星期三

上午，我无所事事地待在房间里。中午，同沃尔特·威尔和菲利普·米涅共进午餐。我们心有所忧地讨论了对德和谈问题。下午，向豪斯上校呈递了一些建议，以便在巴黎和会全体会议上讨论劳工文件问题。随后，我驱车前往英国总部，但没找到我想见的人。于是，我和托马斯少校共进晚餐，其间讨论了文艺复兴时期的意大利等问题。之后，我又看了一会儿书，享受了一天真正的休闲时光。

1919年4月10日，星期四

上午，处理日常工作，其中一部分与英方对文本所做出的修改有关；修订备忘录，以体现我方在巴黎和会全体会议上所遵循的方针路线。

下午，我去了先贤祠，参加一场纪念在战争中阵亡的法国作家的追悼仪式。在先贤祠的圆顶之下，盖着三色旗的灵柩台上摆着一顶花环，台后站着一群共和国卫队士兵。他们头戴金盔或是用马鬃制成的长头饰。来自巴黎司康音乐学院(Schola Cantorum)的合唱团也参加了追悼仪式。他们所演奏的"丧葬曲"实在感人至深,有着400年历史的古乐悠扬地回荡在先贤祠的殿堂中。马勒特尔将军(General Malleterre)一一念出450名在战争中阵亡的法国作家的名字,并朗读了诗人在战争时期谱写的诗歌。每当发生这样的事情,你就会清醒地意识到,战争对法国造成了多么沉重的打击。

追悼仪式结束后,我前往索邦大学,参加哈斯金斯教授在此举办的讲座。今天的讲座十分精彩,在场的听众大约有200人。除了有一些过来蹭下午茶喝的女士外,大部分听众都是留着灰白胡子的老教授。

晚上,我和马尔科姆·德莱文涅在克里翁酒店共进晚餐,为劳工宪章即将提交大会讨论做最后的准备。但我们对辛哈勋爵的态度以及《国际劳工组织公约》是否适用于印度仍然存疑。辛哈勋爵最反对的是其中的儿童条款,因为儿童在印度指的是14岁以下的人。我指出,辛哈勋爵采取完全消极的态度事关重大,并建议马尔科姆爵士通过巴尔内斯来改变辛哈勋爵的言辞。马尔科姆爵士对此表示认可,并将我的建议转告给巴尔内斯。巴尔内斯十分赞同我的建议,敦促辛哈勋爵及时修改他在大会上的发言。马尔科姆爵士和我又计划了一些其他事情,然后返回了曼捷斯帝酒店。由于国际联盟事务委员会正在克里翁酒店豪斯上校的办公室里开会,我一个人也没见着。

1919年4月11日,星期五

今天是一个天气晴朗、温暖和煦的四月天。只不过,直到下午前往奥赛码头（法国外交部）参加会议之前，我才有机会沐浴阳光。上午，我与马尔科姆·德莱文涅爵士通了电话，得知他那边一切进展顺利。我看到了罗宾逊，让他极力游说兰辛。之后，我准备了一份通过豪斯上校呈交给总统的备忘录。

上午发生了一起特别的事情：法国秘书处送来了一份意大利文版的委员会报告和一份法文版的委员会报告，并告诉我们，此前送来的英法文双栏对照版的委员会报告被撤销和作废了。因为意大利方面表示，如果巴黎和会将英语和法语作为大会指定的官方用语，他们最后将拒不参加巴黎和会全体会议。与此同时，我们所授权的秘书也没有完成任务，他因为胆怯没能为我的同事们弄到入场资格。

午餐时，我同《纽约时报》的欧拉罕（Oulahan）、新闻管理局的斯威特瑟和安德森一起讨论了和平条约问题。记者们都觉得很沮丧，条约这么长，内容这么多，但却是"只见树木不见森林"。如果其中的条款十分妥当，让参会各国和睦相处，这次大会或许能够成为一次令世人骄傲的会议。可是，巴黎和会却让公众看到了它最糟糕的一面，新闻记者也盯着这方面来报道，没有人知道结果会怎样。因此，令人沮丧的流言蜚语在弥漫着阴沉迷雾的巴黎传播开来。

下午2点45分，我和比尔（他找弗兰克·西蒙兹借来了记者通行证）坐在车里，通过了前往巴黎和会第四次全体会议外事办公室的大桥。车开进去后，停在了外事办公室外的台阶上。我们抵达的时候，英国官方指定的摄影师正在给站在大门口闲谈的巴尔内斯及其同事们拍照。他们欢迎我的到来，摄影师把我也拍了进去，这个插曲在英国的巴黎和会历史档案中有所记录。开会期间还拍了一些其他的照片，但要么是光线不好，要么是人太多。在场的还有一些画家在素描，其中一位是日本人。

与此同时,旁听者也开始陆续入场。劳工事务委员会被安排坐在靠近正对前方的马蹄形桌子的一排椅子上,因此,我坐到了一个很好的有利位置上。奇怪的是,罗伯特·博登爵士坐在我的身后,他和其他自治领的总理们在辩论过程中忙得焦头烂额,只为确保大英帝国的自治领能够豁免于劳工条款所规定的义务,除非它们在国际联盟中有自己的正式代表。贝尔福坐在离我几英尺外的地方,这一次他毫无睡意。在整个会议过程中,他一直在认真地研究文件,试图扼杀劳工宪章中的"九点"内容。英国保守党主席博纳·劳(Bonar Law)坐在他的身旁,看起来其貌不扬,既无贝尔福的聪慧,也无劳合·乔治的悟性,至少从他的脸上完全看不出来。劳合·乔治、克里孟梭和威尔逊3人坐在桌子正中央。他们在走进这间房子之前,根本不知道将要面对什么事情,但他们做了在我看来十分正确的事情,那就是"既来之则安之"。威尔逊坐定后,房间里已挤满了人。这时,豪斯走到总统的椅子旁,俯身向前,将我准备的备忘录呈递给总统,总统认真翻阅了这份备忘录。可是,要么是认为时机不成熟(尽管我认为成熟),要么是认为场合不合适,威尔逊总统在讨论过程中只用到了备忘录中开头的一点点内容,其他的都没提及。或许是在他起身发言的时候,贝尔福那张桌子上的私下讨论令他将这件事抛之脑后。我必须解释一下当时的情况,这种私下讨论都是在主题发言正在进行的时候发生的。正如沃尔特·威尔后来所说,主题演讲的主要作用在于让旁听的听众们高兴,同时让政要们有机会彼此交谈自己的事情。

先说说房间。此前的会议都是在"钟厅"(Room of the Clock)举行的,该厅因壁炉台上装有一部大理石钟而得名。"钟厅"很大,足以承办各种会议,但容纳记者的空间十分有限。我之前参加过的"十人委员会"会议是在一个更小的房间里举行的,那是法国外交部部长的办公室。这一次,我们穿过了精心布置过的前厅,来到了法国外交部的宴会厅。此厅的四面各有三扇镶嵌着典型法式风格镜面玻璃的窗户。天花板上是一幅创作于19世纪末的文艺复兴风格的壁画,挂着8盏大型吊灯。当灯光亮起的时候,整个宴会厅给人一种富丽堂皇之感。厅内南边摆放着一张马蹄铁形状、铺着绿色台面绒布的大桌子,供各国全权代表入座;厅内北边则整齐地排放着供记者坐的椅子。坐在记者身后的旁听观众若感兴趣的话,可以站起来看,实际上他们也确实如此。

下午3点,克里孟梭起身用法语快速地宣布:"先生们,会议开始!议程第一项,讨论通过上次全体会议的会议记录。好,会议记录已通过。接下来,讨论国际劳工组织委员会报告。有请巴尔内斯先生上台。"克里孟梭说得快,动作也很快。之后,巴尔内斯上台做了精彩的发言。在外交会议上发表演讲的最大问题在于,翻译的过程会让人们对演讲中的每一句话都得听两遍,从而让演讲原有的优美流畅大打折扣。法国劳工部部长科利亚德(Colliard)拿着讲稿,也做了简短的发言。我完全有理由相信,他的讲稿是马克斯·拉扎德一个人或和方丹两个人一起为他准备的。那天下午,最精彩的发言来自一位社会党人、比利时国务大臣范德维尔德(Vandervelde),他称赞国际劳工组织委员会报告是有史以来各国政府组织起来所采取的最重要行动之一。后来,他告诉我,他的发言是即兴而作,没有底稿。社会党人的报纸将会全文登载他的发言稿,到时候他会邮寄一份给我。再往后是一些断断续续的讲话,拉丁美洲各国代表轮番上台,简短发言,以此表明他们对违背其宪法的报告第37条持保留意见。在讲话的过程中,我仔细看了看坐在我对面桌子上的帕德雷夫斯基(Paderewski)。他面容硬朗,气场很强,很有特点。会议结束时,我见到了他,跟他稍稍聊了几句。

发言还在继续。辛哈勋爵代表印度讲话,内容与我向德莱文涅所建议的几乎完全相符。比卡内尔王公也简单说了几句,为印度的王公们发声。他说,他和其他王公才是印度的"真正当局",劳工立法问题应交由他们负责。令我感到最为遗憾的是,日本代表没有发言,这是因为日本人实际上默认劳工立法条款应是国际联盟整体规划的一部分。简而言之,日本人推动了这项公约成为国际条约,但他们并没有得到应有的称赞。

南美国家代表发言结束后,会议主席起身说:"先生们,你们已经听取了报告和英国代表的修正案(指罗伯特·博登爵士提交的修正案)。报告即将获得通过。"他稍稍停顿了一下,接着说:"一致通过,会议到此结束。"大家全体起身,场面一片哗然。我们受到来自各方的恭贺,但在获得成功的过程中,我们感到那些心酸和艰辛已被抛在脑后了。报告通过后的迅速休会,使我们根本没法将冈珀斯先生最重视的文件——《劳工宪章》提出来。我们知道,贝尔福先生会尽最大努力阻止它的通过。至少就目前的形式而言,他绝对会阻止《劳工宪章》的通过。我们也知道,对于建立一个政府投票占比是资方或劳方投票两倍的国际组织,劳工界肯定不满意。《劳工宪章》本应像《国际劳工组织章程》一样得到严肃的对待。可我们并没有完成全部的任务,而是只走了一半的路。贝尔福先生正是其中最大的阻碍。在讨论的过程中,他一直用一只蓝色铅笔在文件上写写画画。会议结束后,马尔科姆·德莱文涅爵士问他如何看待《劳工宪章》中的"九点"。他被桌子上繁重的工作材料整得满脸通红,脱口而出:那些问题搞得他很心烦,又显得他很愚蠢。克里孟梭对"九点"的态度颇为类似。当时,巴尔内斯、马尔科姆·德莱文涅爵士和我正在讨论时局，克里孟梭经过我们3人身旁，巴尔内斯问他是否看过"九点"。克里孟梭一边咳嗽，一边驻足和我们聊了几句。虽然他的伤口已经发炎，而且子弹还留在肺部，但整个人看起来精神抖擞，咳嗽时还在哈哈大笑。他用食指点了点胸口，用流利的英语说道："点？我这里有一个点！"显然，条约的制定者是要让这个问题自生自灭了。

我们走到接待厅。外交官们正聚在那里讨论事情，或是在房间另一头的茶吧里喝茶。我和两位印度政要说了几句话，然后碰到了澳大利亚的休斯。英国代表团对他非常头疼，一直担心他可能造成大英帝国整个殖民体系的松动，不过他所惹出的最大麻烦正是鼓动和他坐在一张桌子上的代表们在他的签名簿上签了字。既然如此，我带他去找了巴拿马代表，后者也在休斯的签名簿上签了字。

白天的工作终于结束了。吃晚饭的时候，我和沃尔特·威尔决定，今晚要去剧院听歌剧，以表庆祝。

在巴黎和会期间，记录我们在巴黎听歌剧的经历来结束具有历史意义的一天，实在有些不合时宜。不过，歌剧非常不错，也很有特色。整个剧院里坐满了听众，我们坐在管弦乐队的最后两个座位上，听着柏辽兹（Berlioz）的《浮士德》。听众中有许多人身着军装，尤其是美国军装，给我留下了独特的印象。法国人也开始慢慢走出战争的阴霾，身着盛装出席，这是我们初到巴黎时未曾见到的情景。玛格丽特（Marguerite）是由切纳尔（Chenal）演唱的。她是法国最著名的女歌唱家，演出的宏大场面远远超过了我在纽约大都会歌剧院所见过的任何场面。《劳工宪章》还有很长的路要走。也许，只有当人们认识到文明的重建从根本上取决于工人阶级的时候，我们在奥赛码头（法国外交部）所完成的工作才能发挥真正的作用，使这些成果能造福于广大工人阶级的生活。

1919年4月12日,星期六

一上午都待在房间里写日记。我见到伦敦《泰晤士报》的威克汉姆·斯蒂德,让他撰文赞扬日本在劳工问题方面的合作姿态。他派过来一名驻巴黎记者,向我们详细了解事情的来龙去脉。

我给梅泽斯打了个电话,得知他计划于近日返回美国。事实上,专家们也很快就会离开巴黎,因为他们的任务基本结束了,大部分报告已经完成。我不确定是否应该在5月上旬后再多留一段时间。米勒希望我能跟着他一起干,这样我就还有许多其他事要做。不过,在劳工事务方面,我还有一些事情要做,那就是不能让《劳工宪章》就这么销声匿迹了。我和范德维尔德在电话里简单地谈论了这个问题,他邀请我下个星期一共进午餐。他迫切地想要推动这个计划。

今天阴雨绵绵。下午,我去皇家宫殿(Royal Palais)散步,后来找到了一家小鞋匠铺,修了修自己的旧鞋子和公文包,共花费10法郎。同一条街的后面有一家小甜品店,虽然有些老土,但十分干净。在这家店里,两块巧克力饼干售价1法郎50分,合每块15美分,让我对巴黎的物价有了了解。有人在这儿的一家餐厅不小心吃了一个苹果,被索要了5法郎。

晚上,在完成一些日常工作后,我和比尔、克兰德尔(Crandall)上尉一起去剧院看了被誉为"法国欧文"(Irving of France)的萨沙·吉特里(Guitry)的话剧,该剧的内容展现了巴斯德的一生。第一幕是身为教师的巴斯德在学校里与学生们在一起的场景,时间设定在了1870年普法战争爆发那天。随着小伙子们奔赴战场,巴斯德留在他的实验室进行对抗人类最大的敌人——微生物的研究。随后,话剧又进一步展示了巴斯德人生中的其他重要篇章,如在医学界同老派医生之间的争议,冒着患上狂犬症的风险给第一个儿童接种疫苗,以及在晚年时荣获盛誉等。

1919年4月13日,星期日

一整个上午都待在房间里。今天依然是雨天,直到中午时才开始放晴。春日的天空很美,但空气中仍夹着一丝寒意。我和比尔·沃尔特·威尔共进午餐,之后又和斯洛森出去散步。我们穿过小河去欣赏巨幅全景油画《战争众神图》(*Pantheon of War*)。在画作中,居于中心位置的前景人物是各国政要与主要将领,许多人物都画得十分精美,栩栩如生。衬托他们的背景是法国北部的广袤风光。欣赏结束后,我们回到了河对岸,和众人们一起在这个星期日的下午漫步于香榭丽舍大道。巴黎的树木已经慢慢地长出叶子,木兰花也盛开了。回到房间后,我休息了片刻,然后将这些写在了日记上。

有人邀请我一起喝下午茶,但我没去。

1919年4月14日,星期一

从今天开始,我们进入劳工问题谈判的第二个阶段。极力促成此事,事关重大。

我在午餐时间前已准备好要与范德维尔德讨论的文件。他看起来对我所准备的文件十分满意。与我们共进午餐的还有范德维尔德夫人、艺术评论家伯恩哈德·伯伦森(Bernhard Berense)先生,以及从比利时过来参加国际劳工大会组委会第一次会议的马海姆教授。

下午,为了落实巴黎和会全体会议关于筹备第一次国际劳工大会的决议,组委会在法国劳工部召开了一次会议。不过,我选择了留在房间里,继续研究劳工条款,以应对英国人对冈珀斯经济学理论所提出的反对意见。

1919年4月15日,星期二

一整个上午,我都在和德莱文涅、罗宾逊一起研究劳工条款。之后,我在媒体俱乐部同法国《时代报》的菲利普·米涅共进午餐。我想让他为卡内基研究院历史部做一些关于法国殖民政策的研究。他是我见过的思路最为开阔的法国人。为了征得巴尔内斯的同意,我带着我所准备好的劳工条款去了曼捷斯帝酒店。巴尔内斯则开车带我回到克里翁酒店,与罗宾逊进一步研究如何对劳工条款进行修改。

1919年4月16日,星期三

今天一整天都在研究劳工条款问题。上午10点,我和冈实(Oka Minoru)博士①、马尔科姆·德莱文涅爵士在杨格的房间碰了个头,然后一起忙到了中午。随后,我们与《新欧洲》的编辑弗雷德里克·怀特(Frederick Whyte)先生共进午餐。怀特是一名典型的英国绅士。在沾满灰尘的和会历史档中发现了两张我个人的照片,一张是我与吉尔克里斯特上尉(Captain Gilchrist)②在资料室的合影,另一张则是我和斯洛

---

① 东京大学政治学系毕业,法学博士,日本农商务省官员,大阪新闻社社长。——译者注
② 后任罗彻斯特大学图书馆长。

森在我房间里的办公桌前的合影。下午3点半,我接到了方丹打来的电话,然后前往法国劳工部,了解法方对我重新修改过的劳工条款的回应。5点—7点半,我与德莱文涅、杨格以及一些日本专家一起工作,最终拿出了一份具有可行性的文件。德莱文涅将它送到了贝尔福那里。

晚饭后,我驱车前往曼捷斯帝酒店了解谈判的情况,发现谈判目前进展还算顺利。巴尔内斯要去一趟日本代表团总部以达成最终协定,途中将我送回克里翁酒店。

晚上,我在克里翁酒店大厅里遇到了威廉·艾伦·怀特和艾达·塔贝尔女士(Ida Tarbell)①。威廉·艾伦·怀特一直想为他所任职的堪萨斯州报纸就劳工事务来采访我。艾达·塔贝尔女士在两天前就曾邀请我共进午餐,但她的请帖被我办公桌上的劳工文件给压住了。我打算明天上午见她一面。

1919年4月17日,星期四

上午,我步行至一家鞋匠铺,将一双鞋子留给鞋匠修补。清晨,我漫步在巴黎街头,享受着宁静的时光,这是"被囚禁在克里翁酒店的犯人"难得的"放风时间"。离开鞋匠铺后,我步行到维耶蒙特酒店(Veuillemont Hotel)拜访艾达·塔贝尔女士,和她详谈了大约一个小时。我发现,她比大多数记者都要乐观得多。我打算,待时机许可的时候,帮她实现她的劳工计划。等她旅行回来后,我还要再去拜访她。她看上

---

① 20世纪初美国著名黑幕揭发记者,著有《美孚石油公司史》。——译者注

去一点也不像是一位杰出的作家。

下午,哥伦比亚大学的普平教授(Pupin)给我打来电话,告知他即将来我这里喝下午茶。他来我这里,是为了替南斯拉夫人而非意大利人说话。如果所有的南斯拉夫人都像他这么理性和友善的话,南斯拉夫的情况还会更好。

我匆匆赶到曼捷斯帝酒店,看看我们重新起草的劳工条款进展如何。我去的时候,贝尔福先生一直在埋头工作,巴尔内斯先生看到我时打了声招呼。我发现,巴尔内斯先生十分沮丧,情绪低迷,因为他觉得修订稿与原稿大相径庭,会引起劳工们的大为不满。后来,我又赶往彼得格勒酒店与两位女代表——罗斯·施奈德曼和玛丽·安德森共进晚餐。当时,法兰克福特教授也在场。我们几个人在饭桌上继续讨论了劳工问题。吃完晚饭后,我早早返回了克里翁酒店,正好遇到了斯洛森。我俩用余下的晚上时间讨论了《劳工宪章》草案,并再次修改了贝尔福的修订稿。为了尽善尽美,不留疏漏,我试着联系了米勒,但他正忙着编辑《国际联盟盟约》最后部分,所以说好12点半后再派人找我过去。我们一直工作到凌晨2点才结束。米勒更倾向于最初的版本。

如果说有谁能在巴黎和会历史上"青史留名",那一定是戴维·亨特·米勒。自打我们来到巴黎后,他夜以继日,少有休息。昨天晚上,他还工作到凌晨4点。无论在哪儿,他都是个工作狂,保持工作的常态,每天从早上9点或9点半开始工作,一直忙到第二天凌晨1—4点才会去睡觉。虽然他随时能够以一种合适的、健康的方式发泄自己的怨气,但他却总是保持着冷静而敏捷的判断力和好脾气。我十分期待将来与他能有更加密切的合作。

1919年4月18日，星期五

上午，我将各方所拟的草案整理妥当，在文件的最上面留了一份备忘录。中午，与普平、比尔共进午餐，后又去了大陆酒店，与来自波士顿的爱德华·菲勒内先生（Mr. Edward Filene）一起喝下午茶。他是巴黎美国商会的负责人，专门协助美国同法国之间的贸易。晚餐前，费伦先生来找我，之后我俩一同前往法兰克福特下榻的酒店，请法兰克福特带我们去找他当年在哈佛大学便结识的旧友——罗伯特·博登爵士的秘书克里斯蒂（Christie）。因为，通过那天上午在曼捷斯帝酒店同克里斯蒂的交谈，我发现，英国各自治领对我们的劳工方案的反对才是贝尔福坚持己见的主要原因。这次与克里斯蒂见面也没什么实质性效果。事实上，克里斯蒂给我的感觉是他本人也反对我们的整个劳工方案。

傍晚，我再次和普平共进晚餐。之后，我和沃尔特·威尔以及斯威特瑟一起漫步到塞纳河畔。今晚是这个春天我们度过的第一个暖夜。我们3人坐在河畔的栏杆上，讨论了巴黎和会的进展，激起了心中的愤愤不满。因为巴黎和会的一些进展令我们不悦和反感。不过，总的来说，我还是宁愿对巴黎和会保持积极乐观的态度，也不愿像弗兰克·西蒙兹那样悲观失望。

1919年4月19日，星期六

上午，我驱车前往巴黎北站，去取明天前往柯里在加拿大军前线指挥部的火车票。火车站里挤满了从北边回到巴黎的人。法国人挤在人群中总是乱哄哄的，很难成事。

下午,我得知英国代表团接受了贝尔福的劳工条款草案,与巴尔内斯在电话里进行了不甚愉快的谈话。随后,我赶紧给我们的头儿传话,以期在贝尔福的草案被彻底采纳之前,至少给我的修订稿一些挽回的余地。

晚些时候,我沿着塞纳河静静地散了一会步。回到克里翁酒店后,我没有和美国国会图书馆馆长普特南姆博士共进晚餐,而是独自一人吃完晚饭。

晚上,我接到了威尔逊小姐的电话。她因为患上麻疹而休了两个星期的假,如今病情好转,从医院康复归来,对那儿的治疗称赞有加。明天早晨6点45分,我要和鲍曼、杨格以及比尔一起离开这里,开始前往期待已久的加拿大军前线之旅。

第八章　加拿大前线之行

1919 年 4 月 20 日，星期日

今天是复活节。当我们于清晨抵达巴黎北站时，车站里已经挤满了忙得热火朝天的法国人，他们凭着大量手势和些许幽默混过了不太较真的安检人员。我们上车后，找到了自己的隔间坐了下来，开始了前往里尔(Lille)的旅行。列车本应在下午 2 点抵达里尔，结果直到 4 点才到站。到亚眠以南那一站时，列车还很准点，但从亚眠站开始，它每隔一会儿就停靠一下，导致最后晚点了。列车缓缓地穿过索姆河战场，使我们有机会坐在车厢里看到铁路沿线的索姆河战场。在列车抵达亚眠之前，这条铁路线一直处于法军据守的阵地后方。德军于 1918 年 3 月大举突进，威逼亚眠，与法军在此展开对峙。我们可以从列车上看到这些阵地。这一地区自古以来便是农耕区。山坡上的土地被犁成了一块块的梯田，田间种着草皮，像一条条腰带似的穿过田间，起到了防止水土流失的作用。在这些山丘的西麓，法军士兵挖开了草皮防护带的表面,修建了野战阵地的掩体。他们挖得虽然不深,但让整片地区都显得伤痕累累。这一地区的地表土层只有几英寸厚,土层之下则是白垩质岩石,所以每次士兵们在挖过堑壕后,都会在山体上留下一道道白色的痕迹。从维米岭的南部到凡尔登的整个地区都是如此。一条条堑壕都像在田野上被切割开的一道道伤口,让人不禁想问,这样的堑壕怎么可以作为防御工事呢?毕竟,它似乎在故意吸引敌军的注意,导致在防守的时候必须投入重兵。

我之前从未在书中读到过在田间利用梯田作为防御工事的记载,但在法军防线的后方我们确实看到了这样的做法,让人觉得整个防御体系都摆在我们眼前,一览无余。到目前为止,我们尚未看到这些防御工事遭到严重破坏的迹象,只是在亚眠的郊外看到一座房子没了屋顶。不过,几分钟后,我们来到了索姆河亚眠段在隆戈(Longueau)①的分叉口,发现自己已置身于战争造成的满目疮痍中。索姆河只是一条小河,还不到埃纳河的一半,也不足马恩河的1/4。但索姆河谷遍布沼泽,两岸1/4至半英里之外则是山崖。陡峭的山势令人生畏,光秃秃的山体上草木不生。阴湿的河谷中要么是异常茂盛的灌木丛,要么是湿气过重的沼泽,一片荒凉。

这里的村庄开始显露出遭受炮击的痕迹。当我们来到科尔比(Corbie)的安克雷(Ancre)山谷时,眼前所见乃是废墟一片。列车从安克雷出发,经阿尔贝(Albert)前往巴波姆(Bapaume)。这一路,我们穿过了战场的中心地带,满目萧条,只是情况略微好点。列车从阿尔贝继续前行,经阿拉斯(Arras)到达杜埃(Douai)和里尔。我们在杜埃才第一

---

① 隆戈市位于亚眠市东南方向,索姆河在这里分出一条支流阿夫尔河。——译者注

次见到真正有人居住的房子，还发现阿拉斯并没有遭受像其他地方那么严重的炮火摧毁。

加拿大军阿瑟·柯里将军

柯里将军之前说要到里尔火车站迎接我们的到来。我曾通过罗伯特·博登爵士的秘书拍去一份告知我们来程的电报。但下车后，我们并未在车站看见柯里将军或他的手下的影子。于是，我们走到了位于主广场上的贝尔维尤酒店（Hotel Bellevue）。我暂时与同行人分开，独自寻找柯里将军的踪迹。在向法军哨所打探路线后，我按照指引前往美军哨所，在那里遇到了美国海军士兵。一位好心的年轻军官开车捎上了我，带我穿过大约2英里长的街道（里尔是一座拥有20万人口的城市），来到英国陆军第五军指挥部。在那里，他们帮我同布鲁塞尔附近的加拿大军指挥部进行电话联系。那通电话打得一波三折，十分有趣。我先是将电话打到了布洛涅附近的英军指挥部，接着又阴差阳错地打到了科隆(Cologne)！原来,柯里在安特卫普,没有收到我们的电报。所以,我在晚上9点又给他打了个电话。他对我说,明天一大早他就到里尔来。我们找到了一家不错的老旅馆,在那里住了一晚。这是一家典型欧洲风格的旅馆,所有的房间都在一处安静的院子里。这里曾是德皇威廉二世在里尔逗留期间住过的地方。在我们住的房间门上,用铅笔写着一位曾经入住的德军上尉的名字。

1919年4月21日,星期一

柯里11点左右才会到,于是我们上午便在城里闲逛。里尔是一座繁忙的城市,最繁忙的场面是英军的大卡车在主广场上排起了长队,或者在狭窄的街道上隆隆驶过。城中到处都是英军士兵,比法军士兵还多。里尔曾于1915年10月遭到协约国军队的猛烈炮轰,但所有的战争遗痕都集中在城中一个相对较小的区域内。协约国的炮轰如同一场大火,横扫了里尔城的一部分,而其他部分却完好无损。在德军撤退的过程中,里尔也未遭受任何破坏。这幅幸福祥和的场景令我们感到震惊,因此在我看来,除了那些极度贫困的人,目前里尔市民的生活处境并不算悲惨。驻扎里尔的英军每天在此支出数千英镑,商业兴旺,车水马龙。昨晚,我们在旅馆里吃了一顿丰盛的晚餐;今早,我又在一家甜品店吃了一盘美味可口的点心和巧克力。显而易见的是,虽然一小块蛋糕就要卖到20美元的价格,但人们还是照买不误。我离开了甜品店,准备返回旅馆,却发现柯里的副参谋长——奥康纳少校(Major O'Connor)开着的军车停在了旅馆门前。奥康纳告诉我,柯里将军正在贝尔维尤咖啡馆(Bellevue Cafe)里喝咖啡,这可是主广场上的一件大事,因为昨晚我看到整个里尔城的人都在喝咖啡(售价每杯1法郎)。我在贝尔维尤咖啡馆找到了柯里将军,然后开车回到旅馆,准备开启我们的旅程。我和比尔坐在柯里将军的车上,杨格和鲍曼则坐在奥康纳的车上。奥康纳来自加拿大的渥太华,是个十分风趣的伙伴。

事实上,全部的加拿大军已撤离欧洲。柯里很早就做好行程的安排。那天晚上,他一直工作到了凌晨3点,又花了大概3个晚上才把所有的细节整理好,然后在早上六七点的时候来找我们。如此一来,我们才能够在今天开启愉快的旅程。让我没有想到的是,他只剩下两天的时间能陪我穿越战场。他马上要去一趟英国,虽然还会回来,但无法再参加后面的行程。

我们要从里尔的北边门户——梅宁(Menin)离开。去梅宁的路程很长,沿途都是地势平坦的乡村地区,向东眺望远方的田野,可以看到鲁贝(Roubaix)和图尔宽(Tourcoing)。实际上,前往梅宁的这一路上很少见到战争的遗痕。我们离曾经的德军防线很远,而且英军在突围时动作很快,因此在这里只能见到三三两两的被摧毁的房子。在梅宁,我们开始进入遭到战争破坏的地区。梅宁城的南部几乎完好无损,但我们在其北边真真切切地感受到了战争的破坏,房屋被毁,墙壁坍塌。离开梅宁后,我们驶向伊普尔,很快就来到这个世界上最为恐怖的荒凉之地。

没有哪个战场像伊普尔那么惨烈。格鲁威(Gheluwe)位于从梅宁出来的第一个十字路口上,如今已是一片难以辨识的废墟。在不远处的路边,停着一些陷入泥泞、残破不堪的废弃坦克。这些坦克曾经试图完成一项难以完成的任务,最终被困在了满是泥泞的弹坑之中。从格鲁威到伊普尔至少还有六七英里的距离,沿途的每一寸土地都遭受过炮火的疯狂蹂躏。炮弹留下的弹坑里仍有积水。春天来了,花草复苏,让这里摆脱了炮火蹂躏的残酷与悲凉。战争在大多数地方所留下的野蛮痕迹已经逐渐地变淡。人们会有这样一种感觉,那就是善良仁慈的大自然已经淡忘了战争的悲剧所带来的残酷,令人感到恍如隔世。不过,在伊普尔,战争所造成的荒凉景象依然严重,丝毫未有减轻。那些曾朝着德军方向冲锋的废弃坦克身陷泥泞,被炸成了破铜烂铁,让人心生出一种难以言表的挣扎感。就像柯里所说,任何冲锋都是徒劳无用的,因为这些坦克无一能够穿过泥泞,冲入对方防线。那些让坦克开到伊普尔战场的人肯定知道,这样的冲锋纯属白费功夫。

我们在路边看到了一处没那么萧条的废墟。他们告诉我,路的两旁就是曾经的盖鲁韦尔特(Gheluvelt)。这个小镇已被夷为平地,所剩无几。不过,我们在路边发现了一处修筑精良的"药丸盒"——德军碉堡(pill-box),在田地里也发现了好几处。我们还走进其中一处"药丸盒"参观。"药丸盒"是一种可以容纳二三十人的小型碉堡或曰掩体。在厚厚的混凝土顶部和墙壁的保护下,身处其中的战斗人员不仅能挨得住炮弹的轰击,而且能架起机关枪应对敌方的进攻。这些"药丸盒"看上去就像修在沼泽之上的壕洞,因为此地遍布沼泽,根本无法在地下修挖壕洞。我们小心翼翼地从路边一处比较干燥和安全的地方往其中的一处"药丸盒"里望去,里面的积水大概有1英尺深,内部修筑得不错,分为7个隔间。柯里告诉我们,在争夺帕斯尚尔(Passchendaele)的拉锯战中,像这样的"药丸盒"内至少也有那么多的积水,士兵们依然得睡在里面。毕竟,在一个尸横遍野、血流成河的地方,伤员们在此躲避亦能得到彻底的放松。柯里的描述向我们生动地展示出战争的现实。

我们经过了豪格（Hooge），但我丝毫不知，因为此地没有任何路标。之后，我们便驶向了昔日的伊普尔。这座城市里已经没有了任何房屋，一栋也没有。城市西边有一座修筑得很牢固的监狱，尚未坍塌；著名的纺织会馆（Cloth Hall）以及几座教堂还留下了一些断垣残壁，但整座城市已基本沦为废墟，空无一人。最令我感到奇怪的是，我不记得曾在哪里读过关于伊普尔城的中世纪古城墙的书，其中提到城墙的坚固程度。伊普尔城的城墙大约比护城河高出至少30英尺，城墙后的城垒则高达至少50英尺，顶上还种着树木。巨大的城垒为伊普尔古城提供了强大的保护。城墙下有一些安全而舒适的房间，其作用相当于英军的壕洞。

柯里将军带我们经过了一间屋子，来到一处墙垛前。透过城墙，他向我们演示了当初他们是从哪里穿过沼泽前往前线的。之后，我们起身，视线掠过沼泽，眺望着附近的山脊。德军的防线曾从齐勒贝克峰（Zillebeke）和伏厄姆泽勒峰（Voormzeele）向正南和东南方向延伸。这让我想起站在罗马城的城墙上眺望荒凉的坎帕尼亚平原（Campagna）的场面。就在5年前，眼前的每一寸土地都是有人耕种的，如今却是草木不生，光秃秃的树干似乎昭示着战争的罪恶。我们沿着街道走到了纺织会馆，柯里带我们去看他第一次来伊普尔时买手套的地方。那本是位于城市广场上的一家不错的商店，现在空无一物。只有一些不算太高的蓟草从一堆残砖烂石上长出来。纺织会馆的残破墙壁被部分地加固，以免它们彻底坍塌。这片废墟已经无法让人回想起1915年伊普尔战役发生前的遥远景象了。

在前往圣朱利安（St. Julien）的路上，我们沿着街道驶向北部的运河。柯里指着一处街角说，第二次伊普尔战役期间，在经过毒气战后，他在自己的第一次大规模战斗中被炮弹炸出了弹震症①，一连5天没有睡着。最后，他从炮火中走了出来，头脑发麻，意识模糊，感觉似乎没有必要躲避炮弹的轰击了。

从曾经的伊普尔城北门出发，我们沿路北边的运河，一路前往圣让（St. Jean）、圣朱利安和珀卡佩（Poelcappelle）。这条路标识出1915年4月22日加拿大军撤离时所留下的边线，正是在那一天德军首次使用了毒气来突破协约国军队的防线。此处往西是比克斯肖特（Bixschoote）和兰格玛克（Langemarck），再往西则是光秃秃的胡瑟斯特（Houthulst）森林。那天下午5点，德军向法国的非洲军团挺进，并继续发动毒气战攻势，直到他们逼近到距离伊普尔不到两英里处才停下来。

从那个星期四的下午开始，一连10天，延绵穿过旷野的英军防线在没有任何防御工事、只有临时挖出的浅浅的堑壕的条件下，抵抗住了德军的毒气攻势以及来自加来（Calais）的重兵突袭。这次战斗为柯里赢得了个人的首次嘉奖。如今，当人们望着眼前一片荒凉的景象时，能充分意识到加拿大军队在殊死的绝地防守中所展现出的超强战斗力。当然，现在的情况更加糟糕，因为留在地面上的任何东西都无法标识出这究竟是哪里。路边的一辆废旧坦克见证了后续的战斗。只有当一个人近距离地眺望伊普尔附近空旷的田野时，他才会意识到，正是出于纯粹的英雄主义，才使协约国军队临危不乱，力挽狂澜。

我们从珀卡佩突然地转向东南方向的西罗斯贝克（Westroosebeke），来到了帕斯尚尔。从伊普尔可以眺望到这里的山崖。事实上，所谓"山崖"不过是伊普尔所在的山谷盆地的边缘，就像茶杯托的边一样，因为

---

① 又称炮弹休克症，指"一战"时期因炮弹轰炸而导致的精神和心理疾病。——译者注

它的坡度很小。在帕斯尚尔，我们从车里出来，步行到了十字路口的一处废墟，此处是昔日的帕斯尚尔教堂的遗迹。当柯里第一次来到伊普尔的时候，帕斯尚尔教堂曾是这片乡野的一处闪亮的地标式建筑，如今已被夷为平地，只剩下些残砖烂瓦，堆在路面上竟有10—12英尺之高。站在这堆残砖烂瓦的上面，我们可以看到整个战场的面貌。我们的视线掠过整个伊普尔战场，向西眺望，可以清楚地看见英军防线后面的波珀灵厄（Poperinghe）教堂的尖顶，往西南方向望去，则可以看见围绕在凯默尔山（Mont Kemmel）周围的一系列高地。加拿大军正是从帕斯尚尔教堂这里将德军击退并驱赶到弗兰德斯沼泽的后方。要知道，加拿大军的到来，其目的正是要迫使德军东退，以解伊普尔之困。

回望加拿大军赢得的这片地区，我们可以看到格雷文斯塔费尔（Gravenstafel）防线和宗讷贝克（Zonnebeke）防线。柯里告诉我们，在防线前方不到2 400码的距离内，他的部队阵亡了16 000人。"一点也不奇怪"，他一边望着这片荒凉的土地一边说道，"加拿大军将这里视为他们的圣地。"到了夜里，抬担架的人得花上6个小时才能跌跌撞撞地穿过这片沼泽，将一名伤员抬回战地救护站。在伊普尔周围方圆数英里的土地上，到处都是一个个相邻抑或重叠的弹坑，每一寸土地都曾遭到一次又一次的炮火摧毁。在这片"弗兰德斯之海"（指沼泽），唯一的路是加拿大人教欧洲人修出来的，他们用卡车拖来了木板，将木板铺设在沼泽上而成了路。在这条路的修筑过程中，加拿大的锯木厂提供大量木板，连大炮也能够在路面上行走。

我们走过宗讷贝克的木板路，离开了帕斯尚尔，再次回到伊普尔。接着，我们从伊普尔来到了法国北边的门户城市里尔，再从这里向西南方向驶去，前往凯默尔山。凯默尔山的东边是梅森岭（Messines

Ridge),爬上山头可以环顾四方,但我们并未登顶,而是沿着凯默尔山的东麓和梅森岭的西面山坡来到了南边的开阔地带。这里的路还没修整好,汽车只能退回去绕行,我们则下了车,沿着加拿大军的堑壕穿过这片地区,此地的堑壕和掩体仍然完好。山中盆地里有几座农舍,尚未完全化为废墟,也就是留下了一些墙壁以及屋顶的某个角。泥泞和水洼遍地的道沃(Douve)盆地里也有长长的堑壕,延绵至山丘北麓和南麓的坡地上,再以直角的方式拐到了梅森岭。堑壕边的栅栏旁种着一排排的柳树,柯里和我漫步在这些光秃秃的柳树树干之间,他花了很长时间寻找加拿大军攻占的这片区域的熟悉地标。他对此处的土地和草木都非常熟悉,就像农夫对自己的农田十分熟悉一样,可是泥土已经将战线的一些部分给填盖住了,很难找到其痕迹。

与此同时,司机开着军车从伍尔维根(Wulverghem)行驶到了纳夫埃格利斯(Neuve Eglise),与我们在山坡上会合。上车后,我们沿着65号山的山脚边缘继续前行,驶入另一片沼泽森林,人称"普洛格斯特"(Ploegsteert)。我们往西南方向朝着罗马林(Romarin)行驶了一小段路,经过了比利时的边界线,进入法国境内,但没有人注意到差别,因为我们沿途没有看到任何标识指明这是两国交界处。之后,我们沿着通向涅普(Nieppe)的路,经过一片正在开垦的平坦农田。事实上,从"普洛格斯特"开始,我们从荒芜之地重新进入了农耕之乡。可是,这一地区在德军的最后攻势中被占领,因此基本见不着房子,人们都住在临时搭建的棚屋里。涅普小镇位于阿尔芒蒂耶尔(Armentieres)以西不远的一条主路上。我们看到了这座镇子,但没有进去,而是沿着一条挨着利斯河(Lys River)的路,朝着西南方向驶去。随后,我们来到了埃斯泰尔(Estaires),在那里渡过了利斯河。此地所遭受的破坏主要发生在德军发动最后一次大规模攻势的时候,房屋所留下的废墟说明这里曾遭到炮弹的轰炸,破坏力不小。大部分的老百姓似乎已经回到了埃斯泰尔及其南边的一些市镇。

我们沿着一条笔直的路经过洛孔(Locon),来到了贝蒂讷(Bethune)。贝蒂讷是一座大城市,有一部分遭到炮火的摧毁,也有一些部分完好无损。拉巴斯运河(La Bassee Canal)穿城而过,但尚未投入使用。城市里的日常经营也尚未恢复,但已有小孩子在街上嬉戏玩耍,人们也忙于各自的事情。防线后方的城市大多看上去既破又脏,这样的场景是我们从马恩河以北开始便熟识的。拉巴斯以西地区曾发生过一些极其激烈的战斗。我们顺着长长的、蜿蜒的街道前往诺莱米讷(Noeux Les Mines)矿井,发现自己身处法军防线后方的一处煤矿场。在那里,我们头一次见到高高耸立的烟囱中冒出的黑烟。法国北部的煤矿区是一条延伸至朗斯(Lens)的狭长地带,面积不大,往东南方向去只有几英里的距离。德军的重炮炮弹能够直接打到矿井中,足以让矿工们心惊胆战。因此,即便矿场位于法军防线后方,矿井也是难以正常作业的。此地是美丽而平缓的平原,南边有一道陡峭的山崖,人称"圣母岭"(Ridge of Norte Dame)。1915年春,法军在这里投入其全部兵力,最终迫使德军败退并撤出。许多法军战士在此牺牲,足以证明"圣母岭"对法国有多么重要,因为只有守住它,才能守住法国仅存的几处煤矿。

我们向西拐向了布维尼(Bouvigny)和塞尔万(Servins),然后沿着陡峭的山脊上山,进入了一片迷人的山谷,这里没有遭受任何战争的摧残。黄昏时分,我们来到了一个叫康布兰拉贝(Camblain l'Abbe)的小村庄,这是我们今晚的目的地。这里有一座城堡,在树木繁盛的山岭的掩护下,它免于炮火的蹂躏。柯里曾将自己的指挥部设在此处长达数月。加拿大军官俱乐部就在一间舒适宜人的小屋里,内有壁炉、烤炉和安乐椅;旁边还有一间专供休息之用的小屋,内有帆布隔板和行军床。他们在村里的草坪上建了一个网球场和一个足球场。草坪的地势西高东低,形成了一处天然的观众看台。柯里说,他曾听过加拿大军中的苏格兰高地风笛手吹奏的弥撒曲。这段经历实在太令人难忘了,他对自己军中的风笛手在战役中所发挥的作用有着强烈的感受。

1919年4月22日,星期二

昨天夜晚很寒冷。清晨,田野和屋顶上的霜露闪烁着光芒。这片乡村显然没有受到战争的影响,但法国老百姓们却在这个毫无战争迹象的村子里饱受战争的折磨。我在乡村小教堂里参加了几分钟的弥撒仪式,发现前来的会众都是些身着黑色丧服、戴着面纱的妇女,还有几个看上去畏畏缩缩的小孩子。教堂后面的山上有一处法军烈士公墓。写有来自妻儿老小的悼词的花圈,以一种个人化的方式,将山的那边传来的噩耗带回到村子里。

上午9点,霜气已经散去。在温暖和煦的春日天空下,我们驱车驶向阿拉斯,停在圣埃洛伊山(Mont St. Eloi)的山脚下。此山是这片地区唯一的山头,环视四方,其战略地位正如凯默尔山之于伊普尔战场。山顶上有一座破败的修道院,旁边是一大片农田,从这里可以清楚地看到沿着东面山坡设防的德军防线。此地位于维米岭的西面。柯里对附近的地形非常熟悉,他遥遥指出加拿大军在维米岭作战时的指挥部所在地。路旁到处是壕洞,地势起伏不平,这里是真正的丘陵地带。我们沿着山谷中的一条路继续前行,经过了苏切兹(Souchez),阿布兰圣纳泽尔(Ablain St. Nazaire)则位于我们的左方。这片地区是法军防线的一部分,战争初期曾发生过多次激烈的战斗,如今已完全沦为一片废墟。我们沿着苏切兹小河,拐向东北方向,经过安格尔斯(Angres),来到了列文(Lievin),在这里看到战争最近所造成的破坏。因为这里的房子大多是最近被摧毁的,时间间隔不算久,以至于废墟上的草木都没有生长出来。在穿行了大约1英里后,我们来到了一座刚刚被摧毁的城市——朗斯(Lens)市的中心。

来到一座比兰斯遭受更严重破坏的城市,且这一破坏还是刚刚发生的,让人产生一种大不一样的全新感受。我们站在朗斯大教堂原址的废墟土堆上,俯瞰着这座城市,发现城中房屋无一完好,混乱至极的场面令人震惊。房屋坍塌后,房梁和屋椽有的立着、有的断了、有的弯了,以各种角度从残砖烂石的垃圾堆中戳出来,人们来不及将它们挪走。在兰斯,大部分的木制品都见不着了,它们被拿走,要么当作柴火,要么被制成其他的物件。正如我之前所说,兰斯城会让人想起庞贝古城,让人感觉恍如隔世。可是,朗斯原本是一座现代化的矿业城市,如今化为废墟,将这座城市的残破粗鄙之处暴露无遗。

我们爬上教堂废墟的最高处,转头向西南方向望去。南边的一处显眼地段有一大堆煤渣,英军曾在此浴血奋战,但还是被德军打败。在更远的西南方向的地平线上,可以清楚地看到维米岭那长长的山脊线。我们往北边望去,看到了一些差不多的山岭,山上有一些矿工生活的村庄,如圣皮埃尔(St. Pierre)村。四面的山岭构成了朗斯城所在的这片山谷。

站在朗斯大教堂的废墟上,我们还看到一条通往阿拉斯的路,它笔直地翻过了维米岭。沿着这条路上行,我们频频回望朗斯,看见山谷中的一道道战线堑壕,它们见证了当年发生在这里的惨烈战斗。当我们沿着通向维米岭的山路继续上行并最终登顶的时候,再往下望去,只见山谷中的朗斯城如同处在一个巨型杯子的底部中央。

终于到维米岭战场了!我们沿着通往阿拉斯的山路,在山脊上行驶了一段距离,然后从这里向西眺望,看见了加拿大军曾发起冲锋的长山坡。这片战场曾遭受长达数周的炮火猛轰和机关枪的密集扫射,十分恐怖。但是,我们并未看到战争的迹象,因为我们的视线从阵地的上方掠过,却无法看见阵地的里面。正是这一点,使得此处成为抵御德军机关枪扫射的最佳位置。守住我们脚下的这片土地是整场战争中最重要的几步棋之一,维米岭因此而声名大振,名气远远超过法国北部和佛兰德斯许多鲜为人知的地方。那里虽然也发生过其他的一些战斗,但它们已在人们的记忆中慢慢消失了。当然,仅仅守住山脊是不够的。1918年3月,德国向维米岭发动攻势,当时整个北方战线几近崩溃。德军在维米岭的北边打败了葡萄牙军队,从而推进到伊普尔以南的突出地带,形势危急。为了抵挡德军的攻势,柯里不得不扩大自己的防线,并动员全部兵力来加强维米岭的防御。加拿大军仅有4个师的兵力,德军却有13个师的兵力。为了不暴露兵力上的劣势,加拿大军主动发起对德军的局部攻势,以攻代守,从而使得维米岭阵地安然度过了每一个危急时刻,寸土未失。这里正是德军攻势在伊普尔至凡尔登一线战场上受阻不前的少数地区之一。

十字路口边竖着一块石碑,以纪念在此阵亡的加拿大炮兵战士,令人印象深刻。我们沿路向东走了没一会儿,来到了特鲁斯(Thelus)。此处曾有一座小村庄,如今已被夷为平地,难以辨识。我们穿过南边的田地,走了一小段路,来到了柯里师团所立的纪念碑。该师团曾突破了德军的局部防线。纪念碑上刻着一段铭文:"纪念在1917年3月4日、4月9日和7月23日的维米岭攻防战中牺牲的加拿大军将士;此碑由曾经与他们浴血奋战过的全体战友所立。蒙上帝荣光,1917年圣诞节。"山顶上是一片开阔的高地。我们向南眺望着远方的地平线,看见了阿拉斯大教堂的断壁残垣,离我们至少有5英里的距离。西边是圣埃洛伊山,我们可以清楚地看见山崖上的塔楼和瞭望台。东边是一排排高低起伏不平的丘陵,再往后则可以隐隐约约地望见远处的布尔伦森林(Bourlon Wood)的轮廓,它位于德军的兴登堡防线的后方。

大约一个小时后,我们来到了兴登堡防线,方才明白:在这场战争中,为什么最坚固的防御是那些长长的、平坦的斜坡地。因为在斜坡地上,机关枪的火力可以横扫地面,足以抵挡住以任何速度发起的冲锋。在伊普尔,沼泽是极佳的防御屏障,能够阻挡来自四面八方的攻势。在这里,英军防线的中段设在长长的、略微凸起的土岭上,从中间向南和向北延伸到远方。一波防线之后,还有另一波防线;因此,当一处土岭被攻占后,后面还有更多的土岭。

在附近的一条路上,我们遇上英军士兵正在用担架抬着阵亡者的尸体,准备入土安葬。在这片英军公墓,他们已为阵亡者挖好了长条形的壕沟,但无名阵亡者的尸体还散落在战场上。英军士兵们都戴着浸染过化学药剂的防毒面具。在田野里,我们还看到两三个士兵正在用担架抬辎重。奇怪的是,我们对这些场面无动于衷,好像它与我们旅途中的其他事情一样稀松寻常。不久后,我们离开了身后的维米岭,沿着已经铺好的路,穿过一排排树木,前往阿拉斯。

我们在阿拉斯待的时间很短。我们经过了一座大教堂的废墟。教堂原本是一座始于17世纪、气势恢宏的建筑,如今已化为废墟,但巍峨的墙壁屹立不倒。一些街上的商铺似乎没有遭受战火的蹂躏,窗户上的玻璃是新换的,生意也仍在继续。不过,阿拉斯的大约5/6部分都遭到战火的摧毁,但很快便会得到修缮,这是它与朗斯的大不相同之处。即便是遭到猛烈轰炸的火车站,也残留了足够多的墙壁,使其能够得到修缮。我们还经过了一座桥。柯里在执行一项艰巨的任务时曾试图过桥,在这里遭到猛烈的炮火轰击。

离开阿拉斯后,我们驶上一条通往康布雷的既长又直的路。我们沿着长长的山路下行,来到了一条名为森萨(Sensee)的小河,再沿着山坡上行,到了布里欧修(La Brioche)。接着,我们又顺着一条蜿蜒曲折的乡间小路,急拐向南,经过了维莱村(Villers)和卡尼库尔村(Cagnicourt),朝着东南方向驶去。在位于凯昂(Queant)山谷以北的路上,我们下了车,想去看看整个行程中最有趣和最具战略意义的地方。我们所在之处,是凯昂-德罗库尔双防线(Queant-Drocourt switch)与兴登堡防线交汇的军事要地。凯昂-德罗库尔双防线是位于康布雷以西的德军重要防线。由于加拿大军在突破防线时没有清除铁丝网,所以我们依然能够看到完整的铁丝网防御系统。加拿大军在更北处突破了兴登堡防线,然后沿着这条防线一路东进,从而不费吹灰之力,将德军从防线后的碉堡和壕洞中驱赶出来。往南望去,这些带刺的铁丝网像长长的葡萄架一样竖立在田野中。

我们向西行驶了约半英里,来到了名为凯昂的小村子,村中房屋的墙壁依然还在。这里的堑壕很深,以至于士兵们必须踩上三级台阶,才够得着堑壕的边上看到外面。他们沿着堑壕底部铺设的木板道前行,并用柳条来夯实堑壕里的台阶。

223

我们沿着堑壕走了一小段路，进入了一个德军的壕洞，然后沿着40级的阶梯下行，来到了壕洞的内室。柯里曾将他的指挥部设在此处。阶梯是用刚刚砍伐的木材制作的，虽然建得很陡，但质量不错，达到了木匠的工艺水平。地下内室的深度至少有45英尺。在离这里不远的地方，我们又参观了一个差不多的壕洞。威尔士亲王曾应柯里的邀请在这里小住过一阵子，当时他正在谋划和推进康布雷战役。

我们回到第一个十字路口，向东拐进了山谷，经过安希(Inchy)，来到了著名的北方运河(Canal du Nord)。战争爆发之初，这条运河尚未开凿完毕。尽管地面的支撑墙沿着山谷形成了两个巨大的堤岸，但河中却是干涸无水的。加拿大军曾在这里大胜德军，从德军处缴获了至少200支步枪。和此前的战斗一样，他们也是突破了德军防御工事的局部(这次是从北方运河处)，然后对德军进行侧翼包抄。加拿大军士气高昂，在柯里这样一位成竹在胸的将领的率领下，他们取得了全面的、彻底的胜利。

我们沿着运河前行，再次行驶到康布雷小路上，沿着一条通往康布雷的长坡路上行，来到了离康布雷只有2.5英里路程的拉耶朗库尔教堂(Raillencourt)。这座教堂的塔楼和建筑十分漂亮，但此处曾发生过最为惨烈的一次战斗。德军在此战中投入重兵和大炮来牵制加拿大军。不过，我们没有时间去一趟瓦朗西安(Valenciennes)和蒙斯(Mons)。1914年，英军正是在那里投入战场；1918年11月11日的停战日，加拿大军也是在那里停止了进攻。

拉耶朗库尔教堂的路边有一座谷仓，谷仓墙上贴着巨大的德军标语，用德语写着："战士们！街上、地里和射击坑里都是大把大把的钞票！让我们去捡钞票啊！"我们将标语从墙上撕了下来。柯里对它很感兴趣,所以他决定将它带回渥太华博物馆保存。

这条路经过田里的一条小沟,两边尽是蜂窝状的壕洞。窄轨道的小型机车从这片萧条的田间穿行而过。这些轨道机车的发动机使用的是汽油,且能运送重型卡车。柯里不顾英国人的批评,把机车的发动机拆了下来,用在了9英寸口径的重型野战火炮上。他的手下能在3分钟内将一门9英寸口径的火炮装在军用卡车上,而前来视察的军官却给了他2个小时,当时一直认为他根本不可能在这么短的时间内完成任务。

沿着这条路,我们经过了圣母泉(Fontaine-Notre-Dame)的废墟,这座城市的城墙基本完好无损。之后,我们又顺着康布雷与巴波姆之间的那条长直公路,回到了兴登堡防线的山脊与坡地。巴波姆很早就被摧毁了,这里已经看不到朗斯城那样明显的混乱与粗鄙。巴波姆教堂虽已沦为废墟,但城中大约一半房子的墙壁依然立着。人们回到城中,靠着房子和商铺的后墙搭起了棚子。不过,在离开巴波姆、前往阿尔贝的途中,我们沿着一条路向西穿过了索姆河主战场,看见了一间被炸毁的磨坊,其他的房子都被夷为平地,断壁高出地面不过1—2英尺。我们再一次见到了那些凶险异常的坡地。在瓦尔朗库尔(Warlencourt),我们沿路上行,俯瞰着安克雷河的河床。这一路的斜坡地曾是德军的堡垒。在路的左边,田间有一处奇怪的土丘,这是工兵们修筑的小型炮台。

在库尔瑟莱特(Courcelette),有一个加拿大军的收尸站。我们从主路上下来,来到了一座小村庄。这里只有由加拿大军的一支连队搭建的长形铁皮棚屋,别无他物。负责收尸站的中尉邀请我们喝下午茶,柯里欣然接受,让那位中尉备感荣幸。在他们泡茶的时候,我沿着小路往东走,穿过了一片采石场,发现在下沉式的主路以东几码远的地方,英军修建的前线堑壕与德军的堑壕平行对峙。库尔瑟莱特见证了加拿大军在索姆河战役中的浴血奋战,我们所看到的那条下沉式主路正是重兵争夺的对象。收尸队在战场上收拢了 3 900 多具尸体,其中至少 1/3 的尸体只能通过铭牌或佩戴的饰物来辨认。一位相貌和蔼的苏格兰牧师加入进来,与我们同行,负责收尸站的中尉送给我们一些空弹壳,作为此行的纪念品。

在通往阿尔贝的路上,我们到达的下一个地方是曾经的波济耶尔(Pozieres)小镇。当我们从原来的路拐上一条十分荒凉的小路时,才知道已经来到波济耶尔了。这里已被夷为平地,没有任何迹象表明此处曾经有房屋建筑。草木已从化为灰烬的废墟中生长出来,连这片废墟的遗痕都要抹去。经过波济耶尔后,我们迅速地拐向了阿尔贝。

阿尔贝也沦为了像巴波姆一样的废墟,挂在砖石建造的大教堂中的圣母玛利亚画像也不翼而飞。这些破坏都是不久之前造成的,主要来自去年夏天英军的炮火轰击。当我们走到阿尔贝小镇的主广场时,柯里向我们指出他被授予爵位的地方。那个时候,英军部队排列整齐,周围房屋尚未坍塌,整座广场看起来与如今大不一样。现在,这里只留下一堆残砖烂瓦的混乱场景。

离开阿尔贝后,我们并未直接前往亚眠,而是往南驶去,前往参观亚眠以东、索姆河以南的战场。去年 8 月,这片战场上的德军在协约国军队的攻势威胁下,退回到了维莱布勒托讷(Villers-Bretonneux)镇。我们沿着阿尔贝与布莱(Bray)之间的路翻过了安克雷以东的山崖,然后沿着山路下行,来到了索姆河畔,并从一座临时搭建的桥上过了河。此处的河谷约有 1 英里宽,遍地沼泽,两边则是陡峭的山坡。我们沿着脚下的路,从索姆河一路向南,来到了梅里库尔(Mericourt),经过了一片地势平坦的农业区,又来到了罗西耶尔(Rosieres)。在那里,我们向正西方向拐去,最后抵达了凯城(Caix)。至此,我们已经深入到德军最远的防线的后方,凯城距离那条防线有8英里之遥。凯城位于亚眠的东南方向,我们从这里往西北方向拐上公路,便可到达亚眠。

亚眠是索姆河畔的交通枢纽城市。从这里往东北方向,沿公路可达阿尔贝、巴波姆和康布雷;往东南方向,沿公路可达鲁瓦(Roye)和努瓦永(Noyon)。在亚眠东南方向的路上,有两座小城,分别是隆戈及其稍南一点的博韦斯(Boves)。英军和加拿大军正是从这里向东进军,行至一个名叫多马特(Domart)的小村子。那里有一条名为卢斯(Luce)的小溪,溪谷中有一条小路可以通过。此处十分偏僻,因为溪水蜿蜒曲折,高处不时有树林,协约国军队正是从多马特穿过了溪谷,向德军的亚眠防线发动了攻势。

加拿大军在维米岭立下战功后,自然被选作协约国进攻德军亚眠防线的主力军,依然由柯里统帅。然而,从多马特穿过卢斯溪谷的计划能否奏效,完全取决于其能否保密,因此,连身居高位的军政要员也未被告知该计划。为了迷惑德军,协约国故意高调地将加拿大军的部分连队派往伊普尔附近。这一军事计划被保密得很好,以至于柯里手下的一些将军们表示抗议和不满。加拿大军主力则在夜里秘密行军,抵达亚眠附近,进入英军防线的最南端。他们计划从这里向东行至位于多马特的英军防线,并渡过卢斯溪,来到北边的昂加尔(Hangard)村。他们将埋伏于此,等待着进攻的信号。

从多马特村渡过卢斯溪只有一座桥可通行。这座桥跨过溪流与沼泽,所幸的是它并未遭到德军的摧毁。柯里的计划是,在发动进攻的前

柯里将军(持拐杖者)陪同上级检阅加拿大远征军

一天晚上,让一队步兵渡过小溪,藏在对面山脚下的灌木丛里,正对着不远处的德军防线。与此同时,火炮已经各就各位,一旦得到进攻的信号,它们就会将炮口瞄准德军目标。

发动进攻的时间定于8月8日凌晨4点20分。凌晨零点前的10分钟,柯里派出了一支由10多辆坦克组成的坦克中队,沿着卢斯溪上的桥穿过了沼泽地。这些坦克之前都掩藏在多马特村的房子后面。为了掩盖坦克的轰鸣声不让德军注意,一队重型轰炸机低空飞过德军阵地,飞机的发动机轰鸣声和投掷的炸弹爆炸声十分奏效。之前,柯里下令连续3个晚上对德军阵地进行轰炸。所以,当真正的坦克攻势发起的时候,德军措手不及,而就在那一刻,坦克带领着士兵发动了冲锋。他们冲上了山坡,一举攻占德军阵地。

多马特村的北边是昂加尔村。柯里指着对面的南山坡中一处小山涧,说他在第一次穿行时将指挥部设在此处,并吃了一顿庆祝战斗胜利的午餐。这里与凯城相距8英里,路很难走,加拿大军却在一天时间内将德军从堑壕中赶出来,并将他们逼退到如此之远的地方,实在令人难以置信。柯里笑着说,那天在多马特村也发生了一件"难堪的事",即他让重型榴弹炮将炮口朝向最远的距离射击,但毫无效果,因为德军被逼退得太远,以至于炮弹根本打不到。

在凯城,柯里朝着南边指了指田野那头的勒克内尔(Le Quesnel)教堂的尖顶。他说,在打败德军的第二天,他站在那里看到了这场战争中最蔚为壮观的进军队伍。德军不得不向南方和东南方向的鲁瓦撤退,同时,处于加拿大右翼的法军也出兵继续向东驱赶德军。他头一次看到如此壮观的战争场面。在辽阔的战场上,人们看到各种队伍正在不断前进,一队队步兵行进在田野上,骑兵飞驰在路上,野战炮兵也在赶赴下一个炮位,前前后后延绵了好几英里,让人联想起盛大的军事演习。就在发动攻势的当天,7 000名德国战俘和大约200门大炮被柯里的部队缴获,所以他们也随军同行。

至此,我们结束了行程超出300英里的加拿大军前线之行,沿着通往亚眠的大道一路狂奔。寒风呼啸而过,阳光洒落在城中房屋的顶上,亚眠大教堂高耸细长的中央尖顶矗立在西边的地平线上。只有当人们看到德国人没有赢得这场战争的时候,才会意识到加拿大军在1918年的8月8日暗渡卢斯沼泽的意义。

我们抵达亚眠的时候,城中的街头已是华灯初上。当我们好不容易到了杜茵酒店(Hotel du Rhin)时,发现了与我们一同出发的另一辆车,奥康纳少校、鲍曼少校和杨格少校已抵达酒店多时。他们是从康布雷直接返回亚眠的,因此有时间参观了亚眠大教堂。我们和他们一起吃了晚饭,随后柯里和奥康纳便又离开了。他们要走很长的夜路赶回康布兰拉贝,大致要在午夜时分才能抵达。因为,柯里明天一大早要去布洛涅(Boulogne)赶早班的轮船。这是他和我们在法国共同度过的最后几天,总行程大约有300英里。我们折腾到很晚才睡,大家都觉得这是我们欧洲之行中最有意义的两天。

1919年4月23日,星期三

我们所乘坐的列车将于今天上午11点从隆戈这一枢纽站开往巴黎。因此,我们有足够的时间参观亚眠大教堂,这里几乎没有受到战火的蹂躏。从外面看,我们只看到教堂顶部有一块被击碎的飞拱和一个窟窿,后面的窗户虽然受到严重的破坏,但精美的圆形花窗上的玻璃却完好无损。教堂内部也几乎见不到战争的痕迹,只是有一些堆放在大铁架上的沙袋,用以保护唱诗班站台和雕塑。

德国俘虏正在清理外面用来保护南边耳堂入口的沙袋。他们已将沙袋从保护前面正门处雕塑的脚手架上搬走了,这样人们透过脚手架可以欣赏到那些毫发无伤的雕塑。德军留下的是一座完好无损的亚眠大教堂。城中有许多废墟,但散布于各处的私宅与商铺,这显然是飞机轰炸而非炮弹坠落所造成的。除了这些,亚眠已经恢复了往日的面貌。和在里尔时一样,我们早早地来到一家优雅别致的甜品店,吃了一块巧克力和蛋糕作为早餐。

上午10点半,我们钻进了一辆单马牵引的马车,车里脏兮兮的,成堆的垃圾、子弹壳和头盔之类的东西就这样堆积在我们的脚边。去火车站的路是用鹅卵石铺成的,马车一路上颠簸个不停。我们4人疲惫不堪,昏昏欲睡,上了车还没有座位,只好坐在堆放在车厢过道的行李箱上,最后回到巴黎,很晚才吃午饭。在去过那个满目疮痍的荒凉世界后,巴黎就像家一样令人感到舒适。在经受过北方凛冽的寒风后,我们对午后温暖和煦的阳光也倍加珍惜。

下午3点,当我在归整行李的时候,斯洛森走了进来,将威尔逊总统关于阜姆问题的声明的油印稿递给我。我们立刻意识到这场新危机的严重性。不过,总统的声明基本上让我们感到欢欣鼓舞,但比尔是个例外。比尔认为《伦敦密约》是需要落实的"正经"条约,觉得应该按照条约将阜姆港交给意大利。①在这件事上,我和他有一致,也有分歧。在我看来,自意大利参战以来,他们最大的敌人正是自己,因为他们不再谈论崇高的理想,而是公开地推行极其现实的政策,这种自私自利的行为,使他们如今在任何地方都无法赢得公众的同情与支持。德国人肯定会充分地利用这一点,并借此来摧毁整个国际联盟。我们必须找到某种折中的方案。

---

① 1915年4月26日,意大利与英、法、俄等国在伦敦签订密约,决定站在协约国一边参加第一次世界大战,以换取战后得到亚得里亚海沿岸和阿尔卑斯山水文线意大利一侧所有领土,包括阜姆(今克罗地亚里耶卡)主权的承诺。但在巴黎和会期间,英、法、美三国拒不履行《伦敦密约》,并将阜姆划给了塞尔维亚—克罗地亚—斯洛文尼亚王国(即后来的南斯拉夫)。——译者注

第九章　劳工组织的发起

1919 年 4 月 24 日，星期四

前往法国劳工部，拜访方丹先生。继续完善《劳工宪章》。艾达·塔贝尔女士来访，与我共进午餐。今年夏天，她将为肖托夸湖区运动①暑期学校开设课程，我向她提供了一些关于国际劳工计划、英美关系等方面的有用信息，以及充裕的文献资料。今天过得很平静。②

1919 年 4 月 25 日，星期五

上午，一直在房间里研究劳工条款。中午，与弗兰克·阿尔茨契尔

---

① 肖托夸湖区运动是 19 世纪后半期美国兴起的以成人教育和函授教育为主的教育运动，因在纽约州肖托夸湖边举办集会，开办暑期学校和函授教育，故而得名。——译者注

② 整个 2 月，巴黎和会下的大多数委员会都在忙于各自所承担的条约部分的起草工作。至 4 月份时，他们所起草的文件被汇总到一起，初步呈现出和平条约的完整雏形。

(Frank Altschul)共进午餐,他为我捎来了家乡的书信。下午,写信。晚上,讨论意大利的情况。

1919 年 4 月 26 日,星期六

意大利方面准备撤团走人。尽管大多数人都意识到事态的严重性,但这一消息并未在克里翁酒店激起涟漪。今天一整天,我一直忙于和平条约中的劳工条款,试图促成一项协议,以阻止贝尔福的方案不经任何修改而得以通过。晚上 9 点半,我遇到豪斯上校夫妇,两人正要乘坐前往亚眠和前线的夜班列车。我找机会和他简单聊了聊劳工条款,发现他与我意见一致。他对意大利的情况做了一番评论,体现了他内心的冷静镇定,因为他对其中的根本原则怀有信心。晚上,阅读大卫·格雷森的《友好之路》(*Friendly Road*)一书,读到很晚,却令人很放松。

1919 年 4 月 27 日,星期日

清晨,我接到罗宾逊先生打来的电话。吃过早饭后,我忙着重新起草相应的条款,却不知道罗宾逊先生已经在同罗伯特·博登爵士、日本人和比利时人一起开会谈判了。他们达成了协议,实际上并不需要我早上所做的这些工作。上午 11 点时,我所起草的条款被送去打印,以备第二天召开和会全体会议之用。

中午,与比尔、斯洛森共进午餐。之后,我们漫步至塞纳河畔,看到

各国军队正在河上进行划船比赛。参赛的有法国队、美国队、新西兰队和其他国家的队伍。我观看了一场激烈的比赛,但远不及天上的飞行表演刺激精彩。飞行员驾驶着一架飞机从天上俯冲而下,几乎快挨到水面,然后突然攀升,冲上几百英尺高的空中,翻来覆去。当这位飞行员在炫技的时候,他或许乐在其中,可地面上的 25 万巴黎民众却为此屏住呼吸,紧张得不得了。沿着塞纳河畔往协和广场以西,杜伊勒里花园里建着一些简陋的棚屋;荣军院的空地上也有一片棚屋群,这些棚屋曾是世界博览会的场馆。过去的 3 年里,法国人在巴黎和里昂举办了许多小型的博览会。里昂市长希望以此来刺激商业贸易,与德国所举办的博览会如莱比锡博览会一较高低。巴黎的面貌正在发生日新月异的变化,街道上的交通愈发繁忙,整个城市正在恢复它在战前的样子。香榭丽舍大道上的树木正在长出叶子,但凛冽的寒风和频繁的降雨阻挡了春天的到来。傍晚时候,我在河畔看见了美丽的夕阳。欧洲北部的天空中弥漫着朦胧薄雾,实在美不胜收。

1919 年 4 月 28 日,星期一

今天清晨便迎来了暴风雪,雪花随着凛冽的东风飘落下来。直到下午,天气才由雪转雨。上午,我花了一部分时间从法国劳工部前往日本等国代表团驻巴黎的总部,协助方丹先生完成劳工条款的法文文本。

巴黎和会全体会议将于下午 3 点召开,讨论是否采纳国际联盟与劳工条款的最终报告事宜。2 点半时,我和弗兰克·沃林驱车赶往会场,想提前占个座位,却发现我被安排在头桌尽头、靠近房间侧墙的位置,离英国代表团只有一步之遥。这个座位十分有利,以至于即便台上正有人进行主题发言,我也能听清楚各国元首之间交谈的细节。正如某人所说,如果在全体会议上进行主题发言的主要目的是让坐在头桌上的人能有时间和机会在表决前讨论议题,那么这些人一定会充分利用时间和抓住机会。事实确实如此。当罗伯特·博登在介绍劳工条款的时候,他用单调乏味的嗓音念着稿子,与会的同人们却鲜有倾听,心不在焉。博登对"会友们"的不专心感到恼火,呼吁他们认真听他发言。此处的"他们",尤其指劳合·乔治。身为会议主席的克里孟梭也没好到哪里去。我很高兴地看见,威尔逊总统的表现是较为得体的。

这次全体会议与上次差不多,没什么好多说的。它和上次全体会议在同一个会议厅召开,会议厅的后方有一群记者站在椅子上。由于国际联盟事务委员会和劳工事务委员会都在场,这次会议上的人更多,会议厅里显得更加拥挤。罗伯特·塞西尔勋爵就坐在贝尔福的后面,不时与他交头商谈。两人是表兄弟,心意相通,很有默契。

日本代表牧野男爵就巴黎和会上的种族平等问题发出极具说服力和令人尊敬的呼声,但他也知道,此刻并非实现种族平等的良机,于是主动撤销了对现版《国际联盟盟约》的一切反对意见,这反而为日方赢得了比其固执己见更多的好处。牧野男爵这样做,体现出其极具政治家风范的姿态。不过一位中国代表告诉我,这是牧野男爵在24小时之前刚刚决定的。比利时代表海曼斯(Hymans)的演讲十分精彩,其中表达了比利时人对于国际联盟将总部设在日内瓦而非布鲁塞尔一事的失望。不过,鉴于比利时是入选国际联盟指导委员会的小国之一,它也撤销了其反对意见。法国代表莱昂·布儒尼发表了长篇演说,但他讲得不太好。当他以法国170万名阵亡者的名义呼吁解除德国武装以确保更持久的和平时,他那效果不佳的演说也得到了一些严肃对待。不过,法国保留其修改意见。之后,巴拿马代表用蹩脚的法语,就国际法问题发表了长篇演讲,根本没人认真听;洪都拉斯代表用西班牙语就门罗主义也发表了一篇冗长的演讲,简直就是在试探参会代表们的耐性。这两篇演讲都没有翻译过来。在洪都拉斯代表发言期间,劳合·乔治起身经过我所在的角落,对坐在我身旁的他的秘书科尔说:"我实在没法继续坐着听这玩意儿了。"他还开玩笑般地问科尔,要不要到隔壁房间一起喝点茶(外面前厅尽头的小柜台上正在供应茶水)。威尔逊没有说什么。就代表们的演讲而言,这场会议实在平淡无奇,令人失望。演讲结束后,主持闭幕式的克里孟梭站起身来,几乎一口气不停地匆匆说道:"还有人想说几句吗?没有。报告就摆在诸位的面前。有修改意见吗?"在片刻的停顿和沉默后,他接着说道:"报告被采纳。"

顿时,会议厅里响起了一阵嘈杂的交谈声,透露出人们尤其是记者们压抑已久的兴奋感。许多记者冲向门口,发出电报。就整个和会而言,建立国际联盟的宏伟计划已经走完了它成为国际法的第一个阶段。在上一次全体会议上,该计划只是简单地提交大会审议,并没有进行表决。

国际联盟之后,则是《劳工宪章》事宜。巴尔内斯先生解释说:劳工事务委员会提交的劳工宪章条款是仓促起草的结果;在罗伯特·博登爵士(贝尔福先生支持的)的努力下,一部分条款已经被重新起草;他个人愿意接受这份新的草案,也知道该草案得到了劳工事务委员会成员的认可。接着,博登开始朗读他所起草的新草案。为了引起大家的注意,他挨个点名,体现出极强的掌控力。之后,他呼吁比利时国务大臣范德维尔德支持新的草案,后者也确实表示了支持。法文译本中有一两个字有所改动,我因此不得不向贝尔福先生解释其中的含义,他似乎对任何改动都非常敏感谨慎。毕竟,他年事已高,不时还会打瞌睡,不过在我看来,他是英国代表席上最机警的绅士。他似乎总是保持警惕,时刻准备着应付各种突发状况。法文译本中所做的修改是将 salaries industriels 一词变为 travailleurs salaries,后者的含义更丰富,包括了产业工人之外的农业工人。会后,我与印度代表辛哈勋爵聊了聊,他向我表示,印度会以英文文本为准,将该条款的适用范围仅限于产业界的领薪工人。最后,在无异议的情况下,劳工条款被宣布正式通过,持续了2个半小时的会议彻底结束。

我和米勒、沃林一起骑车回到住所,发现有两封信等我签收。一封来自正在巴黎、即将赴任的英国驻华沙高级专员珀西·温德姆爵士(Sir Percy Wyndham),一封来自艾莉森·菲利普斯(Alison Phillips)。我前往曼捷斯帝酒店,找到了珀西·温德姆,然后带他回到克里翁酒店,同沃林和比尔共进晚餐。饭后,我们度过了一个美好的晚上。乔丹·斯坦布勒(Jordan Stabler)后来也加入我们当中。他是美国国务院拉美司负责人。珀西·温德姆是《爱尔兰土地法案》的执笔人——乔治·温德姆的表兄弟,出身于一个古老的英国望族,长相颇似已故的英王爱德华七世,秉承着英国贵族那种平静而克制的良好礼仪。他曾担任过4年的英国驻哥伦比亚公使。温德姆在同斯坦布勒交谈时,透露出对南美政治局势的明察秋毫,了如指掌。不过他说他对波兰一无所知,对自己刚刚接受的英国驻华沙高级专员之职感到诚惶诚恐。这周五,他就要离开赴任了。

在晚上余下的时间,我阅读了《友好之路》的后面几章。在巴黎,雷·斯坦纳德·贝克总是成为我的"替身"。在不经意间,出于连我和贝克均不知的某种原因,我俩经常被人误认为是对方。就连那些能够近距离观察我们的人,比如克里翁酒店门口的特工人员都会如此,更不用说电梯间操作员了。我俩确实有那么一点点相似。

1919 年 4 月 29 日,星期二

早晨起来,窗外下着雨,雨中夹着冰雹,天气寒冷。我整理了一些文件,命令资料室开始打包图书。不过,今天的大部分时间都在忙着确认和平条约中的一项条款了。根据该条款,德国须将从他国拿走的所有文件和档案归还给原主,同时开放本国档案以供历史研究之用。米勒先生邀请我在茱黎斯酒店共进午餐,他在这件事上很支持我,并将条款的提案呈交给总部。若该提案得到采纳,其历史意义将不同凡响。无论如何,有关被德国侵占的文件档案那部分一定能得到妥善处理,若两部分都能落实,那今天的工作就算是大获成功了。①

1919 年 4 月 30 日,星期三

今天的天气依然阴沉而寒冷,外面下着凄厉的雨。我与英方、法方一起极力推动在和平条约中加入一项条款,要求德国开放档案以供历

---

① 被占领区,尤其是比利时,对于本国档案的丢失有着诸多不满。这并非从未有之的新鲜事,因为拿破仑便曾计划以新建的法国国家档案馆作为全欧洲的中央档案馆,广泛搜集各国文献,就像卢浮宫里收藏有来自欧洲各地的艺术战利品一样。

史研究之用。之后,我和沃林一起去拜访了法国总参谋部的雷钦上校(Colonel Réquin),邀请他和我们一同参加早已计划好的考察战场之旅。雷钦上校曾是福煦将军在马恩河战役中的副官。由于德国人将于本周五和周六在凡尔赛宫接受和平条约,他可能无暇与我们同行。自从战斗结束后,他再也没有重返过战场,因此很想回去看看。无论他是否能够同行,他为我们制定了行程,准备了地图,还下令要求总参谋部为我们提供物资上的帮助。雷钦很擅长画漫画,他保留了许多关于最高军事委员会(Supreme War Council)①成员和将军们的滑稽素描像。他画的那幅和蔼可亲的老年霞飞像,迟早有一天会被收入画廊里展出。回来后,我与梅泽斯漫步于雨中,一起讨论了意大利危机。这一次,我俩的观点相当一致,但我所考虑的不如他深入。中午,同谢泼德森、比尔共进午餐,席间说到了赴英国度假的事情。谢泼德森下周要去那里打高尔夫球,大部分的专家也在收拾行李。我准备让资料室在两周内装运好书籍,但我自己还没有任何动身的打算。

下午,我待在房间里,接到了威廉·艾伦·怀特的电话。他正在为《哈勃》(*Harper*)周刊和堪萨斯州的报纸撰写关于劳工事务委员会工作的新闻稿。怀特没有陷入矛盾情感的旋涡中,保持着冷静,从我们已完成的工作中看到了未来的前景。

今天,我花了一些时间来准备将要在索邦大学发表的演讲,但又陷入对自己答应做的事情感到后悔的情绪中,尤其是对自己答应用法语做演讲感到后悔。

---

① 协约国于1917年11月成立的西线联军中央协调机构,办公地点设在凡尔赛宫,任命福煦为西线联军总指挥。——译者注

1919年5月1日,星期四

今天是欧洲的劳动节。像往常一样,空中下起了凄厉的蒙蒙细雨,一直下到下午3点多钟,刚好是工人们在克里翁酒店门外的协和广场上示威游行的时间。显然,上帝的旨意更加偏向资本家一边。

我在自己的房间和资料室度过了一个平静的上午。中午,同英国外交部的查尔斯·斯特拉奇先生(Mr. Charles Strachey)共进午餐。斯特拉奇先生是一个风趣而随性的中年男子,他是《观察家》(*Spectator*)一书的作者里顿·斯特雷奇(Lytton Strachey)的表兄弟,他的父亲则是英国驻印度的高级官员,曾担任过代理总督一职。我们讨论了许多话题,包括维多利亚时代的英国、文学与历史等,但聚拢在窗边围观工人示威的服务员们搅扰了我们的讨论。克里翁酒店前有好几百人,都是巴黎的工人,他们戴着布帽,纽扣孔上戴着红色的小花环,被警察推搡着往前走着。就在工人们走到克里翁酒店门口的转弯处时,一队骑兵闯了进来,他们挥舞着手臂,将马匹驱赶到人群中,动作显得十分搞笑。一些示威工人挽住缰绳,要求骑兵停下来,但游行队伍实在太弱小了,根本挡不住骑兵的冲击,于是被逼到了克里翁酒店西边的一条小街道上。人们谣传有个工人在下一个街口遭马践踏致死,但流言难以平息。

我走出克里翁酒店,看到一个男人的后脑勺和颈部被严重砍伤。他的手上也绑着绷带,两根手指被切断,很快就被送到马路对面的红十字会救护车上。之后,我走到协和广场的东侧,看到了真正的冲突场面。刚才那个男人的砍伤并不是士兵干的,而是警察干的。这些警察很善于驱散人群,但只敢胆怯而挑衅地单独攻击某个示威者。他们慌张失措,每当有示威者跌倒的时候,他们就冲上去踢一脚,时常还表现得害怕示威人群似的。不过,另一方面,他们也会巧妙地运用不同的方式,来驱赶示威人群中的不同部分,从而达到驱散他们的目的。

　　站在我们那栋办公楼的阳台上,可以从正面俯瞰皇家大道上的整个景象。游行队伍缓缓走在宽阔的林荫大道上,沿途经过驻扎在街道对面的骑兵队,但他们对游行示威的队伍无动于衷。人们举起红旗,一边示威,一边对抗警察。警察夹杂在一支支骑兵队之间,但人们无论是挥舞棍棒还是拳打脚踢,都是将斗争的矛头指向警察。我们透过克里翁酒店的窗户所看到的小股人群,只不过是赶往协和广场上的大部队的急先锋,皇家大道上的场面更加令人震惊。我们面前的街上空无一人,但另一头确是人头攒动,黑压压的一片。骑兵队在街道对面拉起了警戒线,开辟出一条通道,好让从后面广场上赶过来的部队能够穿行通过。这些部队举枪瞄准,向人群缓缓靠近,让我们也变得紧张起来。幸运的是,当他们与人群正面遭遇时,就停了下来,放下枪,只是处于警戒状态。在塞纳河畔的杜伊勒里花园外边,还有一整个骑兵团。不过,在经过这一次小规模的冲突后,并未发生大事。半个小时后,我穿过空旷的广场,朝塞纳河边走去,来到了亚历山大三世大桥(Pont Alexandre III)。那儿有一家隶属于军方的小馆子,专门为军人供应咖啡。我走进去,在里面同一名士兵闲聊了一会。他告诉我,今天凌晨2点,他们从凡尔赛宫被派往此处。他自己倒觉得没什么,但他骑的马几乎一整天没吃东西了。他还说,骑兵部队是从法国中部调过来的,他本人来自里昂。我几乎不用怎么问他,就知道他对警察没什么好感。

　　一路上,我在马群中穿梭了很长一段距离。看到有人已经摩拳擦掌地准备打内战了,我感到愈发沮丧。巴黎城中已聚集了6万—10万的军队。香榭丽舍大道上停放着被俘获的德军大炮,目睹了这些法军士兵的到来并驻扎其间。士兵们坐在公园的椅子上,悠闲地享受着难得惬意的生活。有些士兵在德军大炮的炮筒上挂了一张油布,还搭建了一个顶棚来遮风避阳。几乎每一个人都在抽烟,看上去一副无所事事的样子,但都和颜悦色的。

晚上,以赛亚·鲍曼博士和他的夫人为波兰理事会(the Council of Poland)主席帕德雷夫斯基和外交大臣德莫斯基(Dmowski)举行了一场告别晚宴。晚宴在克里翁酒店的一间私人房间中举行,布置得十分精美,但气氛很安静。由于波兰国旗是红白双色旗,圆桌上零零散散地摆放着红玫瑰和红白相间的装饰物。铃兰(即山谷百合)更是锦上添花,那是为了庆祝今天是五一劳动节。参加晚宴的调查团其他成员还有劳德博士(Dr. Lord)、西摩尔教授和戴伊教授。

帕德雷夫斯基夫妇都很平易近人。帕德雷夫斯基先生说,他已经彻底放弃音乐事业了,也不再关心音乐。近年来,他创作的唯一音乐作品是一首波兰民歌。帕德雷夫斯基夫人则补充道,在不久前在华沙召开的一次会议上,节目单上有这首歌,而帕德雷夫斯基先生完全忘记是自己创作的。我问她,帕德雷夫斯基先生在发表政治演说的时候,是否会像从前准备音乐会那样因紧张而亢奋。帕德雷夫斯基夫人说,政治不需要艺术家的气质,她的丈夫现在可以回归正常的生活了。德莫斯基则表示,他毫无音乐细胞,音乐对他而言与噪声无二。除了最近帕德雷夫斯基亲自带他去听在英格兰布莱顿(Brighton)举办的一场音乐会外,他本人从未去听过帕德雷夫斯基的音乐会。

晚宴结束后,侍者们进行了一番才艺表演。然后,他们将餐桌拆开并挪出房间,搬进来一张小型会议桌,并在桌上摆上了一束鲜花,所有动作一气呵成,在2分钟内就完成了。我们继续围坐在壁炉旁。不过,波兰政治家和劳德、鲍曼和恩比克上校(Colonel Embick)去了办公室,讨论了一个小时的停战协定问题。

临近午夜时分,我向外眺望着克里翁酒店的屋顶,看到了黑色的夜空下映衬的卫兵的身影。他正扛着枪,来回踱步。在当前欧洲动荡不安的社会环境下,这给人一种身陷围城的奇怪感觉。①

1919年5月2日,星期五

罗宾逊先生早就明确地要求我于下周二前往伦敦参加国际劳工大会组委会的会议。如果接到正式的任命,我将不得不准时到任。与此同时,米勒先生打来电话,告诉我凡尔登战场之行无法成行。针对德国的和平条约必须马上拟好,他实在不得闲。按照设想,和平条约应在下周一拟定。如果我真的有机会目睹这场具有历史意义的会议的话,我会因为自己去了伦敦、错失良机而感到万分遗憾,无论伦敦之行有多么有趣。不过,窃以为我并没有机会出席那场会议,所幸那就算了吧。

今天多少浪费了一些时间。下午,我去小宫(Petit Palais)参观了南斯拉夫、西班牙和威尼斯艺术展。这是一场专门为战争难民举办的临时借展。西班牙展区陈列了一些戈雅(Goyas)和苏洛阿加(Zuloagas)创作的精美作品;南斯拉夫展区陈列的绘画与雕塑都属于颓废派,这一流派自视甚高,将自己的作品称为"未来主义风格"。颓废派的大多数作品或多或少地令人心生厌恶。但当我们继续往前走,看到西班牙名画以

---

① 波兰在巴黎和会上得以复国主要应归功于美国代表团。边界问题在很大程度上是鲍曼博士在研究,他以翔实的人口数据为基础,一丝不苟地划出了波兰与邻国的边界。劳德教授则试图为波兰人赢得所有人对其悲壮历史的同情。

及意大利画家弗朗西斯科·瓜尔迪(Francesco Guardi)①所描绘的威尼斯的优美风光,顿时感到心情舒畅。参观结束后,我和比尔回到住所,一起喝下午茶。之后,法国《时代报》的菲利普·米涅也加入了我们当中。

在下午茶和晚饭时间的间隙,我应邀前去见梅泽斯博士。他有一些好消息要告诉我。他先是给我布置了一项上面高层下达的任务,要我弄清楚"国际联盟"一词在拉丁语中应怎样表达。我认为可能是"Societas Gentium"或"Societas Civitatum"。接着,他邀请我今晚和他一起去看法国喜剧。最后的一件事解释了为什么会有前面的两件事。原来,下午的时候,他与他的妻兄(指豪斯上校)外出散步,一路交谈,对我在劳工事务上所做的工作提出了一些恳切的意见。在同比尔和米涅共进晚餐后,我匆匆赶往剧院。剧场里上演的是《恋爱》(*L' Amoureuse*)一幕,讲的是一个太爱自己丈夫的妻子的故事。丈夫正在写学术论文,妻子坐到他的腿上,让丈夫大为光火。不过,最后的结局可谓皆大欢喜。这部戏靠着华丽的表演,吸引了观众们的眼球,但并没什么内涵。不过,克里翁酒店的礼宾员告诉我,这部戏非常受欢迎,一票难求。

1919年5月3日,星期六

待在房间里看书,还抽时间准备了在索邦大学的演讲稿,眼看着这件事日益临近,令人颇为不安。吃过午饭后,我驱车前往法国国家图书

---

① 弗朗西斯科·瓜尔迪,18世纪意大利画家,印象主义的先驱,其风景画具有明亮的冷色调及柔和的氛围效果。——译者注

馆,打算在那里工作一会儿,却发现它大门紧闭。我无功而返,只好将自己要写的东西记在纸上,然后在大约4点钟的时候,漫步在苏格兰式的薄雾中,沿着香榭丽舍大道来到了大宫(Grand Palais)。那里正在举办沙龙,这是近5年来所举办的第一场法国艺术展。展出十分盛大,大约有3 000件参展作品。它们悬挂得当,没有给人拥挤之感。雕塑展位于主楼层,摆放在小花坛和碎石小路之间。整个艺术展并没有像我所以为的那样突出战争的主题。不过,没有反映一点战争场景的展厅不多,只占整个艺术展的1/7或1/10。如果所展出的艺术品的作者已经在战争时期去世了,那么在绘画画框的边缘或雕塑底座上会系上一条纱巾。另一个有趣之处是,立体主义(cubist)或未来主义流派对法国艺术总体趋势的影响甚微,只有一排展厅以怪诞风格为主。总的来说,整个艺术展是按照艺术史的常规叙事方式来布置的。我没有见到我熟悉的艺术家的作品。我在整个艺术展中所见到的一切,还没有我挂在纽约家中前厅里油画上的街头小流浪汉形象好看。希望明年我能在大宫的艺术展上看到更多那种风格的画作。

我在大宫待了2个小时。吃晚饭的时候,从我的位置上正好可以看到伯利中尉正在为他的小女儿赫伯特·亚当斯·吉本斯(Herbert Adams Gibbons)举办生日派对。小姑娘今年大约11岁,伯利中尉在桌子上准备了蛋糕和蜡烛。我远远望着克里翁酒店里孩子们的脸庞,由衷地感到,那些坐在孩子们附近的老头儿们过着多么枯燥无趣的日子啊,都没有机会好好看看孩子们的脸。

吃过晚饭后,我悄悄地上了楼,披上了一件大衣,然后绕着协和广场散了一会儿步。今晚的夜景很美,透过一片漆黑的协和广场,可以看见夜色映衬下的埃菲尔铁塔。此情此景,让我不禁想起战争的头一年在华盛顿度过的那个夜晚。那个时候，我们常常借着探照灯的灯光识别出夜色映衬下的华盛顿纪念碑。巴黎的夜色光照更长，但夏夜中的华盛顿空气清新而干燥，只是我就记得它的温和湿润。

回到房间后，我早早上了床，随手抓起里巴尼（Rihbany）的自传读了起来。里巴尼是一位时不时联系我的叙利亚人，他试图让美国注意到叙利亚。在这本名为《长路漫漫》(*A Far Journey*)的自传中，他讲述了一个精彩而生动的故事。

1919 年 5 月 4 日，星期日

米勒先生叫我过去，帮他处理和约中的部分条款之事。这些条款主要涉及对波兰和东欧少数民族的保护问题。有时候，你会发现，你的意见真的被当作某一国际协定的基础，而你在不经意间的表述也可能被写入适用于数百万人的自由宪章。我在米勒办公室里待的时间不长。不过，在此期间，我俩重新起草了关于东欧各民族公民资格条件的声明，然后他在声明草案每一页的顶部写上了我的名字。不过，我希望，这份声明在最终被采纳之前应得到仔细的修改。

中午，我与比尔一起赶到马克斯·拉扎德家中吃午饭。拉扎德夫妇刚刚结束了旅程，返回巴黎。他们准备于今年夏天前往英国避暑，沿着英格兰的海岸线进行自驾游，最终选择德文郡（Devon）作为避暑地。我们享用了一顿安静的午餐，然后一起坐在他们家的草坪上休息，上面种满了勿忘我和雏菊花。拉扎德一家住在一栋漂亮的老宅子里，四周树木环绕，但两侧都盖有公寓楼，并不是那么孤零零。

从拉扎德家出来后,我们穿过布洛涅森林,回到了巴黎城中,与法国《时代报》编辑菲利普·米涅一起喝下午茶。我还见到了《时代报》主编让·赫伯特(Jean Herbette),同他和威克汉姆·斯蒂德进行了一次有趣的交谈。还有一小群撰稿人在场。米涅想着每周都举行一次国际政治茶话会,并希望我能给他投稿。

我被正式任命为将在华盛顿召开的国际劳工大会组委会成员,这意味着我将前往伦敦。在我躺上床后,谢泼德森走了进来,对我说如果我去伦敦,他也想跟着一块去。我当时尚未决定究竟是接受组委会的任命,还是留在巴黎和米勒一起修改条约,于是通过抛硬币来做决定,结果是我该去伦敦。

1919年5月5日,星期一

国际劳工大会组委会的任命书需要国务卿兰辛先生的签字,直到上午10点20分才送回到我这里。能够让我按时抵达伦敦的唯一一趟火车将于上午11点发车,于是我致电英方,请巴尔内斯的秘书致电伦敦方面,通知他们我晚些时间才能赴会。巴尔内斯提议,可安排我乘坐飞机前往英国,从巴黎到伦敦只需2小时。但由于没买航空险,我拒绝了这个建议。来自日内瓦的拉帕德认为我们还是应该乘坐下午5点的火车出发。于是,我们就这样前往法国北部的勒阿弗尔港(Le Havre),从这里乘坐夜间轮船前往英格兰的南安普敦港。

我给米勒打了个电话,告诉他:我就要走了,但我个人非常希望能留下来协助他处理波兰和东欧少数民族问题。他说,其中的一些问题会留待我回来后再解决。

第十章　伦敦与牛津掠影

1919年5月5日—9日

国际劳工大会组委会首次会议

我们乘坐5点的火车前往勒阿弗尔,回想起当年穿越荒凉的战场那段经历,但这次沿着塞纳河谷而行的旅途如同漫游仙境一般。果园里的果树正在开花结果,路边的白杨树舒展着树梢上的叶子,微微泛红。这一路尽是诗情画意般的美丽田园风光。农夫沿着缓缓起伏的山坡在一条条的田地上耕耘着。这些条田延伸向远方,就像一块块五颜六色的织锦沿着山谷纵向铺开。今天是今年的第一个暖和日子,也几乎是我头一次看到万里无云的天空。

塞纳河谷沿途已看不到太多的战争的迹象。铁路的各条支线上搭建了许多大棚子,通往鲁昂(Rouen)的支线上的大棚子尤其多。还有大量从德国人那里缴获的货运列车停在支线上,车上标有"但泽""埃森"

和"汉堡"等地名。我们还看到了几名德国战俘,但也不算多,很少能见到战士。

黄昏时分,我们抵达了勒阿弗尔,接着穿过漆黑的街道,前往码头。我们途经了许多小酒馆,酒馆里坐满了协约国盟军的士兵。几艘小渔船停靠在港湾中,和7年前的一个黄昏我在阿尔弗勒尔(Harfleur)见过的小船一模一样。在码头边,我们才意识到手持外交护照的好处。因为当人们都挤在候船厅里无聊地等着检查护照、办理签证和通关手续时,我们直接穿过了人群,率先登上了甲板。

上船后,我们发现这艘船已经满员了。船务人员与技师商量,让他们放弃自己的房间和床铺,而我们则要给他们每人30先令或42法郎作为回报。我们要么选择掏钱,要么就得整晚坐在甲板上。因此,我们接受了他们的好意,掏钱和他们交换房间和床铺。不过,我们断定,如果船上每晚都这么挤的话,那么技师们很快就得退休了。

海上风平浪静。我打开舷窗,望着皎洁的月光映照下的水面,打发下无聊的夜晚时光。运煤船穿过映照在水面的月光,行驶在夜幕之下。岬角处的海峡灯塔又闪烁起来。英吉利海峡和塞纳河谷一样,早已看不到战争的迹象。第二天,我早早起床,想看看英格兰上空的破晓之景。这里没有诺曼底的明媚阳光,只见怀特岛(Island of Wight)上空笼罩着一层灰蒙蒙的薄雾,朴次茅斯港则完全湮没在阴霾之中。我们的船驶过停泊在索伦特(Solent)的黑色军舰,甲板上站满了穿着卡其色军装的士兵,他们即将奔赴南非。陆地上仅有的战争迹象是怀特岛上的水上飞机棚以及两架停泊在岸边的大型水上飞机。

在南安普顿港,我们也受到了和前面一样的外交礼遇。不过这种礼遇没什么实际意义,因为列车一直停靠在船坞边,等到最后的乘客——一位意大利移民完成检查并将他的行李放上列车后才会出发。看到从我们乘坐的船上下来了这么多意大利人,我很吃惊。一共有三四十个意大利人,其中一些还穿着意大利军装。我向一位码头工老大询问意大利人在此务工的情况,他回答说:"噢,没什么,很常见。"

经过3小时的等待,列车终于驶出南安普顿的贫民区,开往伦敦。英国的风景和法国一样,战争所带来的影响主要体现在那些新建的大货棚上,但最引人关注的变化则是小花园的数量的激增。所有的空地都被分割成一块块的小花园,让工人阶级家庭可以在此种植蔬菜。这项计划源自八九年前的《空地分配法》(Allotment Act)。该法案规定,在区议会的指导下,城镇附近的空地及大农场里未开垦的荒草地可被分配给该区的工人阶级家庭使用。战前早已有之的鼓励节约之举,正是战时英国打破德国潜艇封锁、避免饥荒乃至溃败的必要基础。不过,与战时工人阶级充分利用所分配的土地相比,战后对这些土地的使用更加有意思。同去年一样,所分配的土地在今年延续下来,而且全部交给私营企业的工人阶级来打理。在工厂里忙完一天的工作后,工人们从户外的劳作中所得到的似乎不仅仅是蔬菜。无论如何,越来越多的空地和荒地成了工人阶级的花园用地,这是大战带给英国乡村最显著的外部变化。在这里,根本看不到在美国城市郊区常见的那种堆满灰烬和锡罐的垃圾场。虽然经济学家曾告诉我,这种建立在非集约化、非机械化劳动基础上的土地分配方式是一种糟糕透顶、无利可图的生产方式,但我猜想实际情况可能正好相反。

"伦敦—西南铁路线"从南安普顿一直延伸到温彻斯特(Winchester)。这条铁路沿着一条柳树环绕的溪谷(艾萨克·沃尔顿[Izaak Walton]曾在此垂钓),翻过北部丘陵(North Downs)的白垩高平原(high chalk plain)，经过贝辛斯托克（Basingstoke），最后到达伦敦。有趣的是，汉普郡（Hampshire）和萨里（Surrey）地区的这些白垩高平原，不过是战时英军从维米岭打到索姆河所经过的漫长山脊的延伸。高平原的地面上只有一层稀薄的土壤，薄到只能犁出浅浅的沟。如同在法国一样，农田在长长而平坦的斜坡上延伸到远方。与法国不同的是，英国的农田被农民们用树篱分割开来，断断续续的山坡上则种着更多的树木。

伦敦是我曾去过的最繁忙的城市。根据刚刚获得任命的国际联盟秘书长埃里克·德拉蒙德爵士（Sir Eric Drummond）的指示，我们将下榻大都会酒店（Metropole Hotel）。尽管提前发过电报，但当我们乘坐的出租车停在酒店门口时，我们发现，英国政府尚未撤销要求该酒店归军需部使用的战时命令。于是，我们开始了从一家酒店转到另一家酒店的漫长出租车之旅。很快地，我们最终发现，伦敦城中肯定能让我们下榻的酒店位于特拉法加广场（Trafalgar Square）。我们先是去了拉塞尔广场酒店（Russell Square Hotel），但被拒入住，于是在那里吃了午饭。随后，我和拉帕德去了劳工大会，谢泼德森去了牛津，乔治·比尔则和出租车司机待在一块。我要他一直待在车上，因为一旦他下车了，我们基本上很难再要到出租车。比尔和司机一直在寻找酒店，找了一整个下午。他去问了30多家酒店，到最后自己也数不清了。到了5点左右的时候，他赶过来告诉我，在伦敦已经没有找到可以下榻的酒店的希望了。于是，我俩打电话到牛津，幸而在那里找到了房间。

我俩乘坐晚上7点半的火车前往牛津市，约9点抵达。一位女士带我们看了两间空着的双人房，价格只有丽兹酒店的1/10，于是我们把两间房都订下了，一人睡一间。哪怕空着一张床给人看，也总比睡在伦敦广场上的冰冷石头上强啊！在夜色之下，牛津显得古朴而静谧，似乎未曾受到岁月的摧残，反而觉得更加美丽。这让人难以相信刚刚发生了一场大战，而牛津也曾参与其中。牛津大学莫德林学院隔壁大门的窗户上挂着一块牌子，上面写着："出售二手医院椅子，坏的，可用作手推车。"晚上，我去了贝利奥尔学院院长弗朗西斯·厄克特（Francis Urquhart）那里，是身为罗德奖学金①学者的谢泼德森带我去的。在场之人是一群刚从前线堑壕中返乡的年轻教员，他们都渴望忘掉过去，穿过这4年的岁月，重新唤醒对牛津的记忆。我们的讨论主要围绕希腊哲学展开，直到快结束前，我才知道，我旁边的一位神职人员曾经冒着德军的炮火，冲入"无人地带"，将他兄弟的尸首带回来；而他旁边的那位教员曾荣获殊勋奖章（Distinguished Service Order）；坐在桌角处的文静小伙则拥有英军上校军衔。然而，在这里，谁都不允许谈论任何与战争有关的话题。

我们将行李留在了牛津，打算次日白天去伦敦办事，晚上再回来住，确保有一个可以睡觉的地方就行。但是，当我们第二天到伦敦后，比尔收到一封梅泽斯拍给他的电报，叫他返回巴黎。于是，他买了一个崭新的旅行箱和一些过夜用的东西，我一个人回了牛津。

如前所述，此次伦敦之行的目的是为国际劳工大会制定具体方案。我作为美国代表参加了组委会，直到最后一刻才发现自己处在一个奇怪的位置上。因为，尽管威尔逊总统邀请国际劳工大会在华盛顿召开会议，但我们的宪法专家发现，只有国会才能发出邀请，总统无权这样做。因此，我在国际劳工大会组委会的任职受到了这些条件的限制。不过，我向组委会保证，国会肯定会批准我们的邀请。这个保证可不是

---

① 又译"罗德兹奖学金"或"罗氏奖学金"，1902年由英国政治家、商人塞西尔·罗兹（Cecil John Rhodes）创设，旨在资助各国青年学者、学生赴牛津大学深造。——译者注

开玩笑啊！不管怎样，我们得以继续开会，并提出了一系列的劳工立法问题。这些问题将会被送往各国，以便为10月份召开的大会做好材料准备。

由于时间有限，我们会把这些问题以电报形式发送到那些距离遥远的国家，如美国、玻利维亚、巴西、英国的各自治领及印度、中国、古巴、厄瓜多尔、危地马拉、洪都拉斯、日本、尼加拉瓜、巴拿马、秘鲁、暹罗、乌拉圭及其他6个国家。每封电报长达两三千字，英国外交部向国际联盟申请到了一大笔钱，用以支付在劳工事务方面的预算支出。

事实上，据我所知，我们这个组委会在伦敦的活动是国际联盟支持下的第一次国际性的自发活动。

组委会在议会大街53号有一处不错的办公场所。此外，组委会还安排了为数不多的行政人员，以便处理通信往来和整理资料。英国劳工部长罗伯特·霍恩爵士（Sir Robert Horne）准许我们在他的办公室对他进行一次正式的采访。显而易见，英国人计划在10月份的大会召开之前，以其一贯的高效率来推进此事。但我坚持认为，必须在9月1日之前将组委会迁往美国华盛顿。这是因为，如果在美国和欧洲各有一个委员会，且按照各自的计划行事，所造成的麻烦可想而知。我必须阻止组委会举办一场在我看来不成功的大会。方丹和德莱文涅作为政府中的行动派，主要是希望熟练而高效地搞定事情，他们对浪费时间的议会程序没什么耐性。因此，他们打算将大会的具体程序交给另外的委员会来安排，只要大会的召开能得到议会的批准即可。对于在国际劳工大会上使用各国语言来进行讨论的想法，他俩觉得不可思议，故而倾向于削减全体成员会议的工作。我反对他们的想法，并成功地组织了一项提案。该提案将组委会变成一个正式机构，并要求全体成员会议服从组委会。毕竟,如果说我对美国劳工阶级有什么了解的话,那就是我知道,他们非常讨厌各种委员会,无论是调查委员会还是执行委员会。国际劳工大会要想在一国获得认可,唯一的希望在于要向该国议会介绍自己、宣传自己。工人阶级不会让自己陷入一种被人指责为"秘密外交"的不利境地。这种选择或许会造成时间或其他方面的浪费,但它却是国际劳工大会取得成功的唯一办法。

费伦由衷地赞同我的看法。从今天起,直到7月15日我们下次见面前,他会想办法让英国人全都同意我的看法。与此同时,我即将离开伦敦,前往巴黎处理公务。因为,我和方丹先生一同受到任命,要去起草华盛顿会议的议程规则。

离开伦敦之前,我致电加拿大军(驻伦敦)指挥部,与柯里在电话里聊了聊。他让我立刻去他在牛津广场(Oxford Circus)的办公室。他的家人刚好来探望他,女儿已经15岁,儿子则刚刚9岁。他们下周还要到法国来,先去参观当年的前线阵地,再在巴黎待一天。我必须赶紧去乘坐火车了,还托了一位年轻的加拿大勤务人员去车站帮忙取回我们捎带的纪念品。

最终,我们顺利地踏上了返回巴黎的旅程,并于周五中午抵达。

第十一章　和谈之外的生活

1919年5月9日,星期五

离开伦敦后,我又重新回到了巴黎。与伦敦熙熙攘攘的街头相比,巴黎的相对宁静给人留下了深刻的印象。我从没见过哪个城市的街道像伦敦的街头那样繁华。走在伦敦的街头,如同在赶集一般,人山人海,摩肩接踵。相比之下,巴黎拥有一种优雅从容的女性之美,伦敦则给人精力十足、活力四射之感。我回到了克里翁酒店,好似返乡之客。一整个下午,我都在留意和打听关于巴黎和会的消息。梅泽斯不清楚我打算什么时候离开巴黎,不过鲍曼和杨格下周将启程返回美国。晚上,巴尔内斯来我的房间找我。我们一直到深夜都在讨论劳工问题。我俩分头行动,各自负责与一部分国家的驻巴黎代表交涉,商谈如何围绕即将在华盛顿召开的国际劳工大会事宜开展国际合作。

1919年5月10日,星期六

今天是个重要日子,我们正在等待德国人的答复。我去了趟法国国家图书馆,发现依然没开门。于是,我回到房间里继续准备在索邦大学的演讲,但进展不大。下午,和比尔一起沿着香榭丽舍大道散步,坐在租来的椅子上看着人来人往。晚上,写信。豪斯上校也未能看见威尔逊总统关于设立国际联盟办公室的计划方案。

1919年5月11日,星期日

一整天都待在房间里处理日常工作。今天天气很好,春日暖阳,让人不禁想出去走走。傍晚的时候,我沿着林荫大道散了一会步。咖啡馆前的椅子一座难寻。我茫然失神地望着人行道上的人来人往,对自己做的蠢事愈发厌恶了。

1919年5月12日,星期一

上午,沿着塞纳河畔散步。中午,同比尔和皮亚琴蒂尼共进午餐。皮亚琴蒂尼从意大利人的角度向我们讲述了阜姆问题的来龙去脉。比尔后来见到了柯蒂斯,完全了解了英国人的看法,我们之前曾在某次喝下午茶的时候聊过这个话题。

豪斯上校秘书戈登·奥金克罗斯先生(Mr. Gordon Auchincloss)将上校的要求转告我。他要我弄清国际联盟劳工部门的具体需求,以便计算(华盛顿大会)所需的房间。

晚上,调查团各小组负责人为鲍曼举行了一场晚宴。今晚是鲍曼在巴黎的最后一晚。我们的晚宴纯属内部事宜,如同家庭聚会一般。没有主题演讲,大家开诚布公地谈论了自己的看法。颇为奇怪的是,对调查团的工作最为赞赏的在场之人居然是兰辛。他起初对此并不热情。鲍曼和杨格将在今晚7点乘坐火车前往布雷斯特。

1919年5月13日,星期二

今天天气和煦,令人心情愉悦。我花了大半个上午的时间,将设想落实为巴黎和会《金皮书》(*Golden Book*)。这里有很多人和我一样无所事事。

下午,我接到来自秘书处的紧急电话,告知我已经被任命为一个"五人委员会"的成员。该委员会的任务是负责回应德国方面关于和约中的劳工条款的答复。

我们5个人于下午3点开了个会。我代表美国,巴尔内斯先生代表英国,方丹先生代表法国,托斯蒂先生(M. Tosti)代表意大利,落合谦太郎(Otchiai)[①]代表日本。

英国人和往常一样,先人一步。他们及时地获知了德国人的答复文本,以便认真起草回文。因此,除了在这份回文的基础上加以编辑和修改,我们别无选择。我没提什么建议。德国人对和约中劳工条款的不满基于这样的一种看法,那就是我们并没有为劳工们建立一个真正

---

① 日本外交官,曾任日本驻中国奉天(沈阳)总领事。——译者注

意义上的"世界议会"。他们在劳工问题上的看法颇具革命性，提议创建一个凌驾于各国议会的国际组织专门来制定劳工立法，让人不禁想起了共产国际。我们强烈地怀疑，这并非德国当局关于劳工问题的真实想法，而是为了激起国内革命分子对协约国的不满。刚刚在柏林街头的内战中推翻激进社会党人的德国人，以为我们不会太较真。他们真是完全错误地判断了英国人和法国人的性情。在遭遇5月1日的工人游行示威后，德国人此举恐怕是故意为之，不可原谅。除非他们与外部世界完全隔绝，以至于根本不知道其他国家发生了什么。

我们的会议开得很随意。透过古朴的宴会厅的大落地窗，可以看到外面的花园。会议结束后，我们径直走到茂盛的栗子树下。之前，我说过此处乃蓬巴杜夫人的居所，在此需要更正。因为方丹先生告诉我并非如此，这座房子与旧制度时期的法国没有任何历史联系。不管怎样，这里的确是一个安静惬意的地方，草坪上还有一个小喷泉。

在拟好给德国人的回文后，巴尔内斯先生坐上了我的车返回住所，他要带我去曼捷斯帝酒店取一份文件证明。我随他进去，和巴尔内斯先生的家眷——巴尔内斯夫人和他们的儿子、两个女儿一起喝茶聊了会儿。他们刚刚到巴黎，打算四处游览一下。巴尔内斯夫人是一个恬静而慈祥的女士，长着一张漂亮的苏格兰人的脸。他们的儿子是一名英国陆军上尉。

1919年5月14日，星期三

最近一阵子，春日的暖意总是引得我想到克里翁酒店外面走走。

今天没什么特别之事值得记录。

晚上,巴尔内斯带话给我,说"四巨头"(指威尔逊、劳合·乔治、克列孟梭和奥兰多)要求劳工事务委员会再开一次会,所要考虑的问题是:在德国尚未被国际联盟接受之前,可否允许他们加入国际劳工组织。这个问题之所以非常重要,是因为德国人很可能会利用他们已获得的权利,作为加入国际联盟的突破口。同时,让作为工业国家的德国尽快地与我们同样处于劳工条款的限制之下,也是很重要的另一方面。

比尔正忙于阜姆问题以及在非洲的比利时人问题。他似乎完成得不错。米尔纳勋爵派人去请他指点迷津。

1919年5月15日,星期四

今天一天很忙。上午,去了米勒的办公室,明确告知劳工事务委员会所采取的任何举动都可能对国际联盟事务委员会产生重要的影响。按照巴黎目前的局势,国际联盟会发现,"四巨头"在处理劳工问题上的做法会反过来让国际联盟本身大打折扣。既然暂缓此事不太可能,我在报告中建议,我们只解决国际联盟事务委员会涉及的问题,而暂不处理它们没有涉及的问题。这个建议实际上和我之前提出、米勒也同意的暂缓的主张是一样的。

上午10点,我和哈斯金斯一起去了法国国家图书馆,参加法兰西学院(Institut de France)主席在此主持、由协约国各学术社团代表参与的会议。会议计划建立一个协约国之间的学术联合会,并决定在布鲁塞维尔设立常设机构。①本次会议规模不大，但十分重要。意大利派来参会的代表是历史学家兰西亚尼（Lanciani）和德桑蒂斯（DeSanctis）。比利时的代表是历史学家皮尔尼（Pirenne）。我们（美国）这边有12个人参加。下午还有一场会，周六上午开最后一次会。会上，法兰西学院主席邀请我们于周日参加一次所有代表都会出席的晚宴。我在会上代表美国历史学会。能够离开弥漫在巴黎的浓郁的政治和外交氛围，来到法国国家图书馆馆长安静的办公室并坐在书桌旁，实在是难得的体验。

在我上午外出参会之时所发生的事情，令我更加深刻地感到，我现在所从事的工作与安静的学术氛围形成了鲜明反差。我的车就停在法国国家图书馆门外，以便在会议结束后尽快地驱车赶去参加劳工事务委员会的会议。和以前一样，巴尔内斯先生依然是先人一步，因为他的秘书莫里斯·汉基爵士专门负责确保能够及时拿到文件，而我总是在事情结束后才看到文件。不过，他所草拟的回文颇符合我的想法，我只是对最后一段做了一些修改。会后，我应邀驱车前往威尔逊总统的府邸，呈报文件，讨论问题。巴尔内斯先生在那儿等着我，随后我俩一同前去面见"四巨头"。在赶赴总统府邸的路上，我的英国司机一心想着与大英帝国作对，丝毫不顾任何关于超速的交通法规。不过，这位司机确实比我们更熟悉欧洲。在经过香榭丽舍大道时，他在路面上玩了个漂移。

这是我第一次造访威尔逊总统在巴黎的府邸。此宅实际上曾是拿

---

① 这正是国际学术联合会（International Union of Academics）的起源。此事对"一战"后欧洲学术界的发展具有重要意义，也推动了美国学术社团理事会（American Council of Learned Societies）的创立。

威尔逊在巴黎的住所——缪拉公馆

破仑皇帝的妹夫缪拉元帅①的寓所，现在归一位犹太富商和银行家及其家族所有。这是一栋类似于英国首相府邸的平顶建筑，但较英国首相府邸更加富丽堂皇。从广场的一头到房屋的一路上都有警务人员站岗。行车道的两旁有两个岗亭，里面站着身穿整齐新式军装、手持刺刀的法国士兵。当我们下车朝房子门口走去的时候，这两名庄严的法国士兵向我们敬了个礼。门口有两名美军军官在站岗，看军衔应是上尉和中尉。当我们经过门口的时候，他们也向我们敬了个礼。进去后，还有两名长相极其俊朗的年轻美国士兵一动不动地站在楼梯台阶前的玻璃门处。当我们经过他们身边的时候，他们跺了跺脚，发出整齐的响声，并以极其精准的姿势伸出一只手臂，向我们行礼。

房子里有一位男管家，他接过我们的帽子。在楼梯的拐角处，一名特勤人员不动声色地注视着我们。到了楼上大厅后，还有两名秘书，我

---

① 若阿尚·缪拉（Joachim Murat），拿破仑一世的骑兵元帅，1800年迎娶拿破仑的小妹卡罗琳娜，1808—1815年为那不勒斯王国国王。——译者注

在那里见到了劳合·乔治的秘书菲利普·科尔,他正坐在前厅的窗户旁耐心等候着。莫里斯·汉基爵士很快也过来了。他对我们说,"四巨头"正在热火朝天地讨论另一个问题,一时完不了,根本无暇转过头来处理劳工问题。

楼上大厅和接待厅比劳合·乔治的府邸更加华丽,里面陈列着大量艺术品,看起来十分富丽堂皇。在我们离开的时候,巴尔内斯先生评论道,就国家元首同外界的实际联系而言,美国总统做得比英国国王要好。不过,他又说,英国国王也不算难见。任何有事想见国王的人都很容易找到他。人们只要去白金汉宫,向一位穿着红礼服的男管家递上自己的名片即可。我对此颇感惊讶。后来,比尔提醒我,尊贵的乔治·巴尔内斯先生是英国枢密院成员,有权直接与国王联系。直到这时,我才意识到为什么巴尔内斯先生会认为英国的乔治国王很容易见到。

在我们下楼和走到街道上的时候,沿途站岗的士兵们再次向我们敬礼。我驱车回到克里翁酒店,匆匆吃过午饭,以便在下午赶到法国国家图书馆参加学者们的下半场会议。

吃过午饭后,梅泽斯将全体调查团成员召集到一起,这是我们来到巴黎后第一次开会。梅泽斯告诉我们,巴黎和会实际上已经结束了,我们可以选择恰当的时间返回美国。不过,他后来私下对我说,在我确定何时回国之前,他想单独见我。梅泽斯的这番话,实际上意味着美国将不再关心土耳其或近东问题的解决,并且对某些方面存在极大的不满。在一个悬而未决、百废待兴的世界里,国际联盟面临着严峻的考验,前景堪忧。

晚上,方丹的秘书庞恩先生(Mr. Pone)来到我的房间,帮我将我所准备的索邦大学演讲稿翻译成法文。

262

1919年5月16日,星期五

我和梅泽斯参加了一次会议,讨论关闭资料室事宜。图书已经打包好了,这要多亏了资料室的工作人员,尤其是吉尔克里斯特上校。在整个巴黎和会期间,我根本不用操心资料室的事情,他会整理好所有的文件材料,购置图书并归档,而我只是随便过个目即可。

中午,与法兰克福特、比尔、谢泼德森共进午餐。法兰克福特给我们读了一封来自华沙的信,信中讲述了波兰人正在对犹太人展开恐怖的大屠杀。他为此感到十分气愤。我对他说,在我看来,犹太复国主义只有两条路可选:要么彻底政治化,并将自己发展壮大;要么就别掺和到更大的政治斗争中去,仅限于建立类似于罗斯柴尔德慈善协会那样的组织。任何让生活在波兰的犹太人心生幻想、却又半途而废的做法,都会招致针对犹太人的大屠杀。总的来说,我倾向于反对犹太复国主义,这是为了犹太人本身好。

傍晚,同比尔、《先驱报》记者加拉格尔共进晚餐。加拉格尔去过亚洲的很多地方,对未来美国与日本之间的冲突忧心忡忡,也令他十分激动。不过,我们对他的看法并不苟同。吃完晚饭后,比尔告诉我,他一直忙于努力解决阜姆问题。同时,他和米勒已研究过意大利方面的诉求,而道格拉斯·约翰逊(Douglas Johnson)却支持南斯拉夫。豪斯上校试图调和双方,促成妥协。这实在是令人难以置信。阜姆问题本是一件国际性事件,却缩小为调查团的内部之争。意大利总理奥兰多向比尔和米勒寻求支持,特伦比奇则仗着约翰逊。意大利人实际上做出了很大让步,以至于当消息传出去后,奥兰多政权垮台了。奥兰多对比尔说,他十分希望能够淡出公众的视野,不想再做一个声名狼藉之辈。一想到他可以再退出政坛后重新成为一名大学教授,他便心生满足。

与此同时,约翰逊在领土划分方面可谓寸步不让,不愿南斯拉夫的疆界从他在地图上划出的边界线上后退一丝一毫。总之,正如比尔所说,全世界都在等着约翰逊能够在地理与政治之间做出某种妥协,从而解决这个问题。

1919年5月17日,星期六

上午9点,旨在筹建国际学术联合会的代表委员会在法国国家图书馆召开了最后一次会议。我们为这个哲学、历史学和社会科学领域的学术社团的中央机构起草了组织章程。我们将在今年10月再次开会,听取各国代表汇报情况。大家一直在讨论这个学术联合会的确切名称。法国人倾向于"道德科学"一词,而我们主张用"社会科学"。委员会中的大多数代表都有75岁左右了,他们都有一点不喜欢我们提出的"社会科学"一词。委员会中真正年轻的欧洲代表是比利时历史学家皮尔尼。另外,日本代表姉崎正治(Anesaki)①教授以敏锐的洞察力给我留下了深刻的印象。会议结束后,我们一起步行返回住所。

当我回到克里翁酒店的时候,发现罗宾逊已从伦敦回来了。我俩就当今世界的劳工局势促膝长谈。

下午5点,马塞尔·莫斯和休伯特(Hubert)来找我,他们带我去香榭丽舍大道上的劳伦餐厅(Laurent's)喝茶。我坐在了一支正在演奏美式拉格泰姆(Ragtime)音乐的乐队旁边,这才意识到我们在克里翁酒店

---

① 日本宗教学者,曾留学英国、德国和印度,时为东京大学教授。——译者注

的生活是多么宁静啊！

晚上，我忙着准备在索邦大学的演讲，但思路不多。

1919年5月18日，星期日

外面春光灿烂，风景宜人，我的大部分时间却是待在房间里准备在索邦大学的演讲。

下午，斯洛森和我漫步在林荫大道上，目睹了为纪念圣女贞德而举行的街头游行。在纪念圣女贞德的名义下，法国的民族主义党派构建了一套狂热的崇拜体系，以此对抗社会主义政党和激进派，结果把可怜的贞德或多或少地变成了法兰西第三共和国的政党领袖。因此，今天的游行兼具基督教勉励会（Christian Endeavor）和坦慕尼协会①的双重特点。在游行队伍中，既有主日学校和教区学校的孩童，也有身着教袍的僧侣和童子军乐队。虽然他们极力保持步伐整齐一致，但实际上，这是我见过的最不整齐的游行。成年男女漫不经心地缓缓走在街道上，就像教会里的会众在参加婚礼，又像主日学校的学生们在野餐时排队去吃南瓜派。他们手捧花圈，前往杜伊勒里宫旁边的圣女贞德塑像前悼念。在整个活动中，最引人注目的一点是，现场几乎没有警察，因为这些善良的人们是不会打碎或砸破玻璃的。

随后，我们也走进杜伊勒里花园逛逛。当时，那里人山人海，气势恢宏，我从没见过杜伊勒里花园如此壮美。花园里的喷泉尽情地喷洒

---

① 19世纪末20世纪初把持纽约市政的民主党政治组织，因总部设在纽约的"坦慕尼大厅"（Tammany Hall）而得名。——译者注

着,在草木的映衬下显得十分华丽。

晚上,我在埃米尔·森纳特先生(M. Emile Senart)家中吃晚饭。他主持了我们本次学术联合会的工作。他的家是我在法国见过的最令人印象深刻的私人住宅。至少有6个男侍者在晚宴的餐桌旁为我们尤其是那些年长的学者服务。大家吃了一些菜,又喝了上好的法国葡萄酒,看起来都十分开心。不过,我本人并不愿意经常性地出席这种社交场合。

1919年5月19日,星期一

又是安逸的一天,无特别之事值得记录。

晚上7点半,我应法兰西皇家铭文与美文学术院(Academy of Inscriptions and Beller-Lettres)院长保罗·吉拉德(Paul Girard)之邀请,前往塞纳河对岸的奥赛宫(Palais d'Orsay)赴宴。奥尔赛宫是一家附属于火车站而非外交部的酒店,这个名字听起来要比英语中的"奥尔赛酒店"更加高档。法国人喜欢将"宾馆或酒店"称为"宫",而将"市政厅"(City Hall)称为"市政馆"(Hotel de Ville)。我和这些学者已经见过七八次面了,相对比较熟悉。虽然我此前没指望,但实际上我们相处得非常愉快。按照惯例,吉拉德做了一个简短的发言,阐述了我们目前所从事的工作的重要性。比利时历史学家皮尔尼也简短地说了几句,表达了对法国人的感谢,因为他们邀请我们一起共事,也是表达对我们的敬意。我很高兴今天有这样一个机会能够温习下法语,以便为明天在索邦大学的演讲做准备,因为我在巴黎很少有机会说法语。在离开的时候,我看到隔壁房间里正在举行一场盛大的晚宴,是一家飞行俱乐部在庆祝豪克(Hawker)商务飞机成功飞抵爱尔兰(此为假消息)。一位热情的飞行员从里面走了出来,和我一起穿过协和广场返回住所。他在路上向我描绘了未来飞往美国的航班的前景。

1919年5月20日,星期二

今天一整天都在索邦大学做演讲。上午,我和法国劳工部的庞恩先生一起仔细检查了我的法文演讲稿,用他的表述替换了我的一些字句,因为我怕出错,而不敢用自己的表述。直到下午大约4点的时候,我才将整个演讲稿彻底翻译成法文,而演讲将于5点正式开始。

演讲本身进展得还算顺利。在我结束之前,只有一位老先生起身离席。在场的听众不多。因为天气转暖,外面气候宜人,人们在经历了沉闷乏味的寒冬后,大多想着户外消遣,很少会想着在下午的时候来听演讲。可以说,在场的75—100名听众中,至少90%的听众年龄在60岁左右。我很高兴认识了巴黎大学的10多名教授,他们一直在座。演讲结束后,我和经济学家查尔斯·纪德教授(Professor Charles Gide)还有另外两三个人交谈了一会儿。我对这次演讲所留下的印象比任何演讲都更加深刻,仅仅是因为,在古老的索邦大学发表演讲实在是荣幸至极。

在返回住所的路上,我步行穿过了卢森堡花园,看见了落在喷泉水池里的德国远程大炮发射的炮弹。卢森堡花园比我印象中要漂亮得多。花儿绽放,绿树成荫。之后,我又穿过了拉丁区,想起来许多学生时代的美好记忆。在美第奇喷泉（Medici fountain）旁，我无意中看到了两个之前曾见过的小女孩，她俩正和一群小伙伴在那儿嬉戏玩耍。

1919 年 5 月 21 日，星期三

今天上午，我接到了来自基督教青年会魏德默先生（Mr. Widdemer）的电话。他问我，是否可以写一部关于战争时期基督教青年会的历史书。随后，我去了豪斯上校的办公室，碰到米勒先生。他拉着我共进午餐，筹划了一些重要事情，其中包括他的华盛顿之行。他还打算明天请假，去趟前线。下午，我和沃林制订了一个计划，还和罗宾逊先生在电话里进一步讨论了劳工立法问题，然后给美国劳工领袖发了一封电报，以减少他们对加拿大的不满情绪。

晚上，我和斯洛森在沃林的邀请下，前往剧院观看《路易》（*Louise*）的演出。这出戏的最后一幕让我们感觉十分震撼，特别是父亲回忆自己童年时的摇篮曲、促使女儿回家的那个场景。

第十二章　凡尔登与阿尔贡

1919 年 5 月 22 日,星期四

  上午的大部分时间都在准备旅行地图和处理日常工作。下午 2 点,我们沿着通往马恩河河谷方向的公路一路飞驰。从离开巴黎时开始算起,一直到抵达沙隆(Chalon)的豪特米迪厄酒店(Hotel de la Haute-Mere-Dieu)大门口停下来为止,我们在舒适宜人的 5 月天里,驱车穿越了法国长达 197 千米的壮丽国土。从巴黎到埃佩尔奈(Epernay)的路上尽是丘陵地区,到处都是葡萄园,秀美的小村庄散落其间,屋顶上披着红色的砖瓦。人们在修缮好的残壁上搭起了新的屋顶。田间也有人在辛勤地耕作。从埃佩尔奈到绵延起伏的沙隆平原,农民们耕种的主要作物是小麦。

  我们刚刚抵达沙隆的酒店,老板娘就匆匆来到我们房间,说沙隆地区驻军司令杜波特将军(General Duport)派他的副官前来告知,他们已接到巴黎发来的消息,知道我们要来,正在楼下等候。我们在楼下见到了一位衣冠楚楚的年轻军官。他戴着一副新的皮手套,佩戴着一枚金黄色与白色相间的肩章，以表明他是来自指挥部的特使。当我们下楼的时候，这位年轻军官拘谨地向我们立正敬礼，然后客气地说，将军本人对未能亲自恭候大驾深表遗憾，他很乐意为我们提供任何所需的方便和帮助。他还说，将军已经委托他全程陪同，并为我们此后的行程准备了一辆专车。

在晚宴上，我得知，法国香槟地区所供应的香槟酒是不起泡的，但仍保留着柔和而极佳的口感，混合着葡萄与阳光的味道。我们询问一位侍者是否有起泡酒，他对任何想在香槟地区喝起泡酒的人都流露出一种确定而温和的惊讶表情。因为，起泡香槟酒是一种专供国外市场的香槟酒，本地根本没有。

哈斯金斯教授将乘坐午夜的火车来沙隆与我们会合。因此，我们在午夜时分漫步在这座军事重镇的朦胧街头，穿过昏暗的广场，来到了沙隆火车站。一列开往阿尔萨斯-洛林的火车刚刚进站。这是一列被法军征用的德国卧铺车，成队的法军士兵背着各种包裹和包袱，从车上蜂拥而下，登上停在轨道侧线上的一列开往凡尔登方向的硬座火车。这些睡眼惺忪的小伙子在深夜里匆匆赶路，让人清楚地感受到沙隆火车站在战争中的重要地位。

我们在一间古朴雅致的卧室中安然入睡，豪特米迪厄酒店实在很赞。

1919 年 5 月 23 日，星期五

上午 8 点，一辆法军军车停在我们所住的酒店门口。车上前排坐着两名法军士兵,里面还坐着一名专门负责陪同的年轻军官。他曾在凡尔登战役中负伤,后来成为教会学校神学系的大学生,正在接受训练以便成为一名牧师。这是一个讨人喜欢、心地善良的年轻小伙子。

我们一行共有两辆车,以飞快的速度向凡尔登方向驶去,途经一片物产丰富的农业区。绵延起伏的沙隆平原一直延伸至圣梅内乌尔德(Ste. Menehould)附近的崎岖山脚下方止。我们在那里继续前往克莱蒙特(Clermont),从阿尔贡森林(Argonne Forest)的南端穿了过去。我们沿着主干道行驶,至少一半的路上都是盛开着花儿的苹果园。至此为止,我们尚未见到任何战争的迹象。不过,在一个十字路口处,我们看到一座已被夷为平地的小村庄,我想那就是吉佐库尔(Gizaucourt)。在圣梅内乌尔德,有一些房屋被毁,但与战争所造成的真正破坏相比,这简直不值一提。不过,到了克莱蒙特,整座城市中至少有一半的房屋在 1914 年时便被摧毁。克莱蒙特有一条小河,河谷上方是树木茂盛的小山丘。我们在山上找到了一条路,沿着它经过洞巴尔(Dombasle),又从那里驶上了一条山路。这条山路穿过默兹河(Meuse)以西的高地,通向凡尔登。洞巴尔旁边的一小段路被法国重炮部队占领和驻守,整个镇子里已空无一物。沿着山路没走多远,就能俯瞰凡尔登以西的整片地区。我们把车停在萨特勒斯要塞(Fort of Sartelles)旁边的山顶上,眺望着战争史上最重大的战役之一——凡尔登之战的战场上那一座座山头:死人岭(Mort Homme)、弗鲁瓦德泰尔(Froide Terre)、杜奥蒙(Douaumont)。这些山头给我留下的第一印象就是震惊,因为我感觉它们似乎间隔并不算太远。后来,我们也翻越了这些山头,这才意识到,它们的间隔实际上比我所以为的要远得多。不过,整个防御工事离凡尔登城的距离都不远,大概在 3—7 千米。我们从山头上下来,进入山谷,凡尔登城出现在我们眼前。它隐藏在山谷中一个延伸至河滩的岬角边上。岬角的中央是一座城堡要塞,车上的同行军官要带我们过去,给指挥官打个招呼。

我们抵达凡尔登城的时候,已临近中午。指挥官正在等候我们。他是一名来自法国南部的优秀老兵,戴着一副单镜片眼镜和许多勋章。因为我们是他在凡尔登的客人,他带我们去看了看我们的住所。凡尔登城曾经遭到德军的炮轰,如今能留给访客参观的唯一完整之处便是法国人在城堡坚固的岩石之间建造的廊道。他们已修建好的廊道长7.5千米,高度和宽度均为15—20英尺。有人带我们参观了廊道里的房间,或者说隔间。每个房间里有一块木质隔板,打开隔板便可通到顶上去。房间里还为凡尔登的将士们配备了所需的全部生活用品,包括一张小床和一面镜子。

指挥官在军官餐厅的旁边有一处专门的私人餐厅,这是一间灯火通明的小房间(城堡内有自己的发电站),墙壁上挂着徽章图案的旗帜。我们在此用餐。指挥官还另外派了一名曾经指挥过艰苦卓绝的沃克斯(Vaux)要塞保卫战的军官带我们去参观战场。吃过午饭后,我们驱车上山前往沃克斯要塞。

凡尔登战场的情景实在难以言表。我想不出世界上有什么东西比杜奥蒙(Douaomont)周围那些光秃秃的大山更加令人感到恐怖。伊普尔则是另外一种情况。这两个地方都见证了人类有史以来所遭遇和经受的最为惨痛的苦难。

山顶上的土地已经不知道被轰炸过多少次。在凡尔登之战打得最为艰难的那段日子里,每天到了战斗结束的时候,这些山头上的地标已经被炸得分不清哪儿跟哪儿了。士兵们会躲在被炮弹轰出来的一个个弹坑里,但大多数弹坑每天都会被再次炸得粉碎。我问指挥官,有多少人在凡尔登之战中阵亡。他估计法军的损失大概高达 30 万人,德军损失也差不多。他还说,大部分阵亡者的尸体实际上都被埋到土里去了。在前往杜奥蒙的小路上,我们经过了一些弹坑,还有一些骷髅骨头暴露在外。显然,从来没有人来试图收捡阵亡将士们的残骸与遗物,因为这些难以辨认的弹坑遍布整片广阔的战场,让人不知该从何处开始,实在令人看不到希望。

在凡尔登,最令人印象深刻的事情并非参观要塞,而是参观杜奥蒙以西山头上的一个据点。法军第 137 步兵团某连曾接到军令,要求他们在任何情况下都必须抵抗住德军的进攻。他们曾经鏖战过的堑壕如今呈环状,从土里伸出来一排步枪枪头,高出地面约 6 英尺。尽管个别步枪的枪头由于炮弹爆炸的冲击而有所弯曲,但这排步枪几乎是排列整齐的。埋在这排步枪旁边的,则是布列塔尼战士们的尸骨。就在几天前,这排步枪的枪头上还上着刺刀,但一些破坏分子刚刚把其中一些刺刀拿走了。带我们参观此地的军官本人就是布列塔尼人,更是布列塔尼战士们英勇抗敌的最佳见证者。他对破坏分子的行径备感愤怒,于是向另一位军官提议,在附近竖起一个十字架,再修一圈栅栏将这片"刺刀堑壕"保护起来。我想,这些布列塔尼战士的故事将会和塞莫皮莱(Thermopylae)一起载入史册。

沃克斯要塞和杜奥蒙要塞从未被真正摧毁,这说明它们较之比利时的要塞更加坚固。要塞周围的壕沟里堆满了各种残渣碎片。尽管这两座要塞的深度与宽度各有 40 英尺,但从外面看,要塞的轮廓已经模糊难辨,因为被炮弹轰炸出来的残渣碎片将要塞掩盖住了。不过,从内部来看,这些要塞和我们在凡尔登要塞所看到的情况一样,实际上处于完好无损的状态,只是有机关枪扫射过的明显弹痕。当年,法军与德军在这些狭窄、阴暗还缺水的廊道里战斗了整整3天。对法军而言,胜算是很小的。

杜奥蒙要塞比沃克斯要塞更大。如今,要塞的看守员和他的妻子、七八岁的儿子住在这里。在米勒的心中,我们在凡尔登战场所目睹的最令人震撼的一幕,是一个小男孩坐在要塞廊道一头的粗劣桌子旁忙着做功课。他认真地盯着面前的课本,当我们走近的时候,他几乎头也不抬。

下午晚些时候,我们启程返回凡尔登城。我们沿着圣母谷(Ravine de la Dame)往下走,那里曾经有一片树林,如今只剩下1英尺多高的小树干了。除了满目疮痍的地面,别无他物。不过,在地面上的其他地方,野草又重新长了出来。一片片的金凤花盛开在阳光下。我们行驶到了山涧的尽头,然后回到默兹河谷的凡尔登要塞吃晚饭。我们沿途参观了凡尔登大教堂,里面有一些古朴的罗马式礼拜室,其建筑风格虽然混杂,但并不浮夸。我隐隐约约感到,这些被德军炮轰的天主教堂由于遭到毁坏而赢得了人们的敬意。兰斯大教堂同样如此。

在凡尔登要塞,我们同要塞指挥官——那名法军上校共进晚餐。他接连向我们致以歉意,说东部战区的最高统帅不在凡尔登,只好由他代为出席,弥补统帅的缺席。我们共同举杯,庆祝法国以及协约盟国、联合参战国(指美国)的胜利。要塞里有一个坚固的盒子,里面存放着"凡尔登黄皮书"(一本留言簿)。我们在上面签上了自己的名字,大家都或多或少地感觉自己像是在圆桌骑士团的花名册上签名似的。黄皮书上有阿尔伯特亲王、杰利科(Jellicoe)[①]和许多欧洲政要的大名。顺便

[①] 约翰·杰利科,英国皇家海军元帅,第一海军大臣,曾参加日德兰海战。——译者注

说一句,上面也有许多美国人的签名。

随后,指挥官带着我们穿过要塞的廊道。他说他曾亲自挖掘过约2英里的廊道,对此深感自豪。其中的一间小礼拜室里摆放着许多精美的雕塑,以及从大教堂里抢救过来保存的木雕。最有趣的地方是一间被装修成业余剧场的大厅,墙上挂着横幅和旗帜,凡尔登城获得军事表彰的仪式就在此举行。指挥官以诙谐的口吻说道,这些横幅和旗帜挡住了观看电影的视线,因此他把大多数横幅和旗帜都取下来扔掉了,以便让人每个星期能好好地看电影。廊道里还有一间磨坊,以及一间超大的面包房,里面的设备所烘烤出的面包可满足数千人的饮食之需。这些房间都通过铁轨连接在一起。我们在廊道里走了好几英里的路,来到了要塞南边的护墙处,坐下来休息。临近黄昏时分,一些法军战士和俄军战士正在用一种混杂的语言相互交谈着。

1919年5月24日,星期六

由于缺少窗户,我们所住的房间见不到阳光。当我们从地道里走出来、抬头望着天空的时候,我意识到,相比于暴露在户外,能够在凡尔登要塞里睡上一觉都是一种微不足道的特权。凌晨六七点,米勒先生和我在凡尔赛城的城墙与要塞之间的路上闲逛,看到三四百名德军战俘正扛着镐和铲子,准备开始一天的劳作。和我们在路上见到过的成百上千名战俘一样,他们看起来强壮而健硕,心态平常,并没觉得有什么。不过,负责监视看守他们的法国兵手中握着的钢枪均上好了锃亮的刺刀,顿时让我感到严肃起来。

吃过早饭，车已准备好了，我们于是启程出发。今天的行程是穿过凡尔登防线的西侧，向阿尔贡方向去。车子把我们从最初望见凡尔登的地方，重新带回到了山顶。从这里，我们越过了山间的谷地和一座座山头，并经过一座已被摧毁的小村子，来到了304峰（Hill 304）。304峰位于死人岭的正西方向。德军曾在1916年3月发动过一次猛烈的攻势，但没能攻上峰顶。默兹河西边的山头与东边的山头述说着同样的战争故事，只是西边的山头一峰连一峰，风光不如东边的山头那么开阔壮美。站在304峰的峰顶，我们隐隐约约地能看到德军防线的最远处。在一条几乎垂直向下延伸三四十个台阶的堑壕里，法军士兵开凿了一个壕洞。从堑壕外部的环形防御阵地看过去，谁也想不到下面会有壕洞。我们沿着山腰向马朗库尔（Malancourt）方向继续走，很快就来到了去年9月美军与法军联合抗敌的地方。马朗库尔到蒙福孔（Montfaucon）之间有一条长长的山岭，我们注意到，山上不仅有许多弹坑，还有一些椭圆形或长条形的特殊的洞。这些洞直接挖在山腰上，挖出来的土被堆到了北侧。我们所经之地，能见到许多这样的洞。突然间，我们反应过来，我们来到了美军进攻部队曾经待过的地方。这些仓促之间挖出来的步枪或机关枪位，正是美国发动攻势的标志。在从这里到格兰德皮尔（Grand Pre）之间延绵三四十英里的群山之间，每隔一段距离就能在山腰上看见许多类似的洞。

在发动攻势的第一天，美军就几乎攻占了蒙福孔。这是一座位于山顶的小村子，在此可控制方圆数英里的广阔之地。德军曾占领此地长达4年之久。只有当你爬上那座陡峭的山头，回头望着南面辽阔的草原和果园的时候，你才会意识到当初美军将德军赶出去是完成了多么艰巨的任务，又取得了多么巨大的成就。美军在此所发动的攻势是一种极其英勇的行为,因为这是一处开阔的山坡,易守难攻,我们的美国战士们在转移阵地的时候根本来不及给自己挖洞以掩护自己。他们抗击德军并取得胜利,靠的是临危不乱、英勇战斗和不屈不挠。这是一个能够拨动美国人心弦的地方。不过,蒙福孔村如今已化为灰烬,一片荒芜。离开蒙福孔后,我们穿过乡野,沿着阿尔贡森林以东的河谷一路前行。大概中午的时候,我们抵达了格兰德皮尔。这个小镇虽然遭到了严重破坏,但并未化成一片废墟。

现在,我们沿着阿尔贡森林北部边缘向西行驶,再顺着德军防线后的一条路走。在路上,我们发现了一个已经废弃的普通的德国小村子。这里曾是德军最高指挥部的所在地之一。林子里有一些乡村风格的房子,还有一些由惬意的乡间小路相连、被整齐的栅栏围起来的的砖瓦别墅。其中的一些房子有三四个房间,内有壁炉,像寻常的农家小屋一样舒适。庭院中央有一座喷泉,还有供医院使用、用混凝土修筑的壕洞。不过,这些壕洞显然从未被协约国的飞机或炮弹轰炸过。近些年,德国佬似乎在这里过得十分惬意。我们在路边野餐作为午饭,苍蝇蚊子满天飞,让我感觉很不舒服。在路边的不远处,我们还发现了一个德军关押战俘的集中营。

离开了阿尔贡地区,我们沿着德军公路后面的卡车道向兰斯方向驶去。这条路之于德国人,正如昨天的那条路之于法国人。路上有许多"Kolonenweg"的文字标识,意思是此路是专供军队行军之用。不过,在战争准备方面,法国人的路与德国人的路毫无可比性。法国人所做的军事准备实在是太业余了。可以肯定的是,我们离前线越来越近了,大概在前线以北二三英里的位置。我们又跑了好一阵子,经过一条小河,翻越了几座小山丘才到。方圆数英里之内,几乎所有的地方都筑起堡垒,设有炮台,山上也都挖好了壕洞。我们在任何地方都未曾见过比这更加令人印象深刻的场面,这一切都在提醒我们,德国人在军事准备方面做得多么充分,也反过来使他们得以利用荒野来阻挡美军的攻势。在我的印象中,阿尔贡的防御工事可与伊普尔的沼泽、凡尔登的山岭相提并论。

在战线后方,有一条铁路负责为其提供补给。铁轨上有被法军炮火轰炸过的痕迹,但路基尚在。直到我们到了前面西南方面的索默皮(Somme-Py)时,这条铁路的路基才遭到严重破坏,彻底中断。

车开了很久才穿过这片香槟地区,沿途不时能远眺南边战线上那些曾遭猛烈炮轰的山头。我们没有转向塔胡利(Tahure),但可以清楚地看到那里,它就在几英里外的地方。我们顺着一条沿途都有农民耕作的乡间小路,往西南方向行驶,前往兰斯。我们刚才在德军占领4年的地盘上驾车行驶了整整7个小时,在德军前线的铁丝网后才找到了这条路。在驶往兰斯的路上,我们接连经过了7道铁丝网和壕沟构成的战线,然后到达了无人地带。那里有一片沼泽丛生的草地,宽不到1/4英里,距离兰斯城北边不到半英里。

在兰斯,我们有了一生中最难忘的经历。此前,我曾来过兰斯两次;但这一次,我们是应法国政府邀请而来的客人。与我们同行的年轻军官正要带我们去参观兰斯大教堂的时候,有人告诉他,兰斯大教堂的红衣主教正在恭候我们的到来。我们随即走向大教堂广场,看见年迈的红衣主教正站在教堂广场的门口等着我们。他身上穿着黑色的丝绸长袍,脚上穿着红色长筒袜和带镶金扣的鞋子,用一条红黑相间的帽带系着自己的帽子,和蔼可亲地将我们迎入门中。主教是一个慈祥的老翁,年龄约在75岁,个头不大,但面带微笑,平易近人,一看就是显要人

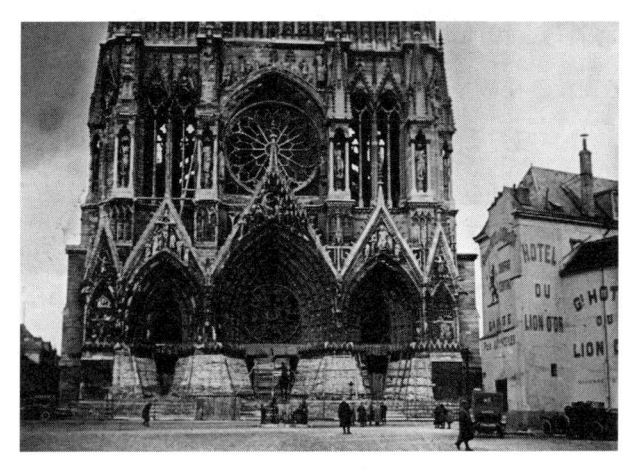

兰斯大教堂

物。起初,他带我们来到大教堂的广场上,指着上方,告诉我们德国人是如何在高塔的西北角搭起支架并抛掷燃烧弹的。这场大火给大教堂造成了最为严重的破坏。德军后来还炮轰大教堂,击碎了西北角的一些雕塑,其中一些中世纪最为著名的雕塑也被彻底摧毁,但这些依然比不过大火所带来的灾难性后果。一些人情不自禁地聚拢过来聆听他的讲述,几个小姑娘略胆怯地凑过来亲吻主教的戒指。一名佩戴着荣誉军团勋章的法国军官走过来,询问他是否可以和我们一起参观大教堂。红衣主教不得已地拒绝了,说他奉命带我们参观大教堂,不能再带其他人。我们从东门走进教堂。除了有几名德国战俘正在将从天花板上掉下来的垃圾清理出去外,教堂里几乎空无一人。在教堂的中央,古老的祭坛上方有一个巨大的窟窿,祭坛被高达 10—15 英尺的垃圾堆埋在下面。我们走过去的时候,德国战俘已用铁锹将大理石祭坛的一角挖了出来。这是大主教在祭坛被埋在垃圾堆下之后头一次重新看到它。我们继续在大教堂周围闲逛,主教则向我们述说着当时遭到德军轰炸的情形,真心希望这样的事情不要再发生了。主教讲的故事中有两三处让我记忆犹新。在战争持续的整整4年时间里,这位老人一直待在兰斯,目睹了德军炮弹夜以继日地在半个街区之外的地方坠地爆炸。他十分肯定地告诉我们,法军从来没有想过将兰斯大教堂作为军事观察站,他们甚至极其小心地避免此事的发生。我很高兴地记住了他讲的这句话。他还向我们描述了德军炮轰飞拱上方的角楼的场景,说他看到幽暗的大教堂突然被爆炸的炮弹照亮,接着是砖石倒塌所发出的轰隆声,在那个晚上给他留下了至深的印象。随后,他带我们去参观主教圣殿,这里曾是当年法王在受封和加冕仪式结束后大办酒席的宴会大厅。圣女贞德曾在这里向国王敬酒,卡佩王朝的历代君王都曾在此设宴。圣殿下有一处地下室,可追溯至墨洛温王朝(Merovingian)[①]时期,如今只剩下墙壁了。墙上仍留有中世纪壁炉的精美装饰物的痕迹,但地下室本身几乎无法修缮。地下室的后面是主教们自己的小礼拜室,是一个四面都是墙壁、哥特风格的小房间。

在带我们参观完这些地方后,主教邀请我们去他的圣殿里喝下午茶。但我们感觉已经劳烦他甚多,而且还有一个小时左右就要返回沙隆了,于是向他告辞,又随他重新走回广场上。

我们启程返回沙隆,朝着西南方向驶去,在沙隆以东两英里处的蓬拜尔(Pompelle)下车,参观了一处化为废渣和灰烬的要塞遗址。这座要塞是德军在发动最后攻势时从法军手中夺过来的。然后,我们沿着笔直的大道返回沙隆,战争的迹象也逐渐消失。我们穿过沙隆西北面的平原,途经一座大型兵营,最终抵达沙隆。

---

① 中世纪法兰克王国的第一个王朝,存在于481—751年的西欧,疆域相当于当代的大部分法国与德国西部。——译者注

回到酒店后,我们收到了杜波特将军的名片以及邀我们去指挥部共进晚餐的请帖。将军派他那一表人才的年轻副官带我们赴宴。我们来到了一座法国古堡,看到里面有一群军官和美国红十字会的护士。听他们说,他们是被邀请来当翻译的,以免我们无法用法语交流。晚宴开始后,总共有15个人一起用餐。

晚宴结束后,我们听了《星条旗之歌》和其他的一些非常好听的曲子,是隔壁房间里的一支乐队演奏的。

沙隆离前线很远,很少有炮弹能够打到这里,飞机轰炸对这里也没有造成太大的破坏。不过,在我们住的酒店大厅的镜子上有一个窟窿,是坠落在外面花园里的一枚炮弹爆炸后所造成的。

我们在豪特米迪厄酒店睡得很好。第二天上午,我们便启程出发了,继续新的一天的行程。杜波特将军收到电报说,雷坎(Requin)上校将在尚普波特(Champaubert)与我们见面,并带我们去参观第一次马恩河战役中福煦将军所率法军的战场。雷坎上校是福煦将军参谋部的军官。1914年9月8日和9日,他曾指挥大名鼎鼎的法军第42师穿越火线,向前进攻,他的这一战术迫使德军中翼后退并渡过马恩河。正是雷坎安排了我们从巴黎到这儿的整个行程。我们很高兴能见到他,并在他的陪同下度过余下的旅程。

1919年5月25日,星期日

今天一大早,我们便离开沙隆,沿着长长而笔直的大道朝着西南方向驶去,直奔圣冈沼泽(marshes of St. Gond)。一路平安无事,沿途很少见到战争的遗痕。偶尔能看见被炸掉一部分、墙上有窟窿的谷仓,但确实没什么东西会让人想到1914年9月初德军的先头部队沿着这条路所发起的攻势。这条路向西延伸,与马恩河的流向大致平行,但在马恩河以南,相距数英里。

上午10点,我们抵达尚普波特,那就是一个十字路口,在拐角处矗立着拿破仑·波拿巴纪念碑,让人不禁回想起1814年时拿破仑曾在此拒敌,此地正是巴黎最后的防线。我们看见了一辆法军军车,上面坐着乔治上尉(Captian Geroge)、雷坎上校及其夫人、米勒先生的夫人。雷坎提前让他的副官为我们画了一些地图来标识出战场上的位置。我们看了看地图,从十字路口往南驶向战场。我们所走的路正是德军中翼横渡马恩河时所走的那条路。从沙隆一路走来,我们所经之地几乎都是平坦的田野,只是在埃佩尔奈经过一条向南延伸的陡峭山脊,在贝尔热雷(Bergeres)穿过一片盆地。不过,当我们往南拐后,发现进入了一片丘陵地区,沿途尽是繁密的树木与果林,找不到合适的地方眺望远方。这里根本看不到任何战争的痕迹。当我们看见雷坎上校把车停在路边并下车时,我们都觉得惊讶。在穿过一处陡峭的山谷后,我们看到了小漠兰河(Petit Morin)从圣冈沼泽的西头流淌出来。我们爬上南面的山坡,来到了山顶上的圆形平地。这里是法军第42师的主阵地,但我们并没有看见堑壕。第42师曾在9月5—8日死守此地。战时搭建的临时土木工事已经没了,只有农夫们在田地中忙碌地耕耘着。在其中的一块地里,我们见到了六七个战士墓地。不过,雷坎上校说,在我们眼前这片曾经爆发过最为激烈的战斗的土地上,以及在我们左方100码远的小树林里,到处都掩埋着阵亡的士兵,既有遭到机关枪扫射的法军士兵,也有在小树林里遭到法军第75军(French 75′)袭击的德军士兵。

这天上午,只有我们对第一次马恩河战役的历史充满兴趣。后来在蒂耶里堡的时候,尽管有许多参观者,但我们发现其他人对那段历史并不感兴趣。

再往南走了一点,我们沿着小树林的南部边缘拐进了一条僻静的乡间小路。雷坎上校指给我们看了一座房子,那里曾是他的电话指挥所。再往前走了1/4英里,我们见到了查普顿(Chapton)的农房。农房和谷仓坐落在低洼的平地上,中间是一块不小的仓院。我们穿过仓院,走到东南角粪肥堆后面的一处仓谷。雷坎上校指着那儿说,9月8日晚上,他就是在此面见第42师的罗塞蒂将军(General Grossetti),说服并向他下达了福煦将军的军令,要他率军撤出这片阵地,以最快的速度穿过法国,向更远处的东部德军发动攻势。黎明时分,罗塞蒂将军的队伍便整装出发了;下午4点时,他们已经抵达14英里之外、法军中翼所在的高地。在此之后,就是连续3天的激烈战斗。

我们沿着东边的山路上山,来到了蒙代芒蒙特村(village of Mondement),在此鸟瞰圣冈沼泽和远处盆地的整片战场。蒙代芒蒙特城堡是德军兵锋所向的最远处,山丘的边缘至今仍是一片废墟。我们在可以鸟瞰整个平原的露台上吃了午饭。

吃过午饭后,我们下山去了布鲁瓦(Broyes),再一次站在山头眺望东北方向。这一次,整个战场尽收眼底。9月9日的下午,罗塞蒂将军的队伍沿路东进,穿过我们眼前的原野。曾目睹过那天下午战斗的一位老农走到我们当中,向我们生动地描述了部队的急行军和远方前线传来的炮弹爆炸声。我们从陡峭的山上下来,迷失在山下一条满是泥泞的乡村小径,最后在一片旁边是小型机场的开阔田野的平地上停了下来,眼前是起伏不平的麦田。没人认识这究竟是哪里,但雷坎说,9月

9日晚6点,他曾在此见过第42师采取行动,这次行动大概是整个马恩河战役中最重要的一次孤军作战了。不远处有一堆干草垛,当罗塞蒂率军翻越山脊的时候,他给雷坎留下话,在他们出发半小时后再点燃干草垛,作为夜幕降临后的信号或标识。到了第二天,第42师已攻入德军中翼,德军也开始了大撤退。

我们经过蒙米来尔(Montmirail)踏上了返程之路。蒙米来尔曾是美军指挥部所在,从这里到蒂耶里堡,正是美军发动第一轮攻势的路线。在我们登上马恩河后的山顶之前,我们几乎没见到什么战争的迹象。一条长长的山路在山岭之间起起伏伏。就在不到一年前,也就是去年夏天,美军的卡车正行驶在这条路上。

我们来到了马恩河以南的高山上,在此可以鸟瞰蒂耶里堡以及更远处的山头,那里曾有一小段时间为德军所占领。对我而言,从蒂耶里堡到巴黎,可谓轻车熟路了。在这次的整个行程中,唯一的变化是在莫城待了足够长的时间。在莫城,由于大教堂大门紧闭,我们只好参观其外部。

回到巴黎后,我将自己的衣物交给女服务员去洗,并对她说,这些白色的污泥很难清洗,那是凡尔登的尘土。女服务员以十分恭敬的姿态接过衣物,用一种令我永生难忘的口吻说道:"先生,这尘土何其珍贵啊!"

我发现还有一大堆公文等着我处理。这些文件说明,德国人在劳工问题上希望得到新的回答。因此,我已经准备好要忙碌上整整一个星期,来弥补凡尔登之行所失去的时间了。

第十三章　强加于人的和约

1919 年 5 月 26 日，星期一

德方对我们的劳工问题方案做出的第二次答复，让我们今天忙活了一整天。劳工事务委员会从 11 点钟开始开会。像往常一样，英方对于我们是否接受德方的答复拿出了自己的主张。在我看来，他们的主张在争取公众支持方面是十分苍白无力的。因此，在戴维·米勒先生的协助下，我在午餐后另行起草了一份致德国的回文。在下午的会议上，我将英方的回文和我起草的回文整合到一起，最终形成了一份正式文件，对德方所提出的反对意见予以了详细的答复。今天一整天的时间都花在这件事上。之前，我一直在为《圆桌》杂志写一篇文章，试图预判美国国内对和平条约的反应。真不是个容易的差事。

1919年5月27日，星期二

上午，劳工事务委员会在最后一次会上核实了我们的答复文件。之后，我与委员会中的意大利成员——帕尔玛·卡斯蒂尼奥（di Palma-Castiglione）在意大利代表团居住的爱德华七世酒店（Hotel Edward VII）共进午餐。酒店餐厅与大堂里尽是意大利政治家，包括意大利的首相和总理。聚餐吸引了这么多人，令我大吃一惊。意大利人的面容看上去要比法国人柔和，因而整个聚餐充满着和颜悦色。

下午，我在法国劳工部与方丹、巴特勒一起工作。他们是从伦敦赶过来给劳工问题谈判帮忙的，但两人都来晚了，于是我们转而为10月份在华盛顿召开的国际劳工大会草拟会议规章与议程。

我带巴特勒去了协约国联盟俱乐部吃晚饭，之前我从没来过这儿。俱乐部位于圣奥诺尔堡（Faubourg Saint Honore）的罗斯柴尔德大楼，我们在房子后边的小草坪上用餐，从那里可以一眼望见直通香榭丽舍大道的大公园。这是我在巴黎见过的最美丽的景致。晚上9点，我前去拜访了索邦大学的彻斯特教授（Prof. Cestre）。他曾在美国高校讲过学，即将再次启程赴美。当时，还有一些索邦大学人士在场。那是一个特别像在我家中的夜晚，弥漫着真正的大学氛围。

1919年5月28日，星期三

开始准备关于劳工立法问题的备忘录，好让米勒将它带回美国，展示我们所完成的是一件多么富有建设性的政治伟业啊！

下午，在方丹的办公室里拟定了国际劳工大会的会议程序。之前大家有两种方案：一种是采取开会和公开辩论的议会制，这是使国际劳工大会能够得到公众支持的唯一办法；另一种是采取委员会制，这是使大会能取得实效的唯一办法。我提议折中协调两种方案，研究一下法国下议院中的委员会。我觉得，比起英国议会或美国议会，法国议会的程序能够更好地平衡公开辩论和委员会报告之间的关系。我们仔细研究了法国议会程序中的规则，为我们如何组织国际劳工大会提供了关键的线索。

傍晚，我邀请马克斯·拉扎德夫妇共进晚餐，因为他们此前已多次邀请我做客了。我和他们以及比尔共度了一段安静祥和的时光。之后，我们驱车穿过了布洛涅森林，行驶在一排排芳香四溢的洋槐树之间。漫长而艰难的一天就这样平静地结束了。为劳工创立属于自己的国际议会这样一个漫长的任务，似乎也告一段落了。巴特勒先生今天启程返回英国。

1919年5月29日，星期四

与罗宾逊一起工作，完成米勒的备忘录。午餐时，我邀请了梅泽斯博士和比尔到协约国联盟俱乐部，因为梅泽斯明天就要启程返回美国了，他非常感谢我的热情款待。我就往事向他道了歉，尽管事情已过去很久了。他把自己的办公室转交给我使用。我不知这有何深意，但在一定程度上可以缓解我的压力。

下午，我前去向米勒道别。他是我十分敬重的益友，如今各奔东西，实在依依不舍。米勒夫人还要在巴黎多待一段时间，我和沃伦答应她,还会带她去参观战场前线的某些地方。我将利用这个机会去看看苏瓦松与亚眠之间的战线,这样就参观完从凡尔登到伊普尔的整个前线了。

傍晚,我与方丹先生及其家眷共进晚餐。他还邀请了一些年轻的法国作家,这是一个文化人士的圈子,包括一名来自中国代表团的年轻人。我们度过了一个非常愉快的夜晚。范德维尔德夫人(Madame Vandervelde)开车送我返回住所。

1919年5月30日,星期五,纪念日

我很早起床,去向梅泽斯道别,他大约早上7点离开。上午,指导处理了一些日常工作。下午,我开了车,带上几名士兵,去了位于巴黎西部苏雷尼斯(Suresnes)的美军烈士公墓。墓地在离巴黎周边的最高山峰——瓦勒里安山(Mont Valerian)的山顶不远处。站在公墓的边上,可以鸟瞰整个塞纳河谷。墓地当然都是刚刚修建的,烈士墓前的十字架用木头制成,十字架上挂着花圈。墓上撒满了鲜花,在阳光的照耀下快要枯萎了。威尔逊总统的讲话令人印象深刻。我站在离他很近的位置,能够听到他讲的大部分内容。在场的有好几千名美军士兵。尽管吹号的人似乎很紧张,但乐队的奏乐是我听过的最动听的。

结束后,我赶紧驱车返回克里翁酒店,以完成一天的工作。晚上8点,我前往曼捷斯帝酒店参加了一次十分有趣的晚宴。晚宴开始前,莱昂内尔·柯蒂斯召集了一群英国人和美国人开了一次会,他们要成立

两个国际事务研究所,一个在英国,一个在美国,两个研究所共同发行一种出版物。①罗伯特·塞西尔勋爵主持了会议,然后把会议交给布利斯上将,由他第一个发言。其他人也陆续发言,包括艾尔·克劳爵士(Sir Eyre Crowe,我与他在晚餐时进行了非常有趣的交谈)、尤斯塔斯·珀西勋爵、黑德勒姆-莫利、澳大利亚的莱瑟姆(Latham)、历史学家坦波利(Temperley)等。研究所的3名英国成员是罗伯特·塞西尔勋爵、西德尼·皮尔爵士(Sir Sidney Peel)和莱瑟姆司令,美国成员有詹姆斯·布朗·斯科特(James Brown Scott)、哈佛大学的柯立芝教授②和我。研究所的目标是更好地资助外交情报和事实研究,此后还将创办一份出版物。结束后,比尔、亨培克、布利斯上将和我驱车返回住所,大家都很高兴。

1919年5月31日,星期六

今天的大部分时间都在忙于对德国和谈之事:辛苦工作了一整天以起草回文。我让赔偿事务委员会(reparation committee)再次提出让奥地利开放其档案的问题,又用剩下的时间来研究如何答复德国人。我将在吃晚饭的时候与巴尔内斯一起讨论这个问题。

---

① 这就是后来位于伦敦的"皇家国际事务研究所"和位于纽约的"对外关系委员会"的由来。
② 阿奇巴尔德·柯立芝(Archibald Coolidge),哈佛大学历史学家,专攻中欧与东欧史。——译者注

1919年6月1日,星期日

昨晚,当我到达曼捷斯帝酒店的时候,巴尔内斯先生带着一个深表歉意但不失风趣的微笑说道:"你可能会觉得我是一个邀请你共进晚餐而又无法作陪的奇怪之人,但身为内阁成员也有一些不好之处。首相刚刚召我们去他的寓所吃饭,还把内阁的其他成员从英国给叫过来了。"他想带我一起去和这些已经准备入席的人吃饭,但我知道这不是什么重要的正式会议,而且我之前也见过他们中的一些人,此番并无特别的话题可说,尤其当我不能问他们打算做什么的时候。于是,我和巴尔内斯的私人秘书霍奇森先生共进晚餐,他是个非常不错的年轻小伙子,希望大英帝国能够长久下去。

但事实上,这是英国政府历史上颇为重要的会议之一。他们于今天上午再次开会,考虑对和约进行重大修订。事情再度陷入十分糟糕的处境。虽然我此前从未提及此事,但这并不算秘密。在英国内阁中,一部分人竭力反对和约。

昨晚,有人对我说,正是米尔纳勋爵在战争的关键时刻力排众议,一锤定音;这一次,或许还是由他来力挽狂澜。不管怎样,本次英国内阁会议的最终决定将产生重大而深远的意义。目前,很难判断会议将会如何发展。我们可能要重新召开一次全新的和平会议了。

不过,和约中的劳工条款不太可能改动。因此,我得以有闲暇时间前往图卢兹,给美军战士做一次演讲,谈谈美国和谈代表团所做的工作。[①]

[①] 美国远征军大学(American Expeditionary Force University)提出要求,让参加和会的研究专家开设讲座。委员会的代表们强烈赞成这一要求,并将之转达给调查团各组组长。驻图卢兹的美军部队的要求最为强烈,我选择去那里做演讲。我一直对自己的这一选择感到后悔。因为,和约中的劳工条款并未遭受抨击,但其他条款却遭到来自四面八方的猛烈抨击,而那几天,我恰好不在巴黎。

火车站里挤满了美军士兵。我登上站台，步履艰难地在法国旅客、美军军官与士兵组成的人群中穿行而过。当火车进站时，我们争先恐后地上车抢座位。我很幸运地抢到了一个座位，但许多人不得不站上好几个小时。我所在的车厢里，坐着4名年轻的美国军官和一位身着黑服的法国中年妇女。这些军官起初对我这样一个说着美式英语的平民心存怀疑，这让我感到既欣慰又开心，因为这些年轻人时刻保持着警惕心。不过，他们很快就发现我是值得信赖的，坐在我身旁的年轻上尉是一名威斯康星大学的毕业生，他有些前往哥伦比亚大学深造或从政的念头。事实上，我发现有许多美国远征军的战士们在从战场上返回的时候，都心生政治抱负。他们说，他们想要告诉家乡父老关于世界政治的事情。我也很希望能如此，因为他们并无黩武主义的野心。过道对面的上尉讲述了一则关于战争的轶事。他问我是否去过苏瓦松，是否在苏瓦松与维莱科特雷之间的路旁看到一些被炸毁的坦克。我之前曾描述过此事，对距离一座十字路口村子不远的田野里报废的坦克舱留下了非常深刻的印象。苏瓦松与维莱科特雷之间的那条路笔直地穿过田野，路的两旁则是排列整齐的大树，两边各有一条夹在路堤之间的小沟。

上尉讲述了他的战友们如何穿行于田野间，一路走了很远，然后躺在距离前方德军不远处的路边过夜。那些坦克是法军的坦克，我很高兴地从上尉那得知，在德军彻底炸毁坦克之前，法军将士们就将它们抛弃了。他说，他目睹了德军向最远处的一辆坦克开火，并将它炸毁。在行军的过程中，他和一名中士看到了一个很像土拨鼠挖的洞的东西，洞口挖出来的土都是新土。他们走近一看，发现那是一个德军的掩体。中士上好了刺刀，上尉拔出了左轮手枪，叫里面的德国人出来。结果，

35个人举起双手从里面走了出来,并被送到战线后方做了俘虏。他曾遭到机关枪的射击,第一枚子弹打到了他的头盔上,第二枚打进了他的背包里,第三枚割破了他上衣的领口,第四枚擦伤了他脖子的后面,第五枚则打中了他的胳膊。他说,对于自己的这段经历,别人用100万美元他也不换,但他也绝不会为了拿100万美元而再经历一次。美军士兵们将要在维耶尔宗(Vierzon)转车。当我们快到那儿的时候,他们耍起了一点当兵的小性子。许多法国人正拿着行李包挤在车厢过道里。当他们问靠窗的士兵是不是到了维耶尔宗的时候,那名士兵调侃地说道:"是,也不是。"

　　法国6月的风景真是优美绝伦,漫天遍野绽放着三叶草和小黄花,后者大概也是一种三叶草。不管怎样,它们在太阳的照耀下闪烁着灿烂的花朵。巴黎南边的乡村由花园和树林组成,地势高低起伏不平。再往南走10—15英里,地势就变得像塞纳河和马恩河以北的平原地带那么平缓了。这片平原延绵到了卢瓦尔(Loire)河畔。我们一路来到了奥尔良,从这里渡过了卢瓦尔河。奥尔良火车站一片车水马龙,法国人和美国人人头攒动,书报亭里的妇女们卖着《星期六晚间邮报》(*Saturday Evening Posts*)。由于坐在火车里,我们几乎看不见奥尔良这座城市的样子。所以,奥尔良留给我的主要印象就是它的列车场和车站了。卢瓦尔河的河水很浅,且沙堤不稳定,以至于不得不常年使用挖泥船,以确保河道的畅通。低洼的河岸不太适合修筑大教堂或城堡。即便真的有城堡,我也没有看到它的影子。不过,大教堂的尖顶矗立在这座平坦的城市的上空,令人印象深刻。我们经过奥尔良的那天,正好是贞德被封为"圣徒"的纪念日,但我在火车站里没有看到任何有关这段历史的追忆活动或景象。

我们从奥尔良继续往南走了50英里左右，经过了一片土地贫瘠、遍布沙地与沼泽的乡间地区，这里是卢瓦尔平原的延伸。大部分的美国士兵在维耶尔宗就下车了，因为维耶尔宗是前往美军设在圣艾格南的(St. Aignan)中央办公室的交通枢纽。从这里开始，乡间的农田明显更好，但还是不如卢瓦尔河以北的农田。在伊索顿(Issoudun)，一座漂亮的封建古堡在城镇中拔地而起。列车又走了很长一段平坦的路后，一座大型军营进入我们的视线。在我们匆匆驶过的时候，我一眼认出了橄榄球场和棒球场上的美国标识牌，篮球场上还有身着卡其色军装的美国黑人。他们告诉我，这座大型军营位于来自波尔多(Bordeaux)方向的铁路与通往东北前线的美军铁路的交会处。不管究竟怎样，军营的院子里停着货运卡车和一排排的美式火炮。这简直就是一场逼真得令人感觉身临其境的武器展览。我们的列车正在驶近沙托鲁(Chateauroux)，从这里开始，乡间变得越来越贫瘠。有一阵子，山坡尽是树枝被修剪得很短的葡萄园，园中的葡萄树年年都被砍成树桩，以至于葡萄藤看起来似乎根本长不大，也结不出葡萄来。列车在山间一路上行，翻越农耕丘陵地带，经过罂粟花和蓝铃花夹杂的花海，穿过克勒兹(Creuse)河谷，又经过被修缮过的塞隆(Celon)城堡上的两座圆形塔楼，翻越崎岖陡峭、灌木丛生和愈发贫瘠的山岭地区，然后突然爬到了一座圆形山头，来到了利摩日(Limoges)市。城中有一座主教堂，主教堂只有一座塔楼，楼顶的塔尖比现代教堂要更细、更长。

从利摩日往南，我们继续上行，海拔越来越高。微微的山风拂拭着溪水，十分清幽宁静。此处是奥弗涅山脉(Auvergne mountains)的西段边缘。我们在这条路上行驶了50—100英里，之后突然驶入一片宽阔的河谷，两岸的山坡上仍是葡萄园，山顶上有一些小的村落。

在科雷兹(Correze)河谷中有一个看起来颇为现代的小城,名为布里夫(Brive)。列车从布里夫市往南走,又来到了索亚克的多尔多涅(Dordogne at Souillac)。坐在一辆新式的现代火车的餐车里,我突然瞥见往南方向的山崖上有一些洞穴。洞穴边有用脚印踩出来的山间小径相通,显然曾有人在此居住。原来,我们已经身处于冰河时代的原始人生活了几百年的洞穴之乡。身处于如此时空交错的环境中,实在令人兴奋不已。

经过多尔多涅河谷(Dordogne valley)后,我们穿过了另一片山区,突然又进入宽阔的洛特河谷(valley of the Lot)。我们沿着河谷边的峭壁前行,途经一座高耸入云、带有城垛的封建古堡,来到了卡赫斯城(city of Cahors)。卡赫斯城横跨洛特河两岸,城中有一座14世纪的大桥,桥的周围有3座大型塔楼,其中一座塔楼矗立在河水中。山间突然下起了雷雨,灿烂的晚霞映红了北边的山坡。我们很快驶入夜色之中,火车蜿蜒穿过下一个高地,来到了塔恩河谷(valley of the Tarn),在蒙邦托(Montauban)市渡过了塔恩河。之后,我们沿着宽阔而平坦的加龙(Garonne)河谷一路前行,于晚上10点半抵达图卢兹。我向车上的一位美军中尉打听住宿的事情,他向我推荐了格兰德酒店(Grand Hotel de la Poste)。于是,我在下车后叫了一辆单驾马车,捎了那位美军中尉一程,因为我俩同路。城市中央的咖啡厅里坐满了图卢兹当地人,他们坐着品尝咖啡,看着彼此以及过往的路人。毕竟,咖啡馆里有好几百人,街上也是一大群的士兵和行人。

图卢兹城被装扮得很华丽,到处插着三色旗,还有少数几面星条旗。第二天,我才了解到,之所以如此装扮布置,是因为圣女贞德的纪念日。不过,我也得知,兵营中的部队昨天发生了哗变。士兵们撕毁了一些三色旗,升起红旗,以抗议自己被派往俄国,也抗议他们的伙食与待遇。其他部队赶紧从蒙托邦调往图卢兹。这场规模很小的骚乱最终被平息了,似乎并没有产生严重的后果。不过,一些美国小伙子告诉我,暴徒们从地面上捡起砖石和其他的一些东西向警方抛掷。我刚到图卢兹的时候,并没看到这种迹象,但那天晚上确实听到了部队行军穿过街道的声音。

1919年6月2日,星期一

图卢兹是一个比我想象中要现代化得多的城市,也是我在法国见过的最漂亮的外省城市。商业区的建筑均为五层楼高,商场里安装有大型的平板玻璃窗。尽管街道不算太宽,但市中心还是比里尔更加令人印象深刻。吃过早饭后,我一路摸索前往大学,步行至图卢兹大教堂。那是一座红砖建筑,其历史可追溯至古罗马时期,自中世纪早期以来便一直保存完好。大教堂的圆柱形穹顶装不下太大的玻璃窗,因此到了阴天的时候,教堂里的光线会不太好。为庆祝圣女贞德纪念日而准备的挂毯还挂在廊柱上,挂毯上方则挂着一条长长的丝质横幅。这些挂毯大多是红色的,令宏大而阴郁的教堂正殿增添了些许瑰丽。

我回到了城市的主广场,那里有一个市场。我在那里看到一位美军少校站在街角,正在等车。和往常一样,他对于我这样一位美国平民找他攀谈颇感惊讶,但我们很快就交上了朋友。原来他是美国军方的大学的理学部负责人。理学部现在还有大约1 200名士兵学员。在参军以前,他曾在扬克斯市(Yonkers)的联邦炼糖公司(Federal Sugar Refining Company)担任首席化学家,并曾在哥伦比亚大学进修过课程。他告诉我,大学的学生中心位于大约1英里外的一家被废弃的弹药工厂,还非常客气地将我送上有轨电车。加龙河沿岸有许多这样的弹药工厂,巨大的厂棚和高耸的烟囱让人想起了布里奇波特(Bridgeport)或威尔明顿(Wilmington)的工厂厂房。其中的一家弹药工厂被转让给美国远征军作为营房和教室了。美军士兵们说,这里住得非常舒服,但大多数人还是想办法跑到城里和法国人家住在一起。

指挥官不在自己的办公室,但很快开过来一辆车,上面走下来了一位名叫莱特(Wright)的年轻中尉,他向我致歉,因为他去了车站,但没能接到我。他开车把我带回到市里,将我的行李搬到了格兰德酒店,为我安排好了一间上等客房。房间超大,带有客厅与浴室,这实际上是整个图卢兹市最好的酒店的豪华套房。在返回的路上,他向我说明,我是被一个称为"图卢兹大学国际贸易关系协会"(International Trade Relations Society of the University of Toulouse)的美国学生组织邀请到图卢兹来的客人。该组织由一群致力于研究美国对外关系,并在战后有意投身于外交、政治和商业的学生们聚在一起组成的。指挥官很快也加入我们当中,我们在酒店里一起吃了顿简便的午餐。

下午2点半—5点,我向他们讲述了目前巴黎正在进行的工作。他们向我提问,我一一回答。这场"考试"结束后,他们把我带到了郊外的一座乡村住宅,一位和蔼可亲的法国主妇热情地招待了这些小伙子。他们对她的尊敬,是我在法国见过的与美国远征军有关的最美好的事情。他们说,在图卢兹,还有其他的法国家庭也以同样的方式向他们敞开大门,这种情况与我在法国北部听说的故事大不一样。不巧的是,其他家庭无人在家,但我透过篱笆看到了花园中盛开的玫瑰花,也并不想知道这些小伙子们是否真的想进去。补充一句,除了玫瑰花和食物,花园里似乎还有两个小女孩。小伙子们以非常谦和感激的口吻跟她们说了几句话。

傍晚6点,我及时赶上了国际贸易关系协会组织的晚宴!宴席上大约有50个人。当然,我还得在席间谈谈和平条约的事情。我从7点讲到了8点。晚上8点半,我来到了礼堂,这里显然曾经用作教堂,现在则成了学生中心。礼堂里十分闷热,通风也很差,但那些小伙子听我讲了整整2个小时,还请我再多讲一些。他们对结束战争的和平条约实在是太感兴趣了。在我接触过的听众中,他们是迄今为止最为专注的。原因有三:首先,他们都是精挑细选出来的学生,都是大学生;其次,他们都经历过艰苦的战斗,只有作战部队的战士才能够被选拔出来进入军方的大学学习;最后,他们一直保持着对世界事务的强烈兴趣。他们中的一个人后来告诉我,在他的经历中,这是美国远征军的战士们头一次听了2个小时的讲座,但我讲的话题实在太有吸引力了。我先是向他们讲述了制定和平条约的种种难处,然后解释了国际劳工组织的细节问题。讲完后,仍有一群人围着我。

1919年6月3日,星期二

我一时难以决定,究竟是白天和其中一个小伙子去趟卡尔卡松(Carcassonne,距此1小时的车程),再乘坐晚间列车离开;还是继续前往波尔多,参观美军在那里修建的军港码头。昨晚,我反复琢磨了下,觉得在这个紧要关头,自己已离开巴黎太久了。于是,我在今天凌晨6点就来到了火车站。

晚上7点半,我抵达巴黎,正好赶上和斯洛森在克里翁酒店共进晚餐。不走运的是,我错过了与威尔逊总统的会面,因为我的桌子上摆着一份由美国和谈代表团秘书签发的紧急邀请函,通知各小组负责人于今天上午11点在兰辛国务卿的办公室碰头开会。于是,我和比尔去了一趟兰辛先生的房间,从他那里得知了我所错过的整个事情。总统让大家聚在一起,商讨我们应该如何对应德方所作出的最后抗议。这是一次极其有趣的会,其中的细节已经超出了我在日记中所能记录的内容。即便我在场,我对这次会也不会有什么贡献,因为在劳工问题上,我们已经答复了德方。不过,我错过了一次机会,未能目睹总统在他的所有顾问以及兰辛、豪斯、怀特、布利斯、胡佛等人面前如何行事。

另外,今天下午3点,劳工事务委员会开了次会。我后来打电话给巴尔内斯先生,得知没什么事情,而且明天下午3点还会开会,我正好可以确认今天下午开会的具体内容。

1919年6月4日,星期三

下午3点,劳工事务委员会开始开会,主要是关于在遭受战争破坏的灾区重建工作中雇用德国工人的问题。两名比利时政治家特地赶来,力阻德国人重返比利时参与战后重建工作,因为这将导致数十万比利时工人失业。法国劳工部长科利亚德认为,这个问题十分重要,足以破坏他与国内罢工者们之间关于德国工人问题的谈判(当时,巴黎正处于轰轰烈烈的罢工潮中,地铁几乎被完全占用,劳工局势十分紧张)。最终,我们通过一项决议:(1)就业机会应首先确保留给协约国的工人;(2)应确保按照当前的工资率支付工资;(3)德国工人应在(与协约国工人)相互隔离的工地上工作。

我提出了一个新问题,即为从德国和奥地利割让出来的地区提供关于社会保险基金的额外保障。由于此事一时不好表决,因此有必要再开一次会。我花了一晚上的时间,试图起草一项足以加入条约、且令人满意的条款。最后,斯洛森和我用打字机敲定了此事,我觉得这个条款很有可能被写入正在巴黎起草的和平条约中。

1919年6月5日,星期四

威尔逊总统亲自拍板,决定给予我的妻子和两个女儿一份特别护照,好让她们在我离开巴黎之前来探望我。当我得知此事后,乐得整个世界仿佛都停止了!因为这样的小事而给总统添麻烦,实属不该。

今天仍然抽出一部分时间在研究社会保险条款。不过,上午的大部分时间都和国会图书馆馆长普特南姆在一起。我俩一起设法确保国会图书馆得到巴黎和会的记录材料。否则,这些材料将要么被尘封起来,要么被收入国务院的档案部门。我给全权代表们发去了一份备忘录,指出:由于巴黎和会所涉及的材料内容要比理应交给国务院的纯政治性文件多得多,将和会的诸多记录材料保存在国会图书馆是极有必要的。但是,美国国务院在如何处理这些材料上有自己的考虑,因此，我们花了很长时间才促成此事。最终，我得到了足够的授权以推动此事，普特南姆博士手下的工作人员——威尔逊小姐再次欣然接受了此项工作，对和会记录进行分类编目。

下午还有新的备忘录要写。当时，西班牙政府通过驻伦敦和华盛顿的大使提交了一份备忘录，宣称：西班牙是"战争期间的主要中立国家之一"，如果各国邀请西班牙加入国际劳工大会华盛顿会议的组委会，西班牙方面备感荣幸。此事需要同那些尚在巴黎的劳工事务委员会成员进行大量的私人磋商。我的备忘录是写给美国代表们的一份建议，希望他们做出反对西班牙被接纳至组委会的裁定，因为这会触及与其他大国的纠纷。

晚上，与在伦敦和纽约成立国际问题研究所的筹备委员会中的英国成员在曼捷斯帝酒店共进晚餐。这也是我们上周就计划好的。晚宴由罗伯特·塞西尔勋爵开席，由布利斯将军主持。我和英国外交部的艾尔·克劳先生相谈甚欢，但未能使他相信开放英国档案的必要性。他的理由有三：其一，这些文件是作为机密被交给外交部的，将档案开放会破坏其机密性；其二，无论当前这些文件多有用，开放它们都会导致此后的谈判举步维艰；其三，若开放给研究者，这些文件将无法被恰当地归整成为档案。我一直试图找到一个折中的办法，能让非公职的普通人士能够有资格查阅这些材料，但英国外交部的老派官员们反对这样做。当然，一些年轻人还是赞成的，比如珀西爵士。

我们正式决定成立国际问题研究所。他们推选我和柯立芝教授、詹姆斯·布朗·斯科特和谢泼德森担任组委会中的美国成员。和上周的头次会面一样，我再次乘坐布利斯上将的车，和比尔、亨培克一起返回住所。

1919年6月6日,星期五

上午,和美国国会图书馆馆长普特南姆博士忙着安排事情,并进一步研究我所建议的社会保险条款。

下午3点,劳工事务委员会开会。我发现,如果将社会保险条款扩大得更加宽泛,使之不仅适用于阿尔萨斯与洛林,也适用于其他所有被割让的地区的话,这一条款是很可能得到大家一致通过的。巴尔内斯也有同样的看法,只不过他没声张,而我言明了。因此,我们如今是要在和平条约中增加一项条款,保护那些被从德国、奥地利与匈牙利割让出去的地区的工人们的"钱包",也确保统治他们的新政府不能以任何托词来剥夺他们的养老、意外和医疗保险。[1]这是一个非常技术性的细节问题,因此,如果各国政府本身不能顺利解决,那将由一个主要由国际劳工局任命的委员会来处理。

回到克里翁酒店后,我给总统送去一份备忘录,向他汇报这个消息。之后,我偶然碰到了豪斯上校,他对此事也很感兴趣。他十分坦诚,也很热情。

1919年6月7日,星期六

中午,与英国外交部远东司的马克利(Macleay)共进午餐。我和他、比尔、亨培克等人一起讨论了关于中日矛盾的安排。我了解到,日方已做出书面承诺,确保德国在华权益的让渡不至于引起人们的反感。

---

[1] 此项条款正是后来的《凡尔赛条约》第31条第1款、《圣日耳曼条约》第275条、《特里亚农条约》第258条和《讷伊条约》第203条。

下午5点,我拜访了豪斯上校,考虑是否可能在国际联盟中提出开放档案以供研究之用。我发现,他对于在国际联盟第一次会议上提出此事非常敏感。今天,国际联盟事务委员会开会,向德方提交了答复。如果答复被德方接受了,自由派会很高兴的。

傍晚,同比尔和谢泼德森共进晚餐。我们一边享受着安静的晚餐,一边讨论着国际联盟政府的构成。我猜,比尔会是国际联盟内阁的成员之一。明天,我还会出城一趟。这次是应沃伦的邀请,跟着一位法军军官去看看1914年战场的最西端,完成我对那段历史的调研工作。

第十四章　乌尔克战场之行

1919年6月8日，星期日

在今天的汽车之旅中，沃林带上了一位名叫吉罗多（Jirodaux）的法国军官。此人曾赴法国西北前线的马恩河阵地，参加过第一次马恩河战役。因此，他讲述了他们是如何冲过冯·克鲁克（von Kluck）军队的侧翼，迫使后者调转兵峰与他们交战的过程，给我们带来了关于马恩河战役的一手资料。

我们从巴黎北郊的门户——圣丹尼斯（St. Denis）离开巴黎，一路向北行驶。圣丹尼斯是一座破败、肮脏的小镇，但显现出一片繁忙的景象，因为那里的工人们要去集市上采购他们的早晨生活必需品。我们迅速经过了一片开阔的田野，来到了皮耶雷维特（Pierrefitte）的北边，然后沿着一条稍稍往西分出的分岔路继续行驶，径直穿过一片起伏不平、临近收干草时节的乡野，最终来到一个名为"姑娘村"（Moiselles）的小村庄。这里距离巴黎大约15英里。1914年9月，德国人逼近巴黎之前,法国军队曾从前线撤退至此。他们最终撤退到一处遍地田野的平缓山谷,谷中有一条小河,东面则是高耸入云、森林密布的埃库昂(Ecouen)山。这座山谷连同其隐蔽的要塞构成了法军拱卫巴黎、抵御由辽阔的东北平原来犯之敌军的重镇。路的西边是蒙莫朗西森林(forest of Montmorency),不过德军并没有到此,法军的撤退也就此结束。我们往右走乡间小路,沿着行军路线,前往昔日战场。在随后的3个小时里,我们的大部分时间都是走在这些乡间小路上,一路向东,从一个村庄到另一个村庄。我们先是经过一个叫阿特文维尔(Attainville)的小村子,接着又来到了维利耶尔(Villiers)村。我们在此驻足,参观了一座老教堂。这是一座源自12世纪、罗马式建筑风格的教堂,与这些村子里的大多数教堂一样,其正面略带有文艺复兴时期的风格。法国的这一地区不仅是大战的战场,也是中世纪艺术瑰宝的宝库,遍布着古老的乡村教堂与城堡要塞。我曾驻足过的每个小镇都有一座始于13世纪以前的老教堂,一条历史悠久的老街顺着平缓的山坡延伸下来,让整个镇子看上去像小河一样从上顺流而下,哪怕站得很远,也能看到教堂的尖顶。我们大家都有一种印象,觉得这些小镇实在是安静至极。乡间道路上人迹稀少,即使此时战争早已结束,但仍让人感觉到战场上死一般的沉寂。我们在乌尔克河畔的马瑞利(Mareui-sur-Ourcq)小镇吃了午饭,这里除了有一些孩子们骑在旋转木马上玩耍嬉闹外,人们的庆祝活动也十分安静。

我们乘坐的凯迪拉克牌汽车穿过田野,沿着一条牛道艰难行驶,最后开上了通往吕扎什(Luzarches)的国道。吕扎什真是一个优美绝伦的地方。一座美丽的城堡俯瞰着整个山谷,山谷中的林荫道路两旁都是枝繁叶茂的树林。德军一度占领这里,吉罗多的战友们曾在我们刚刚拐过来的十字路口遭到德国枪骑兵（Uhlans）的枪击。当时,吉罗多在法军主力部队前方执行侦察任务,于生死攸关之际在一座富家宅子受到一位老太太的关照。老太太坚决不让德国枪骑兵闯入家中搜索她收留的法军战士（指吉罗多）,对方用左轮手枪指着她,她也纹丝不动。如今,吉罗多想要找到这位老太太,看看她后来过得怎样。我们找到了当初的这座宅子,可草坪和小路上如今杂草丛生,宅子已经空了4年,没人知道这户人家如今去了哪里。这不过是法国北部随处可见的混乱迹象的一个缩影。

从吕扎什出发,我们沿着德军曾在1914年走过的路线往东转去,想象着他们是如何绕过田野朝着东北方向行进,最终来到达马尔坦（Dammartin）的。达马尔坦位于巴黎往北方向的主干公路上。我简单介绍一下法国的公路吧。这些公路以巴黎为中心,像巨大车轮上的辐条一样向外散开,从而为法军提供了前往法国四面八方的快速通道。我们所走的路是其中一条径直向北的公路。在吕扎什,我们转到了第二条公路上。在苏维莱（Survilliers）,我们又转到了第三条公路上。在达马尔坦,我们则再一次转到了第四条公路上。这第四条公路极富历史意义,因为正是在1914年的9月8日,所谓的"出租车大军"[①]将大约12 000名法军士兵运送到了比达马尔坦更远的南特伊尔（Nanteuil）村附近,从而巩固了法军在这条前线阵地上的兵力投入,威慑德军并迫使他们返回马恩河。

---

① 1914年9月6—7日夜晚,巴黎的出租车司机集合起来,按照巴黎军政长官约瑟夫·加里埃尼（Joseph Gallieni）将军的紧急指令,驾驶红色雷诺AG-1型出租车,临时民转军,向巴黎城外的前线部队运送兵员。每辆出租车运送5名士兵,前排1人坐在副驾驶座上,后排坐4人。所有出租车列队行进,全部关闭前灯,开尾灯。后车跟着前车的尾灯行进,将62步兵师的5 000余人送到了距巴黎100千米远的战场上。——译者注

出租车大军

达马尔坦镇在一系列和埃库昂山差不多的山脉的山脊上。从很远的地方便可一眼望见小镇教堂的尖顶。镇子本身不大，沿着一条主路排开，但很干净，这是山顶小镇的一大优点。从达马尔坦驶出，我们驱车驶上一条通往莫城的笔直大路，路旁尽是排列整齐的榆树。这条路延伸到我们视线所及的最远尽头，直到我们拐到一条乡间小路上。从乡间小路上下来，就是圣苏普勒（St. Soupplets）的西边了。圣苏普勒之后是一个叫蒙蒂翁（Monthyon）的镇子，1914年的9月5日中午，马恩河战役的第一炮正是在这里打响的。那天，吉罗多所在的法军部队沿着我们今天所走的路线急行军并向北发动攻势：他们从吕扎什出发，先奔赴达马尔坦稍作休整，后连夜急行军，于天亮以前赶到我们现在所处的这片战场；就在他们翻过一个山头、奔赴欧瑟里（Oissery）村的时候，他们遭到了德军炮弹的第一轮轰击；他们将德军击退，但自身也损失惨重。时至今日，流经欧瑟里村的小溪旁的草地上还有许多坟头。沿着这条蜿蜒曲折的乡间小路,我们经过布雷吉(Bregy)来到了一个名叫福斯马坦(Fosse-Martin)的小村子。我们的车穿过农家场院,驶出村子大门,来到了村子后面的小路上,突然看到了一块法军墓地。农妇们在坟边插上了康乃馨和五彩石竹;十字架上所刻的文字已经模糊不清,只有一两处能看出这是阵亡的无名将士的坟墓。这块墓地是我在昔日前线所见到的最凄凉和悲惨的地方之一。吉罗多向东眺望,1—1.5英里远处有一座小山丘,山岭上有成排的大树,树下有一条乡间小路,路旁农舍的红色屋顶与石头墙壁清晰可见。山间坡地的地势十分平缓和开阔,适合垦殖耕种。这里曾是法军同德军冯·克鲁克部队生死鏖战的战场。两军反复争夺此地,战斗持续了整整5天。与吉罗多并肩作战的法军士兵共有2 700人,只有610名士兵和7名军官在战斗结束后幸存下来。我们在路边找到了一处不大的壕洞,这里曾是吉罗多在战斗中过夜睡觉的地方。他每天晚上打完仗回来都要钻进去。如今,此处的农庄已恢复常态,房屋的屋顶得到修缮,墙壁粉刷一新,但我们依然不难想象救护站在牛棚外忙碌不停、疲惫的战士们穿行于恐怖道路上的场景。

在德军从马恩河撤退之前,这条战线上的战斗激烈不减。如果法军能从这里突破德军冯·克鲁克部队的侧翼,就很可能造成德军的更大溃败。当时,"出租车大军"驰援吉罗多部队的左翼,冯·克鲁克则从马恩河战场抽调重兵对抗此地的一小股法军。战斗持续到第9天,德军发动猛攻,法军几乎快撑不住了。就在这个关键时刻,福煦将军率军直插德军战线中心地带,迫使德军将战线后退至埃纳河沿岸的高地上。

我们沿着德军的撤退路线,途经现由美军占领的米尔蒂安(Acy-en-

Multien)村；再经过贝茨(Betz)，沿着一条小路向东行驶，抵达马勒伊的乌尔克(Ourcq at Mareuil)。这是一个仍活在14世纪的古老小村庄。现在是下午2点，我们走进金太阳酒店(Hotel of Golden Sun)的餐厅。餐厅由一个13世纪风格的前厅和一个不大的后厅组成。前厅里有一个烟熏色的老式壁炉和一些闪亮的黄铜装饰品。那天正好是马勒伊的圣徒节(Saint'day in Mareuil)，酒店房间里到处都是当地的村民，他们在此聚餐喝酒。我想，法国的每一个城镇大概都有自己的守护神，有一个年度性的民间节日来敬拜他。马勒伊的守护神是圣美达(St. Medard)，相关节日可追溯至墨洛温王朝时代。一群法国士兵正围着一架不太好使的钢琴唱歌，我们坐在餐厅里，一边听歌一边吃饭。孩子们围在绞弦琴①周围。在法国这样一个天主教国家，星期日一般到了中午就结束了；但正如我之前提到的，民间节日的气氛整体上是十分严肃的。

　　离开马勒伊后，我们沿着乌尔克河谷地前往拉费特米伦(La Ferte Milon)市。这座城市位于一条狭长的河谷中，城中有一座封建时代的古堡，甚为宏伟壮观，从很远的地方便可一眼望见古堡的城墙。突然间，我们意识到，自己已身处1918年的那场浩劫的中心地带。德军正是从这里出兵，试图沿着维莱-科特雷森林的南边攻打巴黎。小城边上是一座非常陡峭的小山，在通向山顶悬崖的斜坡山路上，有一座新修建的烈士公墓。安葬于公墓中者，除了阵亡的法军将士外，还有6个美国人。他们坟头上的十字架要比其他的略大一点，上面刻着他们的名字，分别是：麦琪、约翰逊、费尔德曼、科维尔斯基、多诺万和一个我记不起

---

① 一种源于中世纪的乐器。——译者注

来的英语名字。令人觉得有趣和奇怪的是,这些名字在美国士兵中都十分常见。

我们渡过小河,翻过北方的山岭,很快就进入美丽的维莱-科特雷森林。去年7月,福煦将军便将他用以进攻德军侧翼的后备部队埋伏于此。林间公路既长又直,十分漂亮,但我们沿途并未看到太多历史细节。我们乘坐的汽车以每小时60英里的速度行驶着,几分钟后便来到了维勒斯-科特雷市。这里有一座用以扩大军械生产的兵工厂。从维尔斯-科特雷出发,我们沿着之前我曾走过的一条路前往苏瓦松。我们驱车一路狂奔了至少5英里,行驶至维尔斯-科特雷森林的北端。此处曾遭炮火摧毁,森林至此彻底消失。迎面而来的十字路口处有一些同样遭到炮火摧毁的农舍。我们从这里沿路前行,途经一片德军于去年经过并赶往苏瓦松的战场。在这片战场的一些十字路口,不时能见到一些废弃的坦克停在路旁。之前在前往图卢兹的途中,一位萍水相逢的上校军官曾向我描述过关于这次战斗的相似记忆。不远处有一处美军公墓,内有数千名阵亡将士的坟墓,中间则是高高升起、迎风飘扬的美国星条旗和硕大的花环。

我们沿着深深的埃纳河谷边缘行驶了1分多钟,再顺着长长的山路下行,来到了位于谷地中部的苏瓦松。苏瓦松大教堂的景象令我惊叹,比之前兰斯大教堂的更为震撼。和兰斯大教堂的情况一样,苏瓦松大教堂的周边地区被摧毁殆尽。德国人显然是故意这么做的,因为苏瓦松市北和市东的街区完好无损。不过也得说明,大教堂东边不远处的老医院似乎也没有遭到战火的破坏。

下午5点,我们离开苏瓦松,赶赴贡比涅。我们驱车沿着埃纳河谷中一条曾是堑壕的小路行驶了数英里,来到了苏瓦松以西5英里之外的丰特努瓦(Fontenoy)。当初,吉罗多和他的战友们正是从这里渡过埃纳河,将河谷上方高地处的德军赶走。那是一个午夜时分,他们趁着令人眩晕的暴风雨和大火迅速渡河。河上只有一道狭长的水闸,水闸上的通道很窄,一次只能过一个人。如果有人摔倒,吉罗多他们就将这个人直接推进河里,以免堵住通道。这个故事真是令人感到害怕!可是,由于过河的大桥倒塌了,我们的车无法越过埃纳河。丰特努瓦附近有一处不大的公墓,吉罗多说里面安葬的是一些工兵战士的遗骸,他们是为了保证大桥的通畅而牺牲的。离开丰特努瓦后,我们一路穿行于贡比涅森林中,来到了林中的贡比涅镇。这里有一座宫殿,是旧制度时期远负盛名的宫殿之一,也是拿破仑青睐的行宫之一。我们无暇参观这座王宫,只是驻足环顾了下四周,然后沿着漫长的森林公路飞速地驶向巴黎。行至维伯里(Verberie)的时候,我们驶出了瓦兹(Oise)河畔的低地河谷,顺着一条长长的、蜿蜒的山路驶向高地平原。这片高地平原一直延伸至马恩河。广袤而开阔的田野尽收眼底,令人赏心悦目!

由于路上为大风所阻,我们直到晚上7点才抵达桑利斯,将车停在教堂旁边静谧的广场上。在整体氛围而非建筑风格上,此处是我在法国见过的最像英国乡村教堂的地方。至于风格,这座教堂可谓融合了不同历史时代的建筑样式。教堂的正面让人想起卡昂的圣艾蒂安(St. Etienne)罗马式建筑的庄严肃穆,教堂的尖顶则让人又想起库唐斯(Coutances)或沙特尔(Chartres)大教堂的气势恢宏。偏殿南门处的装饰可谓精雕细琢,但又不矫揉造作,体现出15世纪的风格,为坚硬的墙壁增添了些许柔美,却又无损这座古老教堂的辉煌壮丽。教堂虽然不大,但与其所在的宁静小城相得益彰。

桑利斯有许多中世纪的遗迹。所幸的是,我们又遭遇大风,给了我们在此溜达一圈的合适理由。城中街道已被夷为废墟,德军占领所造成的破坏随处可见。当初,德军在从这里攻向巴黎的时候,声称他们遭到平民枪击并造成死伤,于是枪决了作为人质的市长,并放火焚城,造成桑利斯市有 1/4 部分被烧毁。

我们穿过位于桑利斯南边的尚蒂伊森林,沿着我上次从苏瓦松离开时所走的那条路返回巴黎,途经勒布尔歇机场(airport of Le Bourget),于晚上 9 点左右抵达克里翁酒店。

巴黎正沐浴在星期天晚上的夜色之中。由于有轨电车工人的罢工,街道上显得异常宁静。不知怎的,当人们带着对古老的法兰西岛大区①的历史记忆走进巴黎时,会觉得这座城市真是极具法兰西风格。相比于前线城镇的肮脏混乱和满目疮痍,巴黎显得格外辉煌壮美。

1919 年 6 月 9 日,星期一

白天,忙于给豪斯上校写备忘录,整理文件并做好编目索引。令我感到甚为满足的是,我得知比尔被任命为国际联盟托管事务的管理者,这意味着将由他来具体处理所有殖民地与受异族统治的民族事宜。此事任重而道远,他们真是挑对了人!

晚上,我和比尔在香榭丽舍大道散了一会儿步,然后同谢泼德森一起讨论了建立一个新的国际问题研究机构的计划。

---

① 即巴黎大区,法国 22 个大区之一。

1919年6月10日,星期二

上午,撰写备忘录;11时,前去参加威廉·拉姆齐爵士(Sr. William Ramsay)基金会的一个理事会会议。参会者是一群科学家,邀我参会纯属误会。我想离开,但他们坚持要我留下来,依然错误地以为我能帮上一些忙。我现在正在物色一位杰出的美国化学家来替换我。威廉·拉姆齐爵士基金会的宗旨是将美国学生和学者送到欧洲,并将法国学生和学者送到英国,从而建立一个国际性的化学家联合会。

中午,与柯蒂斯见了个面,讨论了美国(国际问题)研究所的筹建计划。下午,美国国会图书馆馆长普特南姆博士与我同国务院档案部门的哈里森先生相约,讨论如何妥善处理有关巴黎和会的档案文件事宜。

1919年6月11日,星期三

一整天都在克里翁酒店忙着给文件编制目录。这些文件是之前中央领土委员会(Central Territorial Committee)留下的,被斯洛森在444房间的橱柜里和文件架上发现了。另外,在豪斯上校的示意下,我又写了一份关于缔结国际条约之难点的备忘录。

夏天早就来了,之前我忘记提到,一股热浪于上周袭来。我们都不约而同地穿上了夏装。晚上,比尔、亨培克、菲利普·米涅应负责美军清算事务的查德伯恩(Chadbourne)之邀,前往协约国联盟俱乐部,参加在草坪上举行的户外聚餐。聚餐结束后,我找了辆车,将米涅送回到布洛涅森林附近的住所。

1919年6月12日，星期四

给巴特勒校长和约翰·贝茨·克拉克教授写信，①建议卡内基基金会接收巴黎和会期间写成的半官方性研究资料，如"调查团"的报告。

下午，从博纳（Beaune）而来的安德森教授突然造访。他皮肤黝黑，看起来像一名久经沙场的老兵。他要在受到战火破坏的灾区考察两周，路过巴黎。他在军旅生活中所获得的阅历比同我一起写外交史备忘录可要丰富多了。

晚上，比尔、亨培克和我，同柯蒂斯、黑德勒姆-莫利、赫斯特（英方条约各条款的起草人）等人在曼捷斯帝酒店共进晚餐。晚些时候，我们见了更多人，着手起草大家共同提议成立的国际外交事务研究所（International Institute for Foreign Affairs）的章程。

---

① 尼古拉斯·巴特勒，哥伦比亚大学校长。——译者注

第十五章　不签约则再出兵

1919 年 6 月 13 日，星期五

白天，撰写备忘录和写信等日常工作。晚上，我应巴尔内斯先生之邀前往曼捷斯帝酒店吃饭。他准备带我去趟位于英军在莱茵河畔的科隆前线阵地。我尽量安排好自己的日程，以便接受他的邀请，作为英国战时内阁的客人访问前线英军。之后，我还打算邀请他前往科布伦茨（Coblentz）访问美军部队。不过，我曾答应米勒先生，要带米勒夫人和他的助手沃林先生去参观加拿大军战场。为了搞定米勒先生托付给我的事情，我在时间安排上遇到了一些麻烦。

巴尔内斯先生和我一起度过了一个十分有趣的晚上。在场的只有我俩，别无他人。巴尔内斯先生告诉我，他今天和劳合·乔治共进午餐，劳合·乔治则派他和博纳·劳去见克里孟梭。他们正在极力确保能够修改对德军事占领的条款，并说服克里孟梭同意这一新方案，给德国一个改过自新、摆脱负担的机会。

1919年6月14日，星期六

与米勒夫人、沃林先生一起前往苏瓦松战场等地。我们乘坐列车前往苏瓦松，于9点半左右抵达。有一辆米勒夫人的法国私家车在那里接我们。在参观了一会苏瓦松后，我们驱车驶上一条前往拉昂的路，穿过了位于"贵妇小路"西端的丘陵地带。站在满目疮痍的小山头，可以远眺马海松堡（fort of Malmaison），也可以俯视脚下的山谷小路。长长的、荒秃秃的山脊诉说着当年的战争往事，山顶上如今盛开着大片的罂粟花。我从未见过哪个地方像这个开满血红色之花的战场一样荒凉。虽然感觉到了一种不可思议的美，但我无法理解为什么会这样。荒芜的前线大多野草丛生，但唯独这片战场成了罂粟花的天下。零零星星的蓝色矢车菊夹杂其间，反而与血红色的罂粟花形成了一种色彩和谐之美。在这片荒原之上，方圆几英里内丝毫不见人的踪影，只能看见一座座随意掩埋的无主坟头，可见追寻死者身份的工作尚未开始。

我们沿着一条被炮弹炸得满地是坑、十分难走的小路继续前行，经过一片几近干涸的沼泽，然后穿过德军前线，进入未受战争影响的德军防线后方地区。透过路边的一排排白杨树，我们隐约望见一座荒凉的小山，拉昂就在那座山上。

我们沿着山坡爬了一段很长的路，最终来到拉昂古堡的中世纪城墙与露台下。我们在天主教堂一旁的北露台上野餐，眺望着法国北部的广袤原野。我们眼皮底下的这片原野，顺着笔直的白色公路一直延伸到遥远的地平线，小村庄与森林点缀其间。人置身于此处，如同乘坐飞机一般从高空中俯瞰着山下的世界。如果法军能像军事教科书上写的那样，守住这座要塞及其身后的整片崎岖的山地，将德国人挡在平原上，那么就不会有这场打了4年的战争了。

拉昂这个地方受战争冲击不大。尽管这里是德军参谋部设在西部战区的指挥部所在，但法军并没有像人们以为的那样炮轰此处。不过，山下平原上的一座火车站如今已被夷为废墟。

大贝尔莎炮

从拉昂出发，我们来到圣戈班森林（St. Gobain）的北郊，那里有一条铁路支线从主干线上分出，专门用来运输可在75英里之外炮轰巴黎的德国巨型火炮。我们在当地找了一位向导，他告诉我们，德军从来不是让一门巨炮开炮，而是让两门或三门巨炮同时开炮，好让协约国军队无法通过炮声判断巨炮的具体方位。德军从来不让当地村民靠近巨炮。有一次，森林发生火灾，他们征调村民们前来灭火，但在停放巨炮的森林一角安排专人看守。德军花了大约8个月才将巨炮架好。德军士兵告诉当地村民，巨炮第一次开炮时，炮管尾部都给震飞了，砸死了在场的所有工兵。反正从那以后，村民们再也没有见过那些工兵。如今,留在我们面前的,只剩下用来停放巨炮的水泥地基以及用来移动巨炮的一部分铁轨,实在没什么其他好看的了。在这片森林里,还有两处曾经停放大贝尔莎炮的地方,但树林里蚊虫丛生,我们担心染上疾病,故没有再去探访。离开那里后,我们又去了瓦兹河畔的铁路枢纽——拉斐尔(La Fere)。这是一个破败不堪的小镇,镇上残留着一些古色古香的老式建筑,有一半已化作废墟,留下一片荒凉和满目疮痍。从这里往西,可以看到皮卡迪平原(Picardy)上长长的河段;往东沿着地平线望去,两三英里之外是圣戈班森林坡地,那里曾是整个德军战线的军事要地。

我们改变了计划,没有前去探访库西(Coucy),而是沿着瓦兹河,经过泰尔尼耶(Tergnier)前往绍尼(Chauny)。因为米勒夫人身体不适,实在无法再忍受继续旅行了。绍尼是一个毁于战争的小村子,这里有个临时火车站,我们乘坐火车返回巴黎。

列车沿着瓦兹河谷一路前行,我们很快便看到了努瓦永(Noyon)。这座城镇的一部分毁于战争。从距离大约1/4英里的铁路线上望去,大教堂的残壁似乎仍然立在原地,而修缮过的穹顶不禁让人回想起它被德军焚毁的往事。列车途经贡比涅和尚蒂伊,于8点半左右抵达巴黎。

1919年6月15日,星期日

我原本希望休息一天,可昨天下午接到一个紧急电话,要我对和约中的劳工条款予以适当的说明,以便回复德国方面。上午9点半,我和斯洛森前往位于奥赛码头（法国外交部）的巴黎和会委员会办公室，着手处理回复文件。幸亏我人在巴黎，因为他们草拟的文字材料，我几乎全改了。不过，事情并非那么简单，因为委员会正面临着各种各样的难题。我在回文中还重拟了几段话，好让和约的起草委员会能加上我们所写的关于劳工立法的内容。

我今晚启程前往亚眠，约午夜时分到，拟于次日上午带着已先行抵达的米勒夫人和沃林先生穿过战场，前往里尔（Lille）。巴尔内斯先生将在那里与我们碰头，然后一起前往伊普尔，再去莱茵。我们在莱茵分开：沃林先生与米勒夫人返回巴黎，我则待上三四天再回克里翁酒店。

今天事情繁多，我一直忙到晚上赶火车前的最后一刻。在法国外交部工作一天后，我同巴尔内斯先生和他的秘书在克里翁酒店共进晚餐，顺便计划我们今晚出发的行程安排。我让比尔陪着巴尔内斯先生和他的秘书继续吃饭，自己返回房间，抓了几样东西塞进手提箱里，然后匆匆忙忙地赶去人山人海的巴黎北站。开往亚眠的特快列车将于晚上8点发车，我没赶上，不过坐上了一列半夜12点半抵达亚眠的卧铺列车，与两名英国军官同在一个车厢。虽然晚了，倒也舒适。

整个法国北部平原笼罩于暮色之中！一个个小村庄坐落在长长山坡上的山坳坳里，好似一枚枚缝衣钉牢牢地嵌在布上。法兰西岛大区那古罗马建筑风格的教堂与农家宅舍的灰色墙壁紧紧地挨在一起，于阡陌之间很难分辨清楚。行至尚蒂伊，天色已黑。列车从这里驶离了法兰西岛大区的高地平原，穿过森林，一直下行到瓦兹河谷。从瓦兹河谷开始，天空中的一轮圆月给沿途的风光增添了一种令人难以捉摸的美妙景致。列车沿途停靠，我们一路欣赏，然后抵达亚眠，沃林先生已在酒店等候多时。火车站里挤满了士兵与难民，有人睡在成堆的行李上,也有人睡在凉飕飕的地板上。朦胧的灯光映照出那些疲惫的人们脏兮兮的身影,让我不禁觉得,战争似乎还在继续。

1919年6月16日,星期一

上午,参观亚眠大教堂。人们正在拆除保护教堂内部圣坛的沙袋,还没安装好窗户上的琉璃玻璃。在我们离开亚眠去阿尔贝的途中,看到许多越堆越高的砌石,甚至比房顶还高。亚眠是一个繁忙、不太大的外省城市,城中的大教堂规模宏大,雄伟壮观,远超过其他城市的天主教教堂。站在德车阵地所在的远方山岗上,可以望见的唯一之物便是教堂中殿顶部的小尖塔。

在亚眠郊外的乡村地区,除了公路两旁烂掉的树干外,战争的痕迹几乎荡然无存。农民们坐在马车里,前往集市或田间劳作。我们沿着道路走进森林,看到了戏剧性的一幕。林荫下有一些军用帐篷和来往的战俘,由法军士兵看守着。我们这边是索姆河的西岸。在对面的东岸,农民们正在填平堑壕。成堆的石头被人用白色粉笔做上记号,大多数石堆很快就会被农民刚刚种下的庄稼遮挡住。河谷下方有一座不易察觉的小村庄,街道上还留有一些英军的标识,其中一些看起来很好笑。我们从小村庄出发,沿着道路缓缓上行,一直抵达山脊顶部,下方就是阿尔贝了。

行至此处,我们开始进入两个月前柯里向我们描述过的那片区域,不过我们与柯里当初的行程方向相反,并且没有前往他曾去过的维米岭和隆戈周围的乡村地区。我们花了好几个小时,经过了索姆河畔的荒芜之地,有些地方如德尔维尔(Delville)的恐怖景象可能比我们同柯里一起探讨它们的战略意义时所知道的更加可怕。到处都是战争难民,他们住在壕洞或是皱巴巴的小铁皮棚里。从阿尔贝到巴波姆,我们沿途没见过一座带有完整屋顶的房子,德国战俘则正在将兴登堡防线上的带刺铁丝网卷起来。当工人们在清除散落在农田里的炮弹时,不时传来此起彼伏的爆炸声。

康布雷(Cambrai)仍是一座"鬼城"。从远处看,教堂的塔楼与房屋的墙壁均完好无损;走进城中,才发现几乎所有的房子已被炸毁或焚毁。除了火车站的小咖啡馆外,城中找不到一处可以休息的地方或旅馆。

回到阿拉斯,赶往火车站。我们将乘坐列车去里尔,与巴尔内斯先生会合,和他一起前往莱茵。

1919 年 6 月 17 日,星期二

我们驱车从里尔出发,一路西行,穿过碉堡和铁丝网密布的低洼沼泽地区,最后来到了德军战线后方的阿尔芒蒂耶尔(Armentieres)。这又是一座空空如也的"鬼城",只有一家五金店和用棚子搭建的小餐馆重新开张营业。我们从这里沿着乡间小路继续向前,上行至凯默尔山,前往伊普尔。我们发现,凡尔登、贵妇小路、索姆河战场、伊普尔是被战争破坏得最为严重的地区。其他地方或许可以在一两年内恢复农业生产,这 4 个主要战场似乎根本就没法恢复,到处都是泥泞沼泽、战争残骸和满目疮痍的地面。放眼望去,绵延数英里的土地上荒无人迹。

伊普尔已经成为暴徒们抢掠纪念品的对象,纺织会馆的废墟前立着一个巨大的警示,上书:"此处乃圣地,任何人不得偷拿该建筑物上的砖块,它是人类文明的共同文化遗产。——伊普尔镇长令"

炎炎夏日,空荡荡的街道上有一些小贩在兜售纪念品和明信片。临时搭建的棚屋说明人们正在回到这里生活。

沿着梅宁公路返回里尔,途经帕斯尚尔村。村中原有一处教堂,如今已变成一堆残砖瓦砾,旁边修建了一处小花园。

1919年6月18日,星期三

我和巴尔内斯先生于凌晨4点半起床,去赶一趟开往布鲁塞尔的列车。这趟车开得很慢,路遇十字路口和车站便停。列车驶离图尔奈(Tournai)站后,战争造成的灾难景致消失了,铁路沿线周边地区都是一座座约一层楼高的白色农舍。我注意到,比利时的这一地区所出现的唯一可见的变化在于,德军在撤退时将铁路和桥梁炸毁了。从中午12点到下午2点,我们一直在布鲁塞尔逗留。这是一座繁忙的城市,至少在主街道上看不到战争所带来的灾难。我们步行来到了城市中央广场,人们正在准备迎接今晚威尔逊总统的到来。下午2点后,我们再次出发,列车沿着从布鲁塞尔到鲁汶的广袤平原一路前行。在鲁汶火车站,看不见任何遭到战争破坏的迹象。列车穿过长长的山岭,进入风景如画的默兹河谷后,我们来到了列日市,这里也看不到战争破坏的迹象。沿着山岭的东麓,穿过隘口,经过一条蜿蜒的小溪,我们最终抵达了位于赫布斯特尔(Herbestal)的比利时与德国交界的边境。

进入德国境内后,哪怕是在从边境延伸到亚琛(Aachen)的贫瘠牧草地上,人们能一眼望见盖得更好和更大的房子。亚琛这片地区并没有太多战争的痕迹。田地里的牛儿成群,我们在法国北部可没见过这般景象。亚琛市坐落在宽阔平坦的谷地,此处是查理曼大帝的故都,也是他的长眠安息之地。今天的亚琛已是一座拥有铁路的现代化城市,有轨电车往来于火车站与市中心之间。亚琛的铁轨明显比法国任何一个城市的铁轨要好,虽然德军在过去的4年里频繁往来于这条铁轨上,但它的路基依然维护得很好。矿区小镇上高高耸立的烟囱里冒着浓烟,这说明高炉里正在冶炼钢铁。工厂周围的田地里也种上了庄稼。英军士兵站在桥上执勤。在迪伦(Duren)这座工业城市,我们还看到了新建的房屋和外观十分现代的工厂。

日落时分,我们来到了英国占领军指挥部所在地——科隆。让巴尔内斯先生恼火的是,他们没有安排人来车站接我们。我们去了英军指挥部的办公室,被安排入住腓特烈大帝酒店(Kaiser Friedrich Hotel)的客房。我们乘坐的有轨电车上有一些英军士兵,他们彼此谈论着和平条约,说条约无疑对德国人太狠了,但他们希望能尽快结束这一切,这样就能回家了。酒店房间里脏得吓人,晚上睡觉的唯一安全之举就是把床垫和被褥扔在一旁,和衣而睡。在酒店里度过的这个晚上告诉我们,科隆这座城市的发达只是虚有其表,实际上已经落败了。

1919年6月19日,星期四

腓特烈大帝酒店的早餐与卧室条件一样糟糕。饭后,我们漫步在科隆的主干道上,城市不小,也很漂亮,看上去很像美国的城市。当我们来到科隆大教堂广场的时候,正好有一支英军分队经过英军指挥部,它位于通往莱茵河大桥的街道北侧的一座大型建筑里。指挥部阳台上挂着一面巨大的英国米字旗,给这个单调沉闷的城市增添了一些色彩。这是一支装备齐全的工兵分队。所有装备均擦拭干净,闪闪发亮;马匹也十分整洁,精神抖擞。队伍整齐行进着,他们的步伐踩在地上发出"啪嗒啪嗒"的声音,与周围那些看上去冷漠而迟钝的民众形成了鲜明反差。当他们的指挥官威廉·罗伯逊爵士(Sir William Robertson)来了后,广场上吹响了军号声。

我们前去拜访罗伯逊爵士,他与巴尔内斯交谈了很久。罗伯逊对于未能在我们抵达科隆时妥善招待我们,备感抱歉。似乎是他通知下去了,但没有落实。罗伯逊爵士说他希望能在圣诞节前返回英国。对于巴黎正在发生的一切(指巴黎和会),他感到不满,并担心他会因此而不得不留在这片占领区,镇压一群对他们并不友好的民众。倒不是说有什么严重的困难,只是让人感觉不太愉快。在我们离开后,巴尔内斯告诉我,罗伯逊爵士由于反对统一指挥,与战时内阁闹得不欢而散,并因此遭到降级,但仍留在军中效力。

我们去科隆大教堂溜达了一圈。红衣大主教正在主持"基督圣体节"①仪式,参加游行的教徒们绕着教堂过道而非城镇街道转了一圈。

午饭后,我们启程前往波恩,一路平安顺利。村子里插满了"基督圣体节"的旗子。在波恩,参加"圣体节"游行的教徒甚众,市民广场上

---

① 又称"基督圣体瞻礼",天主教规定恭敬"耶稣圣体"的节日。弥撒时,供"耶稣圣体"于祭台上称为圣体发光的器皿中。教徒手持烛火或彩旗花束,唱赞美诗或者朗诵经文,在教堂附近巡游一周。——译者注

更有挤满了大量观众。我们穿过波恩大学的拱门,来到海伦娜公主(Princess Helena)①在莱茵河畔的住所。她是大英帝国皇帝乔治五世的表妹。我们在露台上与莫兰德将军(General Morland)喝下午茶,然后经过了一排房间——当时,海伦娜公主也在楼梯脚下的一个小房间里喝茶。房间墙壁上挂着的大多是英国皇室成员的肖像画,其中维多利亚女王与其丈夫阿尔伯特亲王两人的肖像画挂在楼梯上最为显耀的地方。

我们随后返回波恩市区。教士们正在那儿的露天祭坛上主持弥撒仪式,数千名民众站在祭坛前,挡住了我们的去路。我们无法往前走,只好掉头,跨过大桥来到索林根(Solingen)。那里有好几家大型刀具厂。在我们刚到巴黎的某天,我曾在里沃利街(Rue de Rivoli)买了一把小折刀作为纪念品。刀刃上的一侧印着"福煦",另一侧印着"托克维尔",刀柄上则刻有"索林根"字样。

在离开索林根前往伯格(Burg)的途中,我们遇到了一群正在从桥头向15英里之外行军的英国士兵,与他们一路同行。这支英军的任务是在必要时兵临城下,威逼柏林。在午后的阳光下,士兵们鱼贯而行,看起来很热,身上脏兮兮的。厚重的军装与沉重的背包让一些士兵受不了了,中途掉队休息。队伍中有马拉的轻型火炮,以及拖拉机拉的重型榴弹炮。在经过前往伯格途中的一路颠簸后,我们进入了丘陵地区。英军指挥官亨尼克将军(General Henniker)来到了我们的车旁。我们看见英国士兵们停止行军,就地扎营。我们的车顺着一段通往山顶城堡的陡峭山路上行,然后沿着山间小路继续前行,一路都能看见行军的

---

① 海伦娜·奥古斯塔·维多利亚,系石勒苏益格-荷尔斯泰因的克里斯蒂安王子的王妃,英国维多利亚女王之女。——译者注

队伍。有一个连队将一只山羊当作自己的吉祥物。餐车也随军同行，以便随时生火做饭。货运卡车穿行于部队之间，每辆车上大概挤满了35个人。普通人完全无法想象，军队的参谋部究竟是如何指挥这么多支处在移动和行军过程中的部队的。在返回的路上，我们途经了一些大型飞机场。和我们同行的空军萨尔蒙德将军（General Salmond）告诉我们，建成的飞机场的数量已超出所需。山路崎岖狭窄，如果遇到德国人的抵抗，他们就出动空军。

我们跨过莱茵河大桥返回，在沙托（Chateau）吃晚饭，然后在一户富庶的巧克力工厂主家里住了一宿。这让我们感到很不好意思。虽然主人对我们客气周到，但我们显然是一群不请自来的冒昧之客。

1919年6月20日，星期五

今天的目的地是科布伦茨。我们驱车沿着莱茵河行驶，途经波恩和安德那赫（Andernach），来到西本基比格山崖（cliff of Siebengebirge）和德拉肯菲尔斯（Drachenfels）所在的高地。驻守此地的并非英军，而是美军。美军占领了莱茵河最美的一段流域。一眼望去，人倒不多，且大多是宪兵，但到处都能看见履带式拖拉机和自行火炮。

抵达科布伦茨后，我们被安排住进了王宫对面的省长官邸，房间临着莱茵河。我们拜访了利格特将军（General Liggett）。从他的办公室可以俯瞰莱茵河，近处是我们所住的河景房的花园，远处则是河畔的埃伦布赖特斯坦要塞（fort of Ehrenbreitstein）。那里挂着一面欧洲乃至世界上除美国以外地区的最大号星条旗。

一位上校带我们去拜访美军前线各部的师长。英军与美军部队昨天才从莱茵河畔转移到占领区的边缘地带，距离桥头以东大约15英里。我们看到，战士们在路边的树林里安营扎寨，搭建帐篷，尽可能地隐蔽起来。如果德国人拒绝签署和平条约，他们将在此等待向柏林进军的命令。这里再次出现了许多停车场和机场。返程时，我们从本多夫（Bendorf）过桥渡过了莱茵河。本多夫的这座桥据说是在战争时期由俄国战俘所建。在莱茵河畔，我们还遇到了一支由大约7 500名士兵组成的美军部队正在行军，国旗与军旗在阳光下闪烁着耀眼的光芒。

返回军官俱乐部吃晚饭。用餐的地方在户外，有一支乐队在灯光下的喷泉旁演奏音乐。

穿过宁静的街道返回住所，睡在莱茵兰副州长（Vice-President of Rhineland）的私宅房间里。

1919年6月21日，星期六

上午9点，驱车返回科隆。罗伯逊将军去过巴黎又回来了。巴尔内斯给劳合·乔治写了一份备忘录，讲述了我们之前旅途的所见所闻。之后，我们并没去布鲁塞尔，而是沿着默兹河往南走，穿过狭窄的河谷，沿途数英里都是曾经的锻造加工厂，如今均已毁坏，要么大门敞开，要么铰链脱节。从那穆尔（Namur）开始，地势渐渐平缓。我们随着正在晾晒干草的割草机一起，穿过广袤的草原，来到了桑布尔河（Sambre）。路旁是一排排的白杨树，附近有许多没有冒烟的小烟囱。

岔道上停着一辆抛锚的德军坦克,上面写着"已缴获,第五军"几个字。从这里开始,沿途都是矿山和钢铁厂,像是一个加长版的匹兹堡①。在前往靠近法国边境的埃尔克利恩(Erquelinnes)市(属比利时)的路上,所有的桥梁都已倒塌,至少有6座。埃尔克利恩本身也毁于战争。难怪法国人如此坚决地要求巴黎和会通过他们提出的赔款要求。从亚眠到布鲁塞尔再返回列日这一路上,我们只看见两个高高的烟囱冒着烟,且均在布鲁塞尔附近。然而,在另一边,在我们穿越边界进入德国境内后,德国的整个工业经济与生活似乎并没有受到战争的任何破坏,至少看上去如此。这种对比实在令人难以接受。

我们在返回巴黎的车上睡了一晚,直到车行至尚蒂伊才醒。

到巴黎后,我们在火车站搭上了一名英军观察员的顺风车。他刚从德国回来。关于条约,他对德国人表示同情,但认为他们肯定会签字。这就是我对德国的最终印象。

1919年6月22日,星期日

上午,一直在处理信件。中午,与巴尔内斯共进午餐,听他谈他所写的备忘录,我们从中总结出一些共同认识。

下午6点半,见到豪斯上校,跟他谈到冈珀斯难以接受修订后的《劳工宪章》。我不在期间,谢泼德森给冈珀斯发去了一封带有总统签名的长电报。豪斯上校同意我的看法,认为没有必要对他作进一步的

---

① 美国宾夕法尼亚州西南部城市,也是19世纪末20世纪初著名的重工业城市。——译者注

解释。

晚上,与比尔共进晚餐。他刚去了一趟梅斯(Metz),我们彼此交换了一些最新消息与个人感想。

1919年6月23日,星期一

我决定乘船返回美国。见了豪斯上校。打包图书与文稿。

晚上7点,和平终于降临了!最新消息传来,德国人即将在和平条约(即《凡尔赛条约》)上签字。巴黎周边的炮兵部队都在鸣炮庆祝。震天动地的炮声宣告着,我们在巴黎的任务完成了。

1919年6月24日,星期二

打包行李和写信。继续处理将来如何记录这一重大时刻之事。

1919年6月25日,星期三

我将去华盛顿待一个星期左右,以便协助理顺劳工立法计划。豪斯上校和我都认为此行十分有必要,所以我将随威尔逊总统登上"乔治·华盛顿"号,于下周抵达英国。

1919年6月26日,星期四

打包资料室的全部图书和其他资料。吉尔克里斯特上尉写了一份总结报告并呈报给我,内容与我们资料室的工作有关。各方对我们的要求甚多,而我们的工作场地和条件十分有限,这份报告证明了我们专业的资料管理员在和会期间的作用与贡献。在我们存藏的 4 612 卷资料中,绝大部分是从美国国会图书馆和各个大学图书馆借来的,只有大约 6 卷资料可留给我们用到最后。

1919年6月27日,星期五

从午餐时到下午,一直在曼捷斯帝酒店处理劳工事务与(国际劳工大会的)华盛顿会议事宜。

第十六章　对德和约的签署

1919 年 6 月 28 日,星期六

上午,召开国际劳工大会组委会特别会议。

下午,签署《凡尔赛条约》。

一上午都在处理日常工作。在临近上午最后一小时的时候,克里翁酒店里洋溢着激动人心的气氛,负责执勤的士兵们衣着整齐,军官们则穿上镶金边的军装。外交官很容易与同行的教授们区分开来,因为他们戴着丝制礼帽和外交官的标牌。

为了确保在某种程度上只有参与制定和约的全权代表或专使能够见证和约的签署过程,秘书处可谓大费周章。现场派发了不同种类的出入证,以便让持证人可以拿着它前往凡尔赛宫的不同地方,只是持证人自己根本不知道这些证件的确切含义。在我们即将前往凡尔赛宫之前,一大排美军军车停在克里翁酒店门前等候,每辆车的挡风玻璃和引擎盖上都印着巨大的彩色图表,并附有一份专属的乘客名单。比尔、哈斯金斯和我同坐一辆车。就在我们刚刚上车的时候,一位衣着光鲜得体的美国人驻足在我们面前,指了指空着的一个座位,问他是否能够同坐此车。我们说不行,但他告诉我们,他根本叫不到出租车,只是想搭个便车前往凡尔赛宫的大门。他是个生意人,只是想过来观光看一看。面对此情此景,我们再也没有合适的理由拒绝他了。等到我们来到凡尔赛宫大门口向警卫出示证件的时候,这位生意人悄悄地下了车。等到签约仪式结束后,我在凡尔赛宫楼梯口的阳台上见到了他。我问他是如何进来了,他从口袋里掏出一个大红色的波迈(Pall Mall)香烟盒,盒子里的一角有一枚金色盾形徽章。他对我说:金色盾徽就是让他进来的"通行证"。

我们的车要穿过圣克劳德森林,朦胧的林荫道与静谧的沼泽地形成了鲜明对比,为即将召开的盛会增添了些许华丽色彩。我们沿着林荫道一直行驶到凡尔赛宫大门前,直到这时,才享受到阳光的沐浴。在林荫道的两旁,我们看到一队队的骑兵挺胸立正,纹丝不动。他们手中的长矛在阳光下闪闪发光,旗杆上挂着的蓝色三角旗迎风飘扬。地平线蓝色(Horizon Blue)很适用于行军打仗,因为它让军队看上去非常整齐,形同整体。这种颜色虽然看上去不似法军的老式红色军装那般欢快和鲜艳,但确实增添了些许色彩。我们距离宫殿大门应该还有至少1英里,沿路两边站着排列整齐的军队。

在凡尔赛宫的铁栅内,还有一队盛装骑兵;宫殿大门的场景则更加令人震撼。在这里,我们见到了法兰西共和国卫队,他们相当于法国版的英国皇家近卫骑兵团。这些卫队士兵虽未骑马,但佩戴全套徽章,沿着门道到楼梯间排成长列,一直排到了镜厅。《凡尔赛条约》即将在此签署。这里让我不禁回想起历史上的"大孔代"(Grand Conde)①所生活的那个年代。3个世纪以前,在赢得了对德意志人的胜利后,"太阳王"路易十四曾在同一处楼梯间向他致敬。卫队士兵头戴带冠铁盔,身着闪闪发光的胸甲,披着红黑相间的马鬃长披肩,脚上穿着带有马刺的马靴。他们站在楼梯间的两旁,握剑在前,随时准备行礼。墙上挂着协约国各盟国的国旗,正前方则是一面三色旗,给这座金碧辉煌的大厅增添了更耀眼的光辉。

众所周知,这是法国的复仇之日。法国要迫使德国在1871年俾斯麦宣布普法战争胜利的地方签订战败条约。可是,正是俾斯麦为德国选择的这处"复仇之地",因为当年德意志人曾蒙受过路易十四所带来的苦难。这一切让人情不自禁地想到战争,想到文明在很大程度上建立在战争之上。对一个被打败的大国的羞辱,与摆在我们面前的事情极不协调。虽然这种事情在过去的欧洲屡见不鲜,但《凡尔赛条约》总算提出了一种可以摆脱这种恶性循环的办法。

大厅里摆放的都是没有靠背、红色软垫的矮座椅,以便让我们能够尽可能地看清缔约的整个过程。我坐在前排靠墙边的位置。因此,在整个会议期间,我几乎一直起身站在窗边,看着一切的发生,感觉近在咫尺。在警卫的护送下,协约国各盟国的领导人穿过大厅的中央走廊,走上楼梯间,来到各自的座位上。签字仪式将在座位前面的桌上举行。过了一会儿,两位德国代表被带进来,在桌子一旁就坐,大厅里鸦雀无声。与战胜国的代表相比,德国代表像是在审判中面临判决的犯人,他们脸色苍白如纸,神情紧张。待协约国各盟国在条约上签字后,他们的

---

① 原名路易二世·德·波旁,是法国波旁王朝的贵族,为第四代孔代亲王,人称"大孔代",是17世纪欧洲杰出的统帅之一。——译者注

紧张情绪更加强烈。最后,轮到德国代表贝尔博士(Dr. Bell)和赫尔·穆勒(Herr Muller)签字的时候,其中一人的钢笔突然坏了,豪斯上校的一位秘书赶紧过来,从口袋里掏出一支笔递给他。我想,这支钢笔倒是件不错的纪念品。德国人刚签完字,电报便从大厅里发布出去,凡尔赛南坡的圣西尔地区(St. Cyr)也鸣枪宣布条约的签订。随后,巴黎周边山丘上的要塞轮番鸣炮庆贺,巨响震天。两位德国代表未同在场的任何人打招呼,僵硬地鞠了一躬便转身离开。在我看来,德国人此举是一种多余且不必要的羞辱,但或许是为了让自己免于尴尬。

《凡尔赛条约》签署仪式

随后,人们三五成群,小声低调地讨论着刚才所目睹的戏剧性一幕。和我说话的每个人都认为对不住德国人。我们所希望达成的目标并未实现。

在楼下的露台上,人们欢聚于此,如同在欢快的午后阳光下举办一场草坪派对。当礼炮响起的时候,喷泉开始舞动。露台上有几百人,都无权亲临现场。但是,他们可以对朋友们吹嘘,自己曾经来到凡尔赛宫,参加了结束世界大战的《凡尔赛条约》签字仪式。

333

我没有时间留下来四处看看,因为我得尽快收拾好行李,早点吃完晚饭,并赶上威尔逊总统的那趟列车。

我从未想过会在这样的场景下离开一座城市。红地毯从街道上一直铺到了台阶上,高高的棕榈树遮挡了火车站的一切不美好之物。当威尔逊总统站在卢森堡广场:即将离开巴黎的时候,礼宾队和乐队演奏起美国国歌和法国国歌。

1919年6月29日,星期日

列车上挤满了各国元首、部长、大使和他们的随从人员。在布雷斯特,全长7—8英里的铁路全都处在美军的控制和保护之下。停泊在港口的舰船上挂满了旗帜。当"乔治·华盛顿"号启程的时候,威尔逊总统向码头要塞和军舰上的战士们敬礼。一艘法国战列舰和驱逐舰为我们护航,直到我们驶离了法国的海岸线。随后,在两艘美国驱逐舰一左一右的护航下,"乔治·华盛顿"号驶入了大西洋,前面则是"俄克拉荷马"号大型战列舰。

1919年7月4日,星期四

这是有史以来美国总统第一次在国际公海上度过7月4日"独立日"。海军将士们准备举办一场别开生面的庆祝活动,但总统没有参加。数日以来,"乔治·华盛顿"号上的无线电工程师一直在设计和尝试着,看看他们能否让总统的"独立日"演说从1000多英里外的大西洋上传到位于华盛顿的海军部大楼,以便通过无线电广播让使用收音机的更多听众听到。在他们测试设备的时候,我听到了来自华盛顿的回复讯号。舰船上的工程师主管是一位名叫斯克内克塔迪(Schenectady)的电气工程专家,也是一名哥伦比亚大学校友。当我们刚刚接收到一点微弱的回复讯号时,突然受到了来自莫尔斯电码的强烈干扰。我的朋友斯克内克塔迪气得不行,他说:在尝试发出讯号的几个小时里,我们要充分利用空气的流动,而且没人有权破坏我们的讯号。过了一会儿,他告诉我,干扰信号来自英国飞艇 R-34 号,它正在进行首次飞跃大西洋的试验,而且也是首次向美国发射信号。

海军工程师们在上层甲板后方的后舷梯中央安装了一部麦克风。从这个站台处,总统可以对着站在甲板上以及攀爬在绳索上的数百名海军将士讲话。当总统看到这些装备的时候,他意识到,他不仅仅要对着船上的同行伙伴们讲话,而是对着全国人民讲话。于是,他走到一旁,完全绕开了麦克风。若不是亲历那个特殊的关头,我无法想象海军的工程师们会有如此接近于怒不可遏的时候。虽然我对工程师们计划已久的无线电广播演说的失败深表同情,但我认为总统的做法是对的。在总统试音的时候,我听到他的嗓子有些嘶哑变声。这样的声音传到国内,效果确实大打折扣。

1919 年 7 月 8 日,星期一

我在船上时没有写日记,因为实在没什么好写的。总统比过去任何时候待在船舱里的时间都要多,还不时地叫他的顾问进去,尤其是那

些财政事务顾问。显然,战后赔偿依然是最主要的问题。我有一封来自豪斯上校的书信要交给总统,里面介绍了我回到华盛顿后将要做的事情。但直到今天,总统才派人找我过去。我在总统的书房里和他单独聊了很久,一起讨论了关于劳工问题的整个计划。我说到了我们内部的分歧以及最终的解决方案。我发现总统对劳工问题很热心,也很感兴趣。不过,看得出来,他之前并未认真考虑过这个问题,至少从没有像考虑"和平条约"中的其他问题那样考虑过。对于我想在华盛顿推动之事的计划与想法,总统表示赞同,还要我回到华盛顿时再去找他,谈谈这些事的进展。

这是一段平安无事的旅程。我们的船漂泊在夏日宁静的大海上,静静地向西航行。昨天晚上 11 点的时候,海面上泛起了薄雾,前方的战列舰打开了船尾的探照灯为我们照路,以便任何试图靠近我们的船只都可以清楚地看见他们。我们的护航舰队给我们带来了前所未有的安全感。望着前方的探照灯照射在海面上的水影,这真是一道美丽的景致。晚上,威尔逊总统及其夫人一般会在客厅里看电影。所放映的电影大多乏味无趣,但今天是我们在海上的最后一晚,我们在电影中看到了美军前线的战争场面。

1919 年 7 月 9 日,星期二

上午,我们就快到了!可现在仍看不到海岸陆地。吃早饭的时候,我们听到了飞机呼啸而过的声音,于是赶紧冲上甲板,只见 6 架军用飞机正围绕着我们盘旋。英勇的飞行员们此刻飞抵大海的上空,令人印

象深刻。飞机看起来如同巨大的海鸟，时起时落。其中一架水上飞机甚至停在了海面上，伴着巨大的发动机轰鸣声和海浪就此起飞。当听到这些轰鸣声的时候，我正在写日记。于是，我赶紧收拾行李，以便留出足够时间去甲板上观看接下来的欢迎仪式。挂在船顶桅杆上的旗帜迎风飘扬，我们的驱逐舰将彩带一般的长条横幅放飞到空中，让它们随风飘走。整支舰队现在排成了一字长蛇阵：最前面是两艘驱逐舰，接下来是战列舰，其后是"乔治·华盛顿"号，最后是另外两艘驱逐舰。海面上风平浪静，阳光洒在海军士兵们的白色军装上，每个人的脸上都洋溢着期待与喜悦，我们终于回来了！

海军也派出军舰来迎接我们，一左一右共有4艘战列舰，以及30艘驱逐舰。他们齐鸣礼炮，为我们留出一条长长的水道。一架飞机在我们的上空盘旋，还有12架飞机在海面上空飞行，在烈日下闪烁着耀眼的光芒。海军士兵们穿着白色的军装，在甲板上立正列队，桅顶上的旗帜迎风飘扬，这真是一个盛大壮观的场面啊！更多的飞机正在以中队为单位依次飞过，发动机的轰鸣声此起彼伏。现在，站在甲板的两侧都能清楚地看到海岸陆地，纽约就在我们的前方！

我眺望着远处的自由女神像。此情此景，让我想起了萨缪尔·冈珀斯的名言："人们不知道自由是多么宝贵的一件事。"在此基础上，我还要加上一句："人们也不知道为了永久的和平需要付出多大的代价。"